BAUM-WELT

BAUM

Fred Hageneder · Maria Trendelkamp

WELT

EINE REISE DURCH DIE
WELT DER BÄUME

Neue Erde

Inhalt

Geleitwort von **Nena**

Meine Reise durch die Baum-Welt begann in meiner frühesten
Kindheit, und bis heute streife ich durch die Wälder
und genieße die Nähe der Bäume.
Was wäre ich ohne euch…
Ihr erlaubt mir, euch zu umarmen und eure Kraft zu atmen,
wann immer mir danach ist.
Ihr schenkt bedingungslose Liebe.

Ich danke allen, die dieses wundervolle Buch mitgestaltet
und verwirklicht haben.
Es lädt ein, ermutigt und inspiriert uns zu einer Reise durch die
Baum-Welt, die immer auch eine Reise zu uns selbst ist.

Danke für die Wälder,
danke für dieses Leben,
danke für dieses Buch.

Nena

Felix bei der UNO in New York zur Eröffnung des »Internationalen Jahres der Wälder 2011«

Vorwort von **Felix Finkbeiner**

Bäume sind unsere Zukunft –
lasst uns deshalb 1.000 Milliarden Bäume pflanzen und die bestehenden Bäume schützen!

Früher wussten die Menschen, wie wichtig Bäume sind. Heute haben das viele Erwachsene vergessen. Für uns Kinder sind Bäume Symbole für Nachhaltigkeit. Es waren ja auch Förster, die vor 300 Jahren den Begriff »Nachhaltigkeit« erstmals verwendet haben.

Für uns Kinder stehen Bäume auch für Weltbürgertum und Klimagerechtigkeit. Seit dem Start der Plant-for-the-Planet Billion Tree Campaign haben wir gemeinsam 14 Milliarden Bäume gepflanzt, zwei Bäume pro Weltbürger. Wenn jeder Bürger in den nächsten zehn Jahren pro Monat einen Baum pflanzt, werden wir gemeinsam das 1.000 Milliarden Bäume-Ziel bis 2022 erreichen. Durch das Bäumepflanzen zeigen wir, dass wir uns als Weltfamilie verstehen, die menschengemachte Klimakrise gemeinsam anpacken und uns für weltweite Gerechtigkeit einsetzen. Denn die Menschen, die unter der Klimaveränderung am meisten leiden, sind die, die sie am wenigsten verursacht haben.

Mit der gleichen Energie, mit der wir neue Bäume pflanzen, müssen wir uns gleichzeitig für den Erhalt der Wälder, besonders der Regenwälder einsetzen. Wälder sind nicht nur der Lebensraum für Millionen von Menschen, sondern auch der Garant für Artenvielfalt.

Aus diesem Buch können wir alle viel über ökologische Zusammenhänge und einzelne Baumarten lernen. Menschen, die den Wald direkt vor der Haustür haben, und Menschen, die in Städten wohnen, können gleichermaßen durch das Buch Bäume erleben und neu entdecken.

Wir Kinder wünschen uns, dass dieses Buch viele Leser dazu bewegt, Verantwortung für die Zukunft der Welt zu übernehmen.

Felix

BAUMWELT

1.

Mit Bäumen leben

Es gibt unendlich viele Möglichkeiten, Bäume kennenzulernen, sie aufmerksam zu beobachten, etwas Schönes aus ihren Gaben zu gestalten, Spiele im Wald zu machen und mit Bäumen zu meditieren. Das kannst du für dich alleine tun. Doch viel mehr Freude macht es, wenn du dich zusammen mit deinen Freunden und deiner Familie auf solche Baumerkundungen begibst.

Wir sind etwa zwei Jahre lang mit einer Gruppe von jungen »Baumfreunden« immer wieder zu unseren »Baum-Freunden« in den Wald gegangen. In den folgenden Abschnitten kannst du lesen und sehen, was wir dabei alles erlebt, entdeckt und ausprobiert haben. Lass dich davon anstecken, auch selbst loszuziehen und deine eigenen Entdeckungen zu machen!

Bäume erforschen

Eine besonders schöne Möglichkeit ist es, dir **einen Baum als besonderen Freund** auszusuchen und ihn bei regelmäßigen Besuchen immer besser kennenzulernen.

Jeder Baum ist eine ganz eigene Persönlichkeit. Keiner sieht genauso aus wie ein anderer; jeder hat seine ganz eigenen Merkmale. Betrachte deinen Baum-Freund ganz genau und stell' dir vor, er könnte über Nacht seinen Standort wechseln. Fällt dir irgendein markantes Merkmal an ihm auf, an dem du ihn mit Sicherheit wieder erkennen würdest, auch wenn er plötzlich an einem ganz anderen Platz stehen würde?

Übrigens: Für deinen Baum ist es schön, wenn du ihm hin und wieder ein kleines Geschenk mitbringst – am besten etwas, was er sonst nicht kennenlernen würde. Das kann eine Blume sein, ein Stein, eine Nuss – irgendetwas also, was gut in die Natur passt. Der Baum mag es auch, wenn du ihn umarmst, ihm etwas erzählst oder ihm etwas vorsingst … Das kannst du dir nicht vorstellen? Dann lies mal *Können Bäume miteinander »reden«?* auf S. 70.

Sicherlich magst du gerne herausfinden, wie alt dein Baum wohl ist. Hier ist eine einfache

Faustregel zur Altersschätzung eines Baumes

Dazu braucht man ein Maßband. Man misst den Umfang eines Baumstammes (da, wo er am schlanksten ist und wo sich keine Wucherungen oder Astachseln befinden) und muss dann ein ganz klein bisschen rechnen: *Für jeden Zoll (das sind 2,5 cm) seines Umfangs veranschlagt man ein Jahr Lebenszeit.* Beispiel: Du misst 86 cm Umfang. Geteilt durch 2,5 ergibt das 34,4. Der Baum ist also etwa 34 Jahre alt.

Dies gilt für einen *freistehenden* Baum, der in vollem Licht recht schnell wachsen konnte. Für eine Baum im dichten Wald muss man den Wert halbieren: Er dürfte etwa doppelt so viel Zeit – also 68 Jahre – benötigt haben, um so dick zu werden. Diese Werte entsprechen einer Jahresringstärke von 4 mm im Freistand und 2 mm im Waldbestand.

Es sollte jedoch nicht vergessen werden, dass junge Bäume schneller wachsen als alte. Und natürlich gibt es auch für diese Regel wieder Ausnahmen. Einige Zypressenarten z. B. wachsen viel schneller. Und die Eibe wächst viel langsamer (nur etwa halb so schnell wie im obigen Beispiel).

Eine Sommerlinde im Winter und im Frühjahr

Spannend ist es auch, einen Baum einmal regelmäßig **ein ganzes Jahr** lang zu **beobachten**. Wann bekommt er die ersten zarten Blätter? Wann sind die Blätter ausgewachsen? Wie verfärben sie sich im Herbst? Wann hat der Baum alle Blätter abgeworfen? Bekommt er Blüten und Früchte? Wie wachsen seine Früchte? Wann sind sie reif? Deine Beobachtungen schreibst du in einem Baum-Tagebuch auf. Du kannst die Veränderungen im Laufe des Jahres aber auch zeichnen oder mit einem Fotoapparat festhalten. Besonders gut geht das bei einer Kastanie, einer Eberesche, beim Holunder und natürlich auch bei allen Obstbäumen.

Du wirst sehen: Bäume sind wahre Verwandlungskünstler!

Auch seine **Höhe** könnt ihr zu zweit ungefähr **abschätzen**, indem ihr die Größe eines Menschen mit der Höhe des Baumes vergleicht. Dazu braucht ihr einen Holzstab von etwa 1,50 m Länge und ein Zentimetermaß. Dein Freund stellt sich nah an den Stamm des Baumes, während du selbst in einiger Entfernung stehst – je höher der Baum, desto größer sollte der Abstand sein. Mit ausgestrecktem Arm hältst du den Holzstab in Augenhöhe vor dich und peilst damit deinen Freund so an, dass die Spitze des Stabs sich mit dem Kopf deines Freundes deckt. Du markierst mit einem Stift auf dem Stab genau die Stelle, die mit den Füßen deines Freunds übereinstimmt. Dann machst du dasselbe mit dem Baum. Du schiebst den Stab in deiner Hand so lange hoch, bis sich seine Spitze mit der des Baumes deckt. Die Stelle, die nun mit dem Fuß des Baums übereinstimmt, markierst du ebenfalls auf dem Stab.

Jetzt kannst du die beiden Markierungen vergleichen. Angenommen, du hast für deinen Freund 3 cm und für den Baum 75 cm auf dem Stab abgetragen, dann ist der Baum 25x größer $(75:3=25)$ als dein Freund. Wenn dein Freund zum Beispiel in Wirklichkeit 1,40 m groß ist, dann ist der Baum 25 x 1,40 m hoch – also 35 m.

Eine gute Hilfe, dich im **Bestimmen** zu üben, ist es, ein **Herbarium** anzulegen. Dazu sammelst du die Blätter verschiedener Bäume, legst sie zwischen saugfähiges Papier (Zeitungspapier, Küchenrolle oder ähnliches), legst einige schwere Bücher darauf und trocknest sie mehrere Tage lang. Die gepressten Blät-

Weitere Beobachtungsübungen:

• Welche Bäume bekommen im Frühling als erste Blüten und Blätter – welche als letzte?

• Welche Bäume sind im Herbst als erste kahl – welche als letzte?

• Welche Bäume kannst du im Winter an ihrer Rinde erkennen?
(Siehe dazu unsere große Baumrinden-Gallerie auf www.baumwelt.net.)

• Wie die Blüten und Früchte der Obstbäume aussehen, das wissen die meisten Menschen. Aber hast du schon einmal bewusst die Blüten einer Eiche, einer Fichte oder Eberesche und die Früchte einer Linde, einer Erle oder eines Ahorns wahrgenommen?
(Auch hierzu haben wir viele tolle Fotos für euch: in der Baumblüten-Gallerie auf www.baumwelt.net.)

ter klebst du anschließend auf Papier, beschriftest sie und sammelst sie in einer Mappe, die im Laufe der Zeit umfangreicher wird. Dabei lernst du wie von selbst, auch ähnlich aussehende Blätter immer besser zu unterscheiden.

Ein Tip für einen Herbstspaziergang in einem Mischwald

Richte dein Augenmerk einmal nur auf die am Boden liegenden Blätter, sammele möglichst viele verschiedenartige von ihnen und suche dann die dazu gehörigen Bäume.

So verschieden können Herbarien ...

12

Einen Baum großziehen

Möchtest du einmal beobachten, wie ein Baum heranwächst? Dann halte im Vorfrühling (Februar/März) auf dem Waldboden Ausschau nach einer Eichel oder einer Kastanie, aus der schon ein kleiner Keim herauswächst.

Pflanze den Keimling in einen nicht zu kleinen Blumentopf, stelle ihn an einen hellen Platz, gieße ihn regelmäßig und beobachte das Wachstum dieses kleinen Schösslings.

Du kannst auch versuchen, einen Baumsamen zwischen feuchte Papiertaschentüchern selbst zum Keimen zu bringen. Probiere es auch einmal mit Orangenkernen. Du brauchst dazu viel Geduld und musst die Papiertücher immer gut feucht halten.

...und Baumbücher aussehen!

Mit Bäumen spielen

Braucht ihr überhaupt Anregungen für Spiele im Wald?

Wir glauben, dass ihr dafür viele eigene Ideen habt oder euch spätestens dann gute Einfälle kommen, wenn ihr mit anderen Kindern zusammen draußen seid. Der ganze Wald ist ja wie eine große Einladung zum Spielen, Klettern und zum fröhlichen Rennen, Springen und Toben. Doch vergesst dabei nicht, achtsam zu sein, keine Bäume zu verletzen und nichts zu zerstören oder sinnlos abzureißen. Achtet auch die Ruhe im Unterholz weiter ab von den Wegen – vor allem in Frühling und Frühsommer, wenn dort der Nachwuchs von Tieren ausgebrütet und aufgezogen wird.

Wir berichten hier nur von unseren absoluten Hits unter den lebhafteren Spielen – vielleicht finden sie ja auch bei euch Anklang. Anregungen für ruhigere Spiele findet ihr ab Seite 26.

Eins unserer Lieblingsspiele ist das alte **Spiel »Bäume wechseln«**, das bestimmt auch schon eure Großeltern gespielt haben. Jeder Mitspieler sucht sich in einem überschaubaren Waldstück einen Baum aus und markiert ihn mit einem Band, einem Tuch oder einem abgelegten Rucksack oder Kleidungsstück. Ein Spieler bleibt »baum-los«; er steht in der Mitte und ruft »Bäumchen, Bäumchen wechselt euch!« Auf diesen Ruf hin müssen alle ihren Baum verlassen und so schnell wie möglich zu einem anderen der markierten Bäume laufen. Da sich nun auch der Rufer in der Mitte einen Baum »erobert«, bleibt immer ein Mitspieler übrig, der als nächster die Aufforderung zum Wechseln ausruft. (Den altüberlieferten Satz »Bäumchen, Bäumchen wechselt euch« haben wir übrigens abgewandelt in »Bäume, Bäume wechselt euch«, wenn wir bei unseren Baum-Freunden gespielt haben. »Bäumchen« – das schien uns für diese

mächtigen und großen alten Gesellen doch nicht passend zu sein…)

Auch das **Laubrodeln** steht bei uns hoch im Kurs. An einem abschüssigen Hang im Wald haben wir uns auf einen stabilen Müllsack wie auf einen Schlitten gesetzt und sind den Abhang hinuntergerutscht. Dieser »Schlitten« muss allerdings wirklich einigermaßen dick und fest sein; dünne Müllbeutel sind nach dem ersten »Rodeln« sofort kaputt.

Am besten rodelt es sich natürlich im Herbst, wenn das Laub gerade frisch gefallen ist. Doch in »unserem« Buchenwald sind wir auch mitten im Sommer gerodelt. Und für eine zünftige **Laubschlacht** reicht das Laub eigentlich immer – allerdings sollte es dafür wirklich trocken sein!

Die **Schatzsuche** wird in zwei Gruppen gespielt. Die erste Gruppe versteckt einen »Schatz« im Wald: Das kann ein kleines Kistchen oder Säckchen mit schönen Steinen, etwas Süßem oder ähnlichem sein. Den nicht zu kurzen Weg zum Versteck markiert die Gruppe mit Zeichen aus natürlichem Material, das sie im Wald finden: etwa mit Pfeilen aus Steinen, Stöckchen, Tannenzapfen, Blättern und ähnlichem. Das ist leichter und schneller gesagt als getan. Ihr müsst gut darauf achten, dass die Zeichen für die zweite Gruppe wirklich deutlich erkennbar sind und dass die Abstände zwischen den Markierungen nicht zu groß sind. Solange kein neues Wegzeichen zu sehen ist, geht es vom letzten Zeichen aus immer geradeaus weiter. Wenn die Versteckere-Gruppe fertig ist, macht sich die zweite Gruppe auf die Suche und folgt den ausgelegten Spuren, bis sie den Schatz findet, den dann alle miteinander teilen.

Auf eine andere Art der **Spurensuche** könnt ihr euch im Winter begeben, wenn es geschneit hat. Die erste Gruppe von Mitspielern bekommt einen Vorsprung von mindestens einer Viertelstunde, während die zweite Gruppe einen Schneemann baut oder sich anderweitig warm hält. Die Mitglieder der ersten Gruppe gehen im Gänsemarsch hintereinander und hinterlassen so mit ihren Füßen eine Spur im Schnee, der die anderen folgen müssen. Macht es der zweiten Gruppe dabei nicht zu leicht: Geht nicht nur auf dem vorgegebenen Weg entlang und haltet auch Ausschau nach größeren Flächen, wo kein Schnee liegt und sich die Spuren verlieren. Ihr könnt eure Spuren auch mit denen von anderen Spaziergängern vermischen. Können die Sucher eure Spur am ganz speziellen Abdruck eurer Schuhsohlen trotzdem erkennen?

Sucht am Ende einen schönen Platz aus, an dem ihr die zweite Gruppe erwarten wollt. Vielleicht könnt ihr euch am Ziel auch leise verstecken, damit die anderen euch nicht schon von weitem hören oder sehen.

Das **Schattenspiel** ist nur bei sonnigem Wetter an einem Platz möglich, an dem mehrere dicke Bäume stehen. Zu Anfang macht ihr an einer sonnigen Stelle Experimente mit eurem eigenen Schatten: Bewegt eure Arme und Beine und den ganzen Körper und beobachtet dabei euren Schatten. Wenn ihr herausgefunden habt, wie ihr am besten gute Schatteneffekte erzielt, denkt sich jeder eine kleine Spielszene aus (z. B. einen Teller Suppe auslöffeln), die er den anderen als Schattenspiel vorspielt. Die Zuschauer beobachten also nur den Schatten des Schauspielers und raten, was er darstellt.

Danach sucht sich jeder Mitspieler einen Baum als Partner und lässt erst einmal seinen eigenen Schatten im Schatten des Baums verschwinden. Jetzt könnt ihr wieder experimentieren und ausprobieren, aus dem Schatten des Baums heraus eine Szene zusammen mit dem Baum zu spielen. Was ist dabei alles möglich? Kannst du dich zum Beispiel so bewegen, dass es aussieht, als ob du wie ein Affe am Schatten-Baum hochkletterst?

Kreatives Gestalten mit den Gaben der Bäume

Bäume bieten uns mit ihrem Holz und ihrer Rinde, mit ihren Ästen und Zweigen, mit ihren Blättern und Früchten vielfältige Möglichkeiten, mit ihren Gaben gestalterisch und kreativ umzugehen.

Mit Holz bauen

Ganz naheliegend ist es, aus dem Holz der Bäume etwas zu bauen. So könnt ihr aus vielen einigermaßen langen und geraden Ästen rund um einen dicken Baumstamm herum ein **Zelt** oder Tipi bauen – oder eine **Höhle**, wenn die Äste nicht ganz so lang sind. Dazu braucht ihr nicht einmal Werkzeug, allenfalls eine Säge, mit der ihr den einen oder anderen Ast auf die richtige Länge zuschneidet. Dabei wird das Sammeln der Äste mindestens so lange dauern

wie das eigentliche Bauen. Und es ist Ehrensache, dass ihr für eure Bauwerke keine lebenden Äste von den Bäumen absägt, sondern nur das zusammentragt, was ohnehin im Wald herumliegt.

Vielleicht habt ihr auch Lust, einen **Turm** aus Holz zu bauen? Am einfachsten geht das mit einem quadratischen Fundament, das ihr aus vier Hölzern legt. Wird der Turm höher als ihr selbst? Und wie lange bleibt er bestehen?

Wenn ihr einen Lieblingsplatz im Wald habt, an dem ihr öfter seid, könnt ihr einen großen, etwa kniehohen **Kreis** aus Holz als Treffpunkt zum Picknicken oder Spielen bauen. Das dauert viel länger, als man anfangs denkt; doch der Kreis muss ja nicht gleich an einem Tag fertig werden.

Wir haben Glück gehabt: Wir haben so einen Kreis in unserem Lieblingswald vorgefunden, den andere gebaut hatten. Wir haben nur ab und zu etwas ausgebessert. Das ist eine feine Sache, so einen festen Treffpunkt zu haben. Wenn du immer wieder an dieselbe Stelle kommst, nimmst du dort die Veränderungen im Laufe eines Jahres viel besser

und eindrücklicher wahr. Du kannst beobachten, wie im Frühling alles zu wachsen beginnt, was dann später im Herbst und Winter wieder vergeht. Du spürst, wie sich die Lichtverhältnisse, das Singen der Vögel und vieles anderes mehr zu den verschiedenen Jahreszeiten verändern.

Besonders viele Anreize zum phantasievollen Gestalten bieten uns die Bäume im Herbst mit ihren bunten Blättern und ihren zahlreichen Früchten.

Bunte Herbstblätter

Das wunderschöne Farbenspiel der bunten Blätter entfaltet sich besonders prächtig im Gegenlicht zur Sonne. So haben ein »**Drachen**« oder eine »**Schlange**«, die du aus Steinen und Blättern bauen kannst, eine ganz besondere Leuchtkraft. Das Gegenlicht kannst du aber auch nutzen, wenn du aus gepressten bunten Blättern ein Mobile oder anderen Fensterschmuck bastelst.

Besonders viel Spaß macht es, bunte **Herbstboote** zu bauen. Du musst dir dazu im Wald ein nicht zu kleines, flaches Holzstück mit Rinde bzw. Borke suchen, das etwa 2 - 3 cm dick und mindestens 5 - 6 cm breit ist. Mit einem Holzbohrer bohrst du Löcher für einen oder mehrere Masten hinein. Als Mast eignen sich kleine Aststücke oder auch hölzerne Schaschlikspieße, die du – falls notwendig – noch mit etwas Knete im Boot befestigst. Als Segel dienen große bunte Blätter (etwa vom Ahorn) oder kleine Zweige mit mehreren Blättern (etwa von der Eiche). Wenn ihr eure Boote dann

auf einem Teich oder in einem Bach schwimmen lasst, werdet ihr feststellen, dass die Boote am stabilsten sind, wenn der Rumpf nicht zu dünn und nicht zu schmal ist. Schafft ihr es am Ende, euch von euren Booten zu trennen und sie in die Welt hinaus schwimmen zu lassen?

Die langstieligen bunten Ahornblätter eignen sich hervorragend, um daraus **Girlanden** in allen möglichen Farbschattierungen zu flechten. Du brauchst am Anfang drei Blätter, deren Stiele du wie bei einem Zopf einige Male miteinander verflechtest. Nach und nach arbeitest du dann weitere Blätter ein. Die fertigen Girlanden sind ein schöner Schmuck für Bäume. Du kannst aber auch einen fröhlichen Herbsttanz damit machen!

Herbstfrüchte

Wahrscheinlich hast du im Kindergarten, in der Schule oder zu Hause schon oft mit Eicheln, Kastanien, Nüssen und anderen Herbstfrüchten gebastelt – der Phantasie sind dabei keine Grenzen gesetzt!

Eine schöne Möglichkeit ist es, mit solchen Herbstfrüchten Bilder oder **Mandalas** draußen in der Natur auf dem Boden zu legen. Das erfordert ein wenig Geduld und Konzentration – nicht nur beim Gestalten, sondern auch beim vorhergehenden Sammeln der Früchte. Doch es lohnt sich! Ihr könnt solch ein Bild einmal ganz bewusst **für** die Bäume legen und euch damit bei ihnen für alles bedanken, was sie euch im Laufe eines Jahres geben.

Eins ist übrigens all' diesen herbstlichen Kunstwerken gemeinsam: Sie haben nur für eine kurze Weile Bestand und sind nicht »für die Ewigkeit« gedacht. Gerade deshalb passen sie so gut in den Herbst, der ja eine Zeit des Vergehens und Loslassens ist. Die Bäume lassen ihre Blätter und Früchte los, ziehen sich in der Dunkelheit und Kälte des Winters in sich zurück und sammeln Kräfte, um im nächsten Frühling wieder zu neuem Leben zu erwachen.

Schnitzen

Den meisten Menschen (nicht nur Kindern!) macht es sehr viel Freude, etwas aus Holz zu schnitzen. Und schnitzen kann jeder – auch kleinere Kinder, die noch nicht zur Schule gehen. Wenn ihr die nachfolgenden Regeln beim Schnitzen beachtet, kann eigentlich nichts passieren.

Du brauchst nur Holz und ein Messer. Das kann ein spezielles Schnitzmesser mit einer kürzeren Klinge sein oder ein normales Taschenmesser, das allerdings wirklich scharf sein muss.

Junges Astholz von Birke, Hasel, Pappel, Linde, Erle oder Kirsche ist

Regeln zum Schnitzen
- nur im Sitzen schnitzen
- immer vom eigenen Körper weg schnitzen
- gut auf die eigenen Oberschenkel achten und auf die Hand, die das Holz hält
- genug Abstand zu den anderen halten
- niemals mit dem offenen Messer herumfuchteln oder herumlaufen

besonders geeignet zum Schnitzen. Es sollte noch nicht durchgetrocknet und nicht dicker als 4 cm sein. Harte Hölzer wie Eiche und Buche sind schwerer zu bearbeiten ebenso wie Nadelhölzer, die klebrigen Harz absondern.

Am besten fängst du erst einmal damit an, die Rinde eines Astes wegzuschnitzen. Dabei wirst du erste Erfahrungen sammeln, wie du das Messer handhaben kannst und wie das Holz reagiert.

etwas Rinde weg. Und zum Schluss kürzt du mit einer Säge den Wichtel auf die gewünschte Länge.

Für das **Spiel** »**Ringe werfen**« nehmt ihr 5 Asthölzer, die etwa 30-35 cm lang sind und angespitzt werden. Am oberen Ende werden 2 oder 3 oder 5 Ringe eingekerbt. Dann müsst ihr noch 3 Ringe aus biegsamen Ästen (z. B. von Weide oder Birke) flechten, die einen Durchmesser von etwa 15 cm haben sollten. Die Stäbe werden in den Boden gesteckt

Für die **Wichtel** brauchst du ein längeres Aststück, das du wie einen Bleistift anspitzt. So entsteht die Zipfelmütze, die du später mit Wasserfarbe anmalen kannst. Für das Gesicht und den Bart nimmst du mit dem Schnitzmesser

und ihr versucht abwechselnd, die Ringe über die Stäbe zu werfen. Wer erreicht die meisten Punkte?

Die ähnlich wie eine Zwille aussehende Astgabel ist ziemlich schnell geschnitzt – es sei denn, du willst sie kunstvoll verzieren. Für das **Spiel** »**Fang den Ring**« brauchst du dann jedoch ein bisschen Geduld und Übung. Du befestigst mit einer Schnur unterhalb der Astgabel einen aus kleinen Ästchen geflochtenen Ring oder einen hölzernen Gardinenring, schleuderst ihn mit Schwung in die Luft und versuchst, ihn aufzufangen.

Wenn du beim Schnitzen auf den Geschmack gekommen bist und dich

Der »Talking Stick« – Redestab

Dies ist ein Brauch von den Indianern Nordamerikas. Kennst du es, wenn alle durcheinander rufen, weil jeder gleichzeitig etwas sagen will? Die Indianer kannten das auch! Und deshalb erfanden sie den Talking Stick, den Redestab. Dies ist ein geschmückter (eventuell geschnitzter) Stab, den man in der Hand halten kann. Alle sitzen im Kreis und der Stab wird herumgereicht. Sprechen darf nur derjenige, der den Stab hält. (Natürlich dürfen die anderen mal Zwischenfragen stellen.) Wenn er oder sie fertig ist, wird der Stab an den Nächsten weitergereicht. So wird sichergestellt, dass jeder, auch die Schüchterneren, zu Wort kommen. Der Redestab betont den Wert jedes Einzelnen und seiner Meinung und hilft, seinen Standpunkt zu achten.

Wenn du einen Redestab herstellen willst, brauchst du einen handlichen Zweig oder kurzen Ast. Am besten einen, der dir etwas bedeutet oder der dir irgendwie sympathisch ist. Besonders gut zum Schnitzen eignen sich Haselnuss, Holunder oder Weide im Frühling. Die Indianer schmücken ihre Redestab mit Glasperlen(ketten), Federn, Knochen, anderen Holzstückchen. Du kannst ihn auch anmalen.

Wenn alle gesprochen haben, kann man den Redestab – zumindest wenn man sich draußen (am Lagerfeuer) befindet –, mit dem unteren Ende in den Boden stecken. Sehr praktisch!

Auch nicht schlecht! Dieser Redestab sieht aus wie eine Schlange, die Federn um den Hals trägt.

weiter darin vertiefen möchtest, findest du viele gute Anregungen in diesem Buch, aus dem auch unsere drei Schnitzbeispiele stammen: Frank Engholm, *Schnitzen mit Kindern – kreativ und einfach*, Verlag Freies Geistesleben (ISBN 978-3-7725-2032-7).

Du wirst beim Schnitzen spüren, wie wohltuend und beruhigend es sein kann, sich für eine Weile auf diese eine Sache zu konzentrieren. Außerdem entsteht wie von selbst eine gute und gemütliche Stimmung, wenn ihr mit mehreren beim Schnitzen zusammen sitzt, dabei erzählen könnt und einfach Spaß am gemeinsamen Tun habt.

Wenn du noch intensiver in die Arbeit mit Holz einsteigen möchtest, kannst du von gut durchgetrocknetem Astholz Scheiben absägen, die etwa 1,5-2 cm dick sind und einen Durchmesser von 3-6 cm haben. Diese Scheiben schmirgelst du zuerst mit grobem und dann mit immer feinerem Schleifpapier glatt und rundest die Kanten ab. Zum Schluss reibst du das Holz mit etwas Naturöl (z. B. Leinöl) oder mit flüssigem Bienenwachs ein. So entstehen Handschmeichler, bei denen die Maserung des Holzes wunderschön zur Geltung kommt. Du kannst auch einen Schlüsselanhänger daraus machen, indem du ein Loch für ein Lederband in dein Astholz bohrst oder eine Öse hinein schraubst und daran einen Schlüsselring befestigst.

Auf ähnliche Weise kannst du auch ein markantes Aststück oder ein bizarres Wurzelstück mit Schnitzmesser und Schleifpapier bearbeiten. Gerade Astlöcher und Verletzungen im Holz geben

solch einem Werkstück oft einen ganz besonderen Charakter, den du durch deine Bearbeitung noch unterstreichen kannst.

Ganz wichtig wird es sein, dass du in Einklang mit dem Holz arbeitest. Du musst gut hinspüren, welche Möglichkeiten das Holz dir vorgibt und kannst ihm nicht einfach deinen Willen aufzwingen. Es ist so, als ob du ein Gespräch, einen Dialog mit dem Holz führst und dabei behutsam herausfindest, was dem Holz am besten entspricht.

Naturkunst

Ein weites Feld für kreative Ideen ist die Naturkunst, auch als »Land-Art« bekannt. Als »Naturkünstler« greifst du behutsam gestaltend in die Natur ein und hinterlässt künstlerische Spuren. Das können ganz einfache Dinge sein: ein Kreis aus gelben Blättern auf dem von braunen Herbstblättern bedeckten Boden; eine lange Spur von leuchtenden Herbstblättern, die sich deutlich vom Untergrund abheben und die du mit kleinen Holzstöckchen im Boden festspießt; Spiralen aus Eicheln, Tannenzapfen oder Kastanien; einige Löwenzahnblüten auf einem bemoosten Baumstumpf. Oberste Regel dabei ist: Es wird nur Naturmaterial verwendet und kein Müll im Wald zurückgelassen.

Das Besondere an diesen Kunstwerken ist, dass du sie draußen lassen musst und dass sie vergänglich sind. Es macht viel Spaß, sie zu erschaffen; und sie sind ein »Hingucker«, an dem sich auch andere Waldliebhaber erfreuen können.

23

24

Zeichnen und malen

Bäume sind zu jeder Jahreszeit ein wunderschönes Motiv für eigene Kunstwerke, die du zeichnen oder malen kannst – dazu gibt es unzählige Möglichkeiten. Der eine wird gerne ganz naturgetreu mit einem Bleistift zeichnen; da soll möglichst jedes Detail mit der Wirklichkeit übereinstimmen. Der andere greift lieber zu kräftigen und fließenden Farben und versucht damit, die Stimmung im Wald (etwa im goldenen Herbstwald) wiederzugeben, ohne dass Einzelheiten erkennbar sind.

Mit Wachsmalstiften und etwas festerem Zeichenpapier, das du bei trockenem Wetter mit Stecknadeln auf einem Baumstamm befestigst, kannst du die Struktur der **Baumrinde abpausen**. Wenn du das häufiger machst, wirst du später sofort erkennen, ob ein solches Rindenbild von einer Eiche oder Birke oder einer Kiefer stammt.

Lass dann doch deiner Phantasie einmal freien Lauf: Entdeckst du in diesen Rindenbildern Gestalten, Gesichter, Tiere oder ähnliches? Die zeichnest du mit feinen Stiften nach und verstärkst sie. Du kannst natürlich auch ganz eigene Phantasiegebilde in das Rindenbild hineinzeichnen.

Fotografieren

Auch für Fotos bieten Bäume eine unerschöpfliche Fülle von Motiven: kahle Bäume im Winter, zartgrüne Bäume im Frühling, bunte Herbstbäume… Du kannst als Hobbyfotograf Nahaufnahmen von Baumdetails machen oder dein Augenmerk auf besonders markante und bizarre Bäume richten. Magst du lieber naturgetreue und gestochen scharfe Fotos oder hast du mehr Freude daran, Stimmungen im Wald einzufangen? Dann wirst du auf einfallende Lichtstrahlen, durchscheinende Blätter, glitzernde Wassertropfen und ähnliches achten. Und dann darf auch ruhig mal etwas unscharf verschwimmen. Und wie wäre es mit einem selbst gestalteten Baum-Foto-Kalender als Weihnachtsgeschenk? (Kalendervorlagen dafür gibt es im Papierwarenhandel.)

25

APRIL
1 2 3 4 5 6 7 8 9 10 11 12 13 14 15 16 17 18 19 20 21 22 23 24 25 26 27 28 29 30
Mi Do Fr Sa So Mo Di Mi Do Fr Sa So Mo Di Mi Do Fr Sa So Mo Di Mi Do Fr Sa So Mo Di Mi Do

Mit allen Sinnen

Für die meisten Menschen ist ein Spaziergang im Wald sehr erholsam und entspannend. Wir glauben, das liegt nicht nur an der wohltuenden Bewegung in der frischen Luft, sondern daran, dass der Wald und die Bäume helfen, aus der Betriebsamkeit des Alltags auszusteigen, die Zeit still stehen zu lassen, die Gedanken zu stoppen und nur zu schauen, zu hören, zu riechen und zu fühlen, was jetzt im Moment ist. Oft sind wir so voll von unseren Erlebnissen und Alltagssorgen, dass wir gar nicht abschalten können. Vielleicht hast du das auch schon erlebt: Da laufen wir zu zweit oder zu dritt durch den Wald und reden und reden und sind mit unseren Gedanken und mit unserem Herzen ganz woanders. Dann braucht es ein wenig Zeit, bis wir ruhiger werden und wirklich im Wald »ankommen«. Es gibt viele Spiele und Übungen, die dabei helfen können. Sie machen nicht nur Spaß, sondern regen an, den Wald und die Bäume mit allen Sinnen wahrzunehmen.

Sehen – einmal anders

Die meisten Entdeckungen machen wir gewöhnlich mit unseren Augen. Doch es gibt (nicht nur) im Wald so viel zu sehen, dass unsere Augen gar nicht alles zugleich aufnehmen und verarbeiten können. Deshalb ist es gut, wenn du deine Sehgewohnheiten einmal bewusst veränderst und einen anderen Blickwinkel einnimmst.

Lege dich **auf den Rücken unter einen Baum** und schau nach oben. Da gibt es viel zu beobachten: wie weit der Stamm sich in die Höhe reckt, wie sich seine Äste verzweigen und ausbreiten, wie sich die Blätter im Wind bewegen. Alles, was dir an Gedanken im Kopf herumschwirrt, kannst du zusammen mit den Wolken am Himmel weiterziehen lassen. Und wenn ihr das zu mehreren macht: Schafft ihr es, 2 oder 3 oder gar 5 Minuten nichts zu sagen und schweigend da zu liegen?

Oder lege dich **auf den Bauch** und stelle dir vor, du wärest ein kleiner Käfer, der über den Waldboden krabbelt. Was ist aus dieser Perspektive alles zu entdecken?

Und wenn du **in einen Baum hochkletterst,** kannst du den Wald mit den Augen eines Eichhörnchens oder eines Vogels betrachten, der sich gerade auf einem Zweig ausruht.

Es schärft die Wahrnehmung sehr, wenn du einmal bewusst nur **ein einziges Blatt**, eine einzelne Kastanie oder nur eine bestimmte Einzelheit eines Baums betrachtest. Wir haben das im Herbst mit den wunderschönen bunten Blättern eines Ahorns gemacht. Es ist unglaublich, wie farbenfroh so ein einzelnes Blatt ist! Aber versuche, dich wirklich nur auf ein Blatt zu beschränken. Wir haben da eine aufschlussreiche Erfahrung gemacht: Weil diese Ahornblätter so unwahrscheinlich bunt und schön sind, konnten wir uns gar nicht bremsen und haben gleich mehrere Blätter miteinander kombiniert. Das

war auch faszinierend, aber die einzigartige Schönheit jedes einzelnen Blatts wurde dabei überdeckt und ging verloren. So haben wir es aus eigener Anschauung erfahren: Manchmal ist weniger mehr!

Der Herbst ist auch eine Zeit, in der du an einem ruhigen und bequemen Platz eine Weile in Ruhe dasitzen und **dem fallenden Herbstlaub zuschauen** kannst. Mal schwebt nur ein einzelnes Blatt zu Boden, mal »regnet« es Blätter – je nachdem wie stark oder sanft der Wind weht. Und manchmal löst sich ein Blatt auch bei völliger Windstille vom Baum! Wenn du genau auf den Wind achtest, kannst du es vorhersagen, ob im nächsten Moment viele oder wenige Blätter fallen werden. Achte auch darauf, wie unterschiedlich die Blätter sich bewegen: Sie können schweben, segeln, rieseln, schneien, kreisen, tanzen, trudeln …

Vielleicht magst du dir auch aus einem Blatt Papier ein »Beobachtungsrohr«

rollen, durch das du guckst. So kannst du deinen Blick konzentrieren und musst nicht ständig hin- und herschauen. Hast du Geduld, so lange zu schauen, bis 10 oder 20 oder gar 50 Blätter in deinem Blickfeld zu Boden gefallen sind?

Eine andere Geduldsübung ist es, bei Regenwetter zu beobachten, wie die Blätter eines Baums von Regentropfen getroffen und bewegt werden. Wer hat zuerst 10 (oder mehr) »Treffer« gezählt? Das ist übrigens eine gute Methode, den Regen zu »vergessen« und sich von ihm nicht die gute Laune verderben zu lassen.

Ein anderes Mal kannst du die Bäume mit den Augen deiner Phantasie betrachten. Welche Figuren und Gestalten entdeckst du in ihnen? Vor allem in alten, knorrigen Bäumen und ihren Ästen lässt sich allerhand entdecken. Vielleicht mögt ihr daraus sogar eine **Skulpturenausstellung** machen, an der andere Waldbesucher sich erfreuen können. Oder eine **Bildergalerie,** wenn ihr auf der Rinde von Bäumen allerlei Gesichter und Gestalten entdeckt. Mit Stecknadeln und einem Band, das sich farblich von der Baumrinde abhebt, lassen sich diese Bilder auch »einrahmen«. Ihr könnt solch eine Gestalt auch behutsam mit natürlichem Material (z. B. Gras oder Blätter) deutlicher hervorheben oder verändern. Der künstlerischen Phantasie sind da keine Grenzen gesetzt – es sei denn, ihr verändert etwas so sehr, dass es einen Baum verletzt oder in seinem Wachstum behindert.

Besonders in alten Wäldern findet man viele anregende Formen, die die Natur geschaffen hat.

Ganz spannend ist es, den Wald einmal mit den Augen von anderen zu sehen. Wir haben gleich zwei Lieblingsspiele dafür.

Bei der »**Seh-Schlange**« gehen wir in kleinen Gruppen zu viert oder fünf hintereinander schweigend durch den Wald. Wenn dem ersten in der Reihe irgend etwas »ins Auge gesprungen« ist, was ihm gefällt oder was ihm vorher noch nie aufgefallen ist, bleibt er stehen und zeigt es den anderen wortlos. Dann geht er an das Ende der Seh-Schlange, die nun von dem zweiten so lange

weiter geführt wird, bis er etwas Sehenswertes entdeckt hat, das er den anderen zeigen möchte. So geht es weiter, bis jeder zwei- oder dreimal der Anführer war. Ganz wichtig: Macht euch keinen Stress, dass ihr dabei etwas ganz Außergewöhnliches finden müsst. Auch ganz einfache Dinge sind bewundernswert. Wir haben übrigens festgestellt, dass das Schweigen bei dieser Übung gar nicht schwer fällt.

Das Spiel »**Fotograf und Kamera**« wird zu zweit gemacht: Einer ist der Fotograf, der andere ist die Kamera. Die »Kamera« hat die Augen geschlossen und wird vom Fotografen geführt. Wenn dieser etwas entdeckt hat, was er »fotografieren« möchte, stellt er die noch blinde »Kamera« darauf ein. Er bewegt ihren Kopf so, dass das Fotoobjekt genau im Blickwinkel der Kamera liegt. Dann drückt er auf den »Auslöser«, d. h. er gibt durch einen leichten Druck auf die Schulter für die Kamera das Signal, die Augen für einige Sekunden zu öffnen und das »Bild« aufzunehmen. So werden mehrere »Aufnahmen« gemacht – am besten schweigend, bevor die Rollen getauscht werden und der Fotograf zur Kamera wird und umgekehrt. Es versteht sich von selbst, dass der Fotograf seine blinde Kamera behutsam und fürsorglich behandelt, damit sie sich vertrauensvoll von ihm führen lassen kann.

Abschließend tauscht ihr euch über das Erlebte aus. Erinnert ihr euch an alle Bilder, die ihr als Kamera aufgenommen habt? Ihr könnt auch eins dieser Bilder »entwickeln«, indem ihr es für den Fotografen etwa in Postkartengröße aufzeichnet.

Einmal anders als gewohnt hinschauen – dafür hast du nun viele Möglichkeiten kennengelernt – und sicherlich fallen dir selbst auch noch weitere ein. Es ist jedoch ganz besonders eindrucksvoll, sich auch einmal mit geschlossenen Augen im Wald zu bewegen und dabei die anderen Sinne weit zu öffnen.

Hören

Setze dich doch einmal auf eine Bank oder lehne dich an einen Baum, schließe für eine Weile die Augen und konzentriere dich ganz auf all das, was du hören kannst: die singenden und zwitschernden Vögel, das Rauschen der Blätter im Wind, das Knacken von Ästen und Zweigen, das Plätschern eines Bachs, die Stimmen von Spaziergängern, das Bellen eines Hundes…

Gibt es auch absolut stille Momente?

Gehe einmal zu verschiedenen Bäumen und achte darauf, wie unterschiedlich sich das Rauschen ihrer Blätter anhören kann. Besonders auffällig ist das bei einer Pappel; bei anderen Bäumen musst du schon sehr genau hinhören und lauschen. Manche Bäume bleiben auch im Wind völlig lautlos – weißt du welche? (Antwort auf S. 32)

Wenn ihr zu zweit unterwegs seid, könnt ihr euch gegenseitig führen: Einer ist »blind«, der andere ist der »Blindenführer«. Achte nun darauf, wie unterschiedlich deine Schritte sich anhören (und anfühlen!), je nachdem, ob du unter Laubbäumen oder unter Nadelbäumen entlang gehst, auf moosigem Boden oder durch Gras. Und versuche, dich so leise zu bewegen, dass gar nichts von deinen Schritten zu hören ist.

Dazu gibt es ein schönes Gruppenspiel; wir haben es »**Anschleichen**« genannt. Ein »Blinder« steht mit verbundenen Augen in der Mitte, die anderen etwa 20 m entfernt im Kreis um ihn herum. Sie versuchen nun, sich ganz leise an den Blinden heranzuschleichen. Sobald dieser ein Geräusch hört, zeigt er mit ausgestrecktem Arm in die entsprechende Richtung. Hat er dabei einen Mitspieler erwischt, muss dieser sich hinsetzen. Schafft es jemand, sich unbemerkt bis zum Blinden vorzuschleichen?

Eine weitere Form der Blindenführung ist das »**Lotsen**«. Der Blindenführer sucht sich zwei kleinere Aststücke, die er gegeneinander schlägt. Am besten geht er dabei rückwärts und bleibt dem Blinden zugewandt. Der Blinde folgt nun dem Geräusch des Schlagens selbständig und ohne an der Hand geführt zu werden.

Mit selbst gesuchten Klanghölzern könnt ihr ein richtiges **Waldorchester** bilden und musizieren. Dazu braucht jeder »Musiker« zwei Hölzer: ein Holz zum Klingen und eins zum Anschlagen.

die unterschiedlichen Klänge der einzelnen Hölzer. Wie klingen sie: hoch oder tief, voll oder zart? Vielleicht könnt ihr nach einer Weile sogar mit geschlossenen Augen erkennen, wessen Holz gerade angeschlagen wird.

Als »Orchester« habt ihr viele Möglichkeiten: Einer gibt einen Rhythmus (nicht zu lang und nicht zu kompliziert) vor, den die anderen übernehmen, so dass alle gleichzeitig denselben Rhythmus spielen. Oder einer fängt an, der zweite fällt in seinen Rhythmus ein, dann der dritte und so weiter, bis alle gemeinsam spielen. Dann hört ihr nacheinander auf: zuerst der erste, dann der zweite, der dritte und so weiter, bis es schließlich wieder still ist. Ihr werdet merken: Ihr müsst dabei gut aufeinander achten – und das ist eine ganz wichtige Grundübung für alle Musiker.

Sehr viel Spaß macht auch ein »Chaos-Orchester«: Ihr spielt bzw. schlagt alle durcheinander und so laut wie möglich. Nach einer Weile entwickelt sich meistens wie von selbst aus dem Chaos ein Rhythmus oder eine »Melodie«.

Wenn ihr genügend Geduld und Ausdauer habt, könnt ihr auch eine »Tonleiter« bauen. Stellt unterschiedlich lange und unterschiedlich dicke Klanghölzer so zusammen, dass es wie bei den Orgelpfeifen von tiefen Tönen zu immer höheren Tönen geht. Für die tiefen Töne könnt ihr auch größere tote Äste anschlagen, die auf dem Boden liegen. Und vielleicht findet sich ja sogar ein toter hohler Baumstamm für richtig tiefe Basstöne!

Am besten klingen solche Hölzer, wenn sie nicht völlig trocken, nicht zu morsch und nicht zu dünn sind. Günstig ist ein Durchmesser von 3-4 cm. Meistens klingen die Hölzer noch besser, wenn ihr die Rinde mit einem Schnitzmesser entfernt. Um das obere Ende des Klangholzes bindet ihr nun einen Bindfaden, an dem ihr das Holz so haltet, dass es frei schwingen und tönen kann, wenn ihr es mit dem zweiten Holz anschlagt. Nun lauscht aufmerksam auf

Tasten und fühlen

Wenn ihr euch »blind« im Wald bewegt, werdet ihr nicht nur intensiver hören, sondern auch intensiver fühlen, etwa wie unterschiedlich der Boden unter euren Füßen sich anfühlen kann. Ihr werdet den Wind ebenso auf eurer Haut spüren wie Licht und Schatten.

Ein beliebtes Spiel ist es, einen **Baum blind kennenzulernen.** Ihr tut euch wieder zu zweit zusammen: Der Sehende führt den Blinden zu einem Baum in der Nähe – möglichst nicht auf direktem Weg, sondern auf etwas verschlungenen Pfaden. Diesen Baum soll der Blinde nun kennenlernen, indem er den Stamm mit den Händen abtastet, die Wurzeln befühlt, den Baum umarmt und den Geruch der Rinde und der Blätter wahrnimmt. Dann geht's wieder auf verschlungenem Weg zum Ausgangspunkt zurück. Nun soll der ehemals Blinde mit offenen Augen seinen Baum wieder finden. Das hat bis jetzt immer erstaunlich schnell geklappt,

wenn wir dieses Spiel gemacht haben. Und es sind oft lang andauernde Baumfreundschaften daraus entstanden.

Die Herbstzeit ist besonders gut geeignet, um draußen einen **Fühlpfad für die Füße** anzulegen. Wir haben das mit Hilfe von fünf oder sechs flachen Obstkisten aus Pappe gemacht, die ihr in jedem Supermarkt bekommen könnt. Für diese Kartons haben wir unterschiedliche Füllungen gesammelt: Eicheln, Kastanien, trockenes Laub, frisches Laub, kleine Stöckchen, kleine Rindenstücke, Tannenzapfen, Moos… Barfuß sind wir dann von Karton zu Karton gegangen und haben mit den Fußsohlen gespürt, wie sich das anfühlt. Kiefernzapfen mochten wir gar nicht, weil sie heftig pieksen, Moos war

► **Antwort zu S. 30:**
Welche Bäume sind lautlos im Wind?
Das sind natürlich diejenigen mit kleinen und vor allem steifen Laubwerk. In unseren Breiten sind das insbesondere die Nadelbäume wie Fichte, Tanne und Eibe.

Je kleiner und steifer die Blätter eines Baumes, desto leiser ist er im Wind. Besonders viele Geräusche dagegen machen die großen, frei beweglichen Blätter von Pappeln oder Kastanien. Auch Eichen- und Buchenlaub rauscht kräftig im Wind.

wunderbar! Und unsere Füße waren am Ende gut durchblutet und ganz warm.

Ihr könnt natürlich auch einen festen Fühlpfad bauen, in dem ihr die einzelnen Fühlfelder mit geraden Ästen umrandet. Doch ein Pfad mit Obstkisten hat den Vorteil, dass man diese in ihrer Reihenfolge schnell auswechseln kann. Dann macht es noch mehr Spaß, blind über den Pfad zu gehen, weil man ja nicht weiß, was als nächstes kommt.

Riechen und schmecken

Auch wenn es für diese beiden Sinneskanäle nicht gar so viele Möglichkeiten wie für das Sehen, Hören und Fühlen gibt: Es lohnt sich, auch mit dem Riechen und Schmecken bei den Bäumen neue Erfahrungen zu sammeln.

Lass dich im Wald doch einmal von deiner Nase leiten. Du wirst merken: Im Nadelwald riecht es anders als im Laubwald, im Sommer anders als im Winter und bei Regen anders als bei Sonnenschein. Achte auch darauf, welche Gerüche im Wald dir angenehm sind und welche eher unangenehm. Und setze deine Spürnase einmal bei einzelnen Bäumen ein, vor allem wenn sie blühen. Besonders intensive Düfte findest du dann bei Linden und beim Weißdorn. Und auch das Holz riecht unterschiedlich; einen ganz besonders intensiven Geruch hat das Holz vom Thuja (Lebensbaum). Deutliche Geruchsunterschiede kannst du auch feststellen, wenn du ein Baumblatt zwischen den Fingern verreibst. Vielleicht kannst du deinen Geruchssinn für Bäume sogar so weit entwickeln, dass du als »Blinder« einige Bäume an ihrem speziellen Geruch erkennen kannst.

Dein Geschmackssinn hat schon vielfältige Erfahrungen mit den Bäumen und ihren Früchten gemacht. Äpfel, Kirschen, Birnen, Orangen, Haselnüsse und Walnüsse hat jeder schon oft gegessen – ebenso wie Kuchen, Kekse, Säfte und Marmelade, die man daraus zubereiten kann. Doch hast du auch schon mal Esskastanien probiert oder Ebereschenmarmelade, Holunderlimonade oder Nuss-Marzipan? (➜ Rezepte, Seite 102)

Auch Heilmittel für die Hausapotheke lassen sich aus den Gaben der Bäume herstellen: Tee aus Lindenblüten, Birkenblättern, Weidenrinde oder Walnussblättern sowie Fichtensirup und vieles andere (➜ Heilmittel, S. 104).

Charakter und Stimmungen erspüren

Wenn du so mit offenen Sinnen den Bäumen begegnest, dann wirst du ein gutes Gespür für ihre unterschiedlichen Charaktere bekommen. Birken haben ein anderes Temperament als Eichen oder Tannen. Linden sind von ihrem Wesen her anders als Kastanien oder Weiden. Buchen sind ganz andere »Typen« als Erlen oder Pappeln. Das kannst du sehen, hören, riechen und fühlen. Und du wirst auch merken, dass keine Birke wie eine andere ist. Sie haben gewisse Ähnlichkeiten – so wie die Mitglieder einer Familie einander oft ähnlich sind. Doch jeder Baum, jede Erle, jede Buche, jede Eiche ist eine Einzelpersönlichkeit, die in vielen Jahren so gewachsen und geworden ist. Das ist bei den Bäumen genauso wie bei den Menschen: Jeder einzelne ist einzigartig.

Wieviele Gerüche »siehst« du in diesem Bild?

Ähnlich ist es auch mit dem Wald als Ganzem: Du kannst dort ganz unterschiedliche Stimmungen und Atmosphären erleben, wenn du deine »Achtsamkeits-Antenne« einschaltest. Im dichten Tannenwald ist es still und dunkel, der Boden ist weich und die Schritte werden durch die vielen herabgefallenen Tannennadeln gedämpft. Es mag sein, dass das sogar etwas unheimlich wirkt und du dich an Hänsel und Gretel erinnerst, die sich im Wald verirrt haben.

Im Buchenwald bist du unter hohen Bäumen mit einem dichten, aber lichtdurchlässigen Blätterdach. Das kann sich richtig feierlich anfühlen – wie in einer Kirche. Und anderswo im Wald geht es ganz fröhlich und lebendig zu: Die Vögel zwitschern, die Blätter tanzen im Wind und du bekommst Lust, zu singen und zu springen.

Wir haben bei einer längeren Wanderung erlebt, wie schnell sich die Stimmung im Wald verändern kann: Gerade noch im dunklen und kühlen Tannenwald fanden wir uns kurz danach im hellen Laubwald und etwas später auf einer sonnigen Lichtung wieder. Es hat uns viel Spaß gemacht, Geschichten zu erfinden, die zu den so unterschiedlichen Stimmungen im Wald passten. Eine Räubergeschichte braucht eine ganz andere Atmosphäre im Wald als eine Geschichte von einem verwunschenen Schloss oder eine Erzählung von Zwergen und Gnomen. Bekommt ihr Lust, euch im Wald solche Geschichten auszudenken und sie euch gegenseitig zu erzählen? Dann nur zu!

»Heimlich waren wir dem Zwerg gefolgt, nun hatte er uns zum Eingang seines Familienwohnsitzes geführt. Was würden wir als nächstes tun?«

»Die Schneekönigin erwartete uns bereits in ihrem Schloß. Aber bis dahin gab es allerlei Gefahren zu überwinden! So hatten sich die Wächter die Gestalt ganz harmloser Schafe gegeben.«

Oder regnet es gerade und ihr habt keine Ideen, was ihr drinnen machen sollt? Dann schaut euch einfach diese Waldstimmungsbilder an und denkt euch eine Geschichte aus. Und da aller Anfang schwer ist, könnt ihr, wenn ihr wollt, die Stichworte in den Bildunterschriften zu Hilfe nehmen. Viel Spaß!

35

Mit Bäumen meditieren

Wenn du die eine oder andere Anregung aus dem Abschnitt »Mit allen Sinnen« aufgenommen und ausprobiert hast, dann hast du schon längst mit dem Meditieren begonnen. Du bist still geworden, hast dich aus der Vielfalt des Möglichen heraus gelöst, dich auf Weniges konzentriert und bist mehr und mehr bei dir selbst, in deiner inneren Mitte angekommen.

Wenn du noch intensiver in das Meditieren einsteigen möchtest, findest du im folgenden weitere Anregungen. Bäume sind wunderbare Helfer beim Meditieren, weil sie so sind, wie sie sind. Sie strahlen Stärke, Sicherheit und Ruhe aus. So schnell wirft sie nichts um. Sie sind standfest, stehen ausdauernd an ihrem Platz, sind gut verwurzelt im Boden und strecken sich mit ihren Ästen und Zweigen zugleich weit in den Himmel aus. Trotzdem sind sie nicht starr und unbeweglich, sondern können dem Wind flexibel nachgeben.

Beim Meditieren mit Bäumen kannst du dich ganz bewusst mit der besonderen Kraft der Bäume verbinden.

Kraft tanken

Gehe zu einem Baum, den du magst, nimm behutsam Kontakt mit ihm auf und begrüße ihn. Du kannst dabei auch laut oder leise oder stumm mit ihm sprechen. Lehne deinen Rücken an seinen Stamm und fühle seine Rinde durch deine Kleidung. Lass dir Zeit und spüre hin, ob sich in deinem Rücken langsam etwas verändert. Dann drehst du dich um und lehnst dich vielleicht erst nur mit der Stirn an den Baumstamm. Erst ganz allmählich gehst du mit dem ganzen Körper näher heran und beginnst, den Baum zu umarmen. Lass dir und dem Baum Zeit dabei, dass der Kontakt zwischen euch langsam wachsen kann und ihr miteinander vertraut werdet.

Spürst du die Kraft des Baumes, seine Energie, die er mit den Wurzeln aus dem Boden holt und die in ihm hoch steigt bis in die letzte Blattspitze? Von dieser Energie kannst du etwas in dich aufnehmen und Kraft tanken – jederzeit und ganz besonders dann, wenn du dich kraftlos, mutlos und schutzlos fühlst oder wenn du eine schwierige oder unangenehme Aufgabe bewältigen musst.

Zum Schluss verabschiedest du dich von »deinem« Baum und bedankst dich bei ihm mit einem Satz, einer Geste oder auch einem kleinen Geschenk. Und vergiss nicht, dass du immer wieder zu ihm zurück kommen kannst. Das ist nicht nur für dich schön und lohnend, sondern ebenso auch für den Baum.

Stark wie ein Baum

Bei dieser Baummeditation wirst du vor allem deine eigene Kraft und Stärke spüren.

Stell dich mit beiden Beinen fest auf den Boden (am besten ohne Schuhe!) und schließe die Augen. Spüre, wie deine Fußsohlen den Boden berühren, und stell dir vor, du wärest ein Baum. Von deinen Füßen aus wachsen kräftige Wurzeln tief in die Erde hinein. Sie verzweigen sich unterirdisch und geben dir einen festen und sicheren Stand. Dein Körper ist wie ein stabiler Baumstamm, der in die Höhe strebt. Die feste, warme Rinde umhüllt dich und schützt dich. Hebe deine Arme: Sie sind wie kräftige Äste, die sich immer weiter entfalten und verzweigen und sanft im Wind wiegen.

Wenn du als Baum fest verwurzelt da stehst, wirft dich so schnell nichts um: kein Regen, kein Sturm und auch kein Gewitter!

Am schönsten ist es, wenn ein guter Freund oder ein Erwachsener dich bei solchen Meditationen begleitet und dir ruhig und langsam eine Anleitung gibt, worauf du achten kannst. Das ist vor allem hilfreich, wenn du anfängst, solche Meditationen zu machen. Es ist dann viel leichter, konzentriert und aufmerksam bei der Sache zu sein.

Wie ein Baum im Wind

Es ist gut, diese Übung öfter draußen im Freien zu machen: mal an windigen Tagen, dann an windstillen Tagen und auch mal an richtig stürmischen Tagen.

Wie bei der vorigen Meditation suchst du dir zuerst einen festen Stand mit deinen Füßen auf dem Boden und lässt in deiner Vorstellung wieder Wurzeln in den Boden wachsen. Dann achte sorgsam darauf, wie und mit welchen Körperteilen du die Bewegung der Luft spürst – das ist an windigen Tagen ganz anders als bei Windstille.

Wenn du dir nun vorstellst, du wärest selbst ein Baum, dann reagiere mit Bewegungen deines Körpers auf die Stärke des Windes. An ruhigen Tagen werden das ganz sanfte und zarte Schwingungen sein und bei stürmischem Wetter wird es dich so richtig hin und herschütteln.

Du kannst das Wetter auch selbst in deiner Phantasie stürmisch oder windstill werden lassen. Auch den heftigsten Sturm stehst du als Baum durch, wenn du dich mit deinen Füßen gut im Boden verwurzelst!

Oder stell dir vor, du wärest ein Blatt an diesem Baum, das sich löst, durch die Luft schwebt, tanzt oder gar wirbelt, bevor es zu Boden sinkt. Bewege dich dazu so, wie es dir spontan in den Sinn kommt.

Egal ob als ganzer Baum oder als einzelnes Blatt: am Ende lässt du die Bewegungen ausklingen und kommst langsam wieder zur Ruhe.

Talking Tree:
Der »sprechende« Baum

Natürlich kann ein Baum nicht in menschlichen Worten reden (➔ *Können Bäume miteinander »reden«?*, S. 70). Aber in einem übertragenen Sinn kann er eben doch zu dir sprechen, vor allem wenn du mit einer echten Frage zu ihm kommst. Angenommen, du bist schon seit einiger Zeit oft schlecht gelaunt und unzufrieden und weißt nicht recht, woran das liegt und wie du das ändern sollst. Dann kannst du mit der Frage „Was ist jetzt für mich wichtig zu tun?" zu einem Baum gehen. Nimm dir genügend Zeit (mindestens eine halbe Stunde), setze dich mit deiner Frage im Herzen still unter den Baum und nimm einfach nur wahr, was um dich herum ist und was in dir ist. Was siehst du? Was hörst du? Was geschieht?

Wie fühlst du dich körperlich? Wie ist deine Stimmung? Welche Gedanken kommen dir in den Sinn? Hast du plötzlich einen Geistesblitz?

Grübele auf gar keinen Fall über deine Frage oder denke angestrengt nach, sondern lass einfach nur kommen, was kommt.

Wenn du dich nach einiger Zeit an eine andere Seite des Baums setzt, verändert sich deine Blickrichtung: du wirst etwas anderes wahrnehmen. Lass dir eine Weile Zeit und achte auch jetzt wieder gut auf deinen Körper, deine Gefühle, deine Gedanken und auf Geistesblitze. Vielleicht ändert sich jetzt auch die Blickrichtung auf dein Problem?

Vielleicht weißt du auf einmal ganz klar »*Das* ist jetzt wichtig. Und *dieses und jenes* mache ich nicht mehr.« Oder du bist innerlich ruhiger und zufriedener geworden. Oder du hast in der Natur etwas beobachtet, was eine symbolische Bedeutung für dich haben kann. So ist mir bei dieser Übung einmal ein Schwarm von Schwalben sehr nahe gekommen. Die Vögel haben mich mit ihrer spielerischen Leichtigkeit, Fröhlichkeit und Lebendigkeit sehr beeindruckt und ich wusste schlagartig »Von dieser Leichtigkeit möchte ich mich anstecken lassen!«

Du magst fragen, was denn der Baum, der »talking tree«, mit all dem zu tun hat? Nun, es ist eher selten, dass wir bei einem Baum eine klare und direkte Antwort auf eine Frage empfangen. Aber ein Baum gibt uns Unterstützung, Sicherheit, Ruhe und Geborgenheit und stärkt uns gleichsam den Rücken. So kannst du in dich hineinhorchen, kannst dich sortieren und klären und spüren, welche neuen Impulse in dir aufsteigen und beachtet werden wollen. Insofern spricht der Baum auf jeden Fall zu dir: Er stärkt und ermutigt dich, zu dir selbst zu stehen.

Bäume als Lehrmeister: Mit Bäumen philosophieren

Vielleicht wunderst du dich erst einmal über diese Überschrift: »Philosophieren« – was ist das überhaupt? Was hat das mit Bäumen zu tun? Oder du denkst: Das ist doch eher langweilig und macht längst nicht so viel Spaß wie im Wald zu spielen und zu toben, zu schnitzen oder Bäume zu fühlen, zu riechen und zu hören.

Und »Bäume als Lehrmeister«? Da kommen dir möglicherweise unangenehme Einfälle und Gedanken an jemanden, der meint, es besser zu wissen, und der dich belehren will. Solche Baum-Belehrer wünschst du dir sicherlich nicht!

Doch so sind Bäume ganz gewiss nicht – und so wollen auch die Menschen nicht sein, die über Bäume oder mit Bäumen philosophiert haben und ihre Einsichten und Erkenntnisse in ganz verschiedenartigen Texten aufgeschrieben haben.

Philosophen sind »Freunde der Weisheit«; das ist die Bedeutung des griechischen Wortes »Philosoph«. »Freunde der Lebensweisheit« wäre vielleicht eine noch treffendere Übersetzung, denn Philosophen denken über die großen Fragen des Lebens nach. Wer bin ich? Woher kommt die Welt? Warum leben wir? Wie sollen wir leben? Was kommt nach dem Tod?

Das sind alles sehr tiefgehende Fragen. Können und sollen auch Kinder sich schon mit solchen Fragen beschäftigen? Natürlich, wenn es sie interessiert!

Aber geht das überhaupt – *mit* Bäumen philosophieren? In unserer Baum-Gruppe haben wir eine wichtige Erfahrung zusammen gemacht. Als wir das Alter unserer Baum-Freunde untersucht haben (Kasten S. 10), ist uns klar geworden, wie lange vor uns, unseren Eltern, Großeltern und Urgroßeltern diese Bäume schon gelebt haben. Wir haben uns vorgestellt, dass sie bereits in der Zeit gelebt haben, als es noch keine Autos, kein elektrisches Licht, kein Telefon und kein Fernsehen gab. Die Spanne ihres Lebens ist viel, viel länger als die eines menschlichen Lebens. Und wie von selbst und ohne dass das vorher geplant war, haben wir angefangen, uns gegenseitig zu erzählen, wie das war, als Urgroßeltern, Großeltern oder andere liebe Familienmitglieder gestorben sind. Das war gar kein trauriges Erzählen, sondern wir haben alle gespürt, wie gut es uns tut, mit anderen über das Leben und Sterben zu sprechen. Das geschieht ja so selten; die meisten Menschen vermeiden dieses Thema.

Genauso begannen übrigens auch alle Religionen der Welt (→ S. 110-117). Menschen saßen damals unter Bäumen (dem Weltenbaum!) zusammen, teilten ihre Ängste und Sorgen und sprachen sich Trost zu. Die Bäume trugen das ihre dazu bei und man dankte ihnen.

Keine Frage also: Auch Kinder können und wollen sich mit philosophischen Fragen beschäftigen. Ein kluger Mann (Jostein Gaarder) hat einmal gesagt: »Die Fähigkeit, uns zu wundern, ist das einzige, was wir brauchen, um gute Philosophen zu werden.« Sich wundern und dann viele Fragen stellen – das können Kinder doch viel besser als Erwachsene! Und Bäume geben jede Menge Anstöße, sich zu wundern …

Von ihrer Lebensweisheit teilen die Bäume dir etwas mit, wenn du sie aufmerksam betrachtest und sie immer wieder besuchst. Aber auch, wenn du liest, was andere Menschen über ihre Erlebnisse, Erfahrungen und Erkenntnisse mit Bäumen aufgeschrieben haben, erfährst du etwas von der Lebensweisheit der Bäume.

Philosophische Texte müssen übrigens gar nicht kompliziert und unverständlich oder etwa langweilig sein. Wir meinen, dass z. B. Geschichten wie *Der Landstreicher und der Baum* ebenso philosophisch sind wie die folgenden Texte von Susanna Tamaro und Hermann Hesse. Sie alle erzählen auf ihre Weise, welche Lebensweisheiten die Bäume uns mitteilen wollen.

(Weitere Zitate findest du auf S. 111.)

Bäume sind Heiligtümer. Wer mit ihnen zu sprechen, wer ihnen zuzuhören weiß, der erfährt die Wahrheit. Sie predigen nicht Lehren und Rezepte, sie predigen … das Urgesetz des Lebens.

Ein Baum spricht: In mir ist ein Kern, ein Funke, ein Gedanke verborgen, ich bin Leben vom ewigen Leben. Einmalig ist der Versuch und Wurf, den die ewige Mutter mit mir gewagt hat, einmalig ist meine Gestalt und das Geäder meiner Haut, einmalig das kleinste

Ich hätte … gern, dass die Leute mehr an die Bäume dächten, dass sie lernten, mit ihnen umzugehen, ihnen dankbar zu sein, weil wir (auch daran scheint sich niemand zu erinnern) ohne sie gar nicht leben könnten: Es ist ihr Atem, der uns das Atmen ermöglicht…

Als ich Bäume zu pflanzen begann, war ich, wie jeder in der Stadt aufgewachsene Junge, davon überzeugt, dass sie kaum etwas anderes sind als Pfähle, die Blätter ansetzen können; erst mit der Zeit, indem ich ihnen zuhörte, sie wachsen oder krank werden, sterben oder Früchte tragen sah, begriff ich, dass sie eher wie Kinder sind, dass sie wie diese Pflege gebrauchen, Liebe, aber auch Strenge; ich verstand, dass unglaublicherweise jeder von ihnen seine Individualität besitzt – es gab stärkere und schwächere, freigiebigere und geizigere, sogar launischere.

Allen ließ ich die gleiche Pflege angedeihen, und alle reagierten verschieden. Daran habe ich erkannt, dass es sich nicht um Pfähle handelte, sondern um Lebewesen mit einem eigenen Schicksal.

Susanna Tamaro
(Schriftstellerin)

Blätterspiel meines Wipfels und die kleinste Narbe meiner Rinde. Mein Amt ist, im ausgeprägten Einmaligen das Ewige zu gestalten und zu zeigen. …

Wenn wir traurig sind und das Leben nicht mehr gut ertragen können, dann kann ein Baum zu uns sprechen: Sei still! Sei still! Sieh mich an! Leben ist nicht leicht, Leben ist nicht schwer. …

Bäume haben lange Gedanken, langatmige und ruhige, wie sie ein längeres Leben haben als wir. Sie sind weiser als wir, solange wir nicht auf sie hören. Aber wenn wir gelernt haben, die Bäume anzuhören, dann gewinnt gerade die Kürze und Schnelligkeit und Kinderhast unserer Gedanken eine Freudigkeit ohnegleichen. Wer gelernt hat, Bäumen zuzuhören, begehrt nicht mehr, ein Baum zu sein. Er begehrt nichts zu sein, als was er ist. Das ist Heimat. Das ist Glück.

Hermann Hesse
(Dichter und Schriftsteller, 1877-1962)

Der Landstreicher und der Baum
von Gina Ruck-Pauquet

»Da stehst du nun«, sagte der Landstreicher zum Baum. »Bist zwar groß und stark, aber was hast du schon vom Leben? Kommst nirgendwo hin. Du kennst den Fluss nicht und nicht die Dörfer hinter dem Berg. Immer an derselben Stelle! Du kannst einem leid tun!« Er packte sein Bündel fester und ging los.

»Da gehst du nun«, sagte der Baum. »Immer unterwegs, hast keinen Platz, an den du gehörst. Du kannst einem leid tun!«

Der Landstreicher blieb stehen. »Hast du das wirklich gesagt?« fragte er und schaute zum Baum empor. »Wer sonst?«, sagte der Baum. »Siehst du hier jemanden außer mir?« »Ne«, sagte der Landstreicher. »Meinst du wirklich, was du sagst? Ich geh' in die Welt, Tag für Tag, ich kenne die Menschen und die Häuser mit den rot gedeckten Dächern …«

»Zu mir kommt die Welt«, sagte der Baum. »Der Wind und der Regen, die Eichhörnchen und die Vögel. Und in der Nacht setzt sich der Mond auf meine Zweige.«

»Ja, ja«, sagte der Landstreicher, »aber das Gefühl zu gehen – Schritt für Schritt.«

»Mag schon sein«, sagte der Baum, »aber das Gefühl zu bleiben – Tag und Nacht.«

»Bleiben«, sagte der Landstreicher nachdenklich. »Zu Hause sein. Ach ja.«

Und der Baum seufzte: »Gehen, unterwegs sein können – ach ja.«

»Wurzeln zu haben«, sagte der Landstreicher, »das muss ein tolles Gefühl sein!«

»Ja«, sagte der Baum, »ganz ruhig und fest ist es. Und wie lebt man mit den Füßen?«

»Leicht«, sagte der Landstreicher, »flüchtig und schnell.«

»Wenn wir tauschen könnten«, sagte der Baum. »Für eine Weile.« »Ja«, sagte der Landstreicher, »das wäre schön.«

»Lass uns Freunde sein«, sagte der Baum. Der Landstreicher nickte. »Ich werde wiederkommen«, versprach er, »und ich werde dir vom Gehen erzählen.« »Und ich«, sagte der Baum, »erzähle dir dann vom Bleiben.«

Silberreiher am Fuß einer uralten Sumpfzypresse in Louisiana, USA

BAUMWELT

2.

Die Welt der Bäume kennenlernen

Seit wann gibt es Bäume auf der Erde?

Wo nicht Ozeane und Seen, sonnengetrocknete Wüsten oder allzu große Bergeshöhen es unmöglich machen, sind Wälder die natürlichste und artenreichste Landschaftsform unseres Planeten Erde. Als Lebens-Ort (»Biotop«) ist der Wald die höchstentwickelte Gemeinschaft von Lebewesen, die nicht nur ihren Bewohnern optimalen Lebensraum bietet, sondern auch wichtige Aufgaben für den Planeten als Ganzes erfüllt.

Wälder …

● ziehen Regen an, was auch benachbarten Gebieten, z. B. Feldern, zugute kommt,

● sind Teil des großen Wasserkreislaufs zwischen Meer und Landmassen,

● verhindern Erosion (die Abtragung des Bodens durch Regen und Wetter),

● stärken das Magnetfeld der Erde, das alles Leben auf der Erde vor tödlicher Strahlung aus dem Weltall schützt.

Doch das war nicht immer so. Als die Erde jünger war, entwickelte sich die Pflanzenwelt (»Flora«) erst langsam. Die ersten baumartigen Gestalten tauchten im Erdzeitalter des Karbon auf, das vor 360 Millionen Jahren begann und vor etwa 299 Millionen Jahren endete. Es wird auch das »Zeitalter der Farne« genannt. Die saßen auf Stämmen und wurden haushoch! Und es gab bis zu 20 Meter hohe Schachtelhalme, Schuppenbäume sowie Siegelbäume, die aussahen wie riesige Flaschenbürsten! All diese waren aber noch keine »echten« Bäume im heutigen Sinne, weil sie kein echtes Holz besaßen (ihre Stämme bestanden z. B. aus dicht gepackten Blattnarben). Sie starben später wieder aus.

44

Die geologischen Erdzeitalter und die Entwicklung des Lebens

Quartär
Besiedelung der Erde durch den Menschen

Tertiär (Paläogen + Neogen)
heutige Formen der Vögel, Reptilien, Fische; früheste Vorfahren des Menschen

Kreide
Nadelbäume, erste Laubbäume; Dinosaurier

Jura
»Zeitalter der Palmfarne«, auch Mammutbäume, Kiefern; »Blütezeit der Dinosaurier«

Trias
erste Bedecktsamer (→ S. 205); Entwicklung der Reptilien, erste Säugetiere

Perm
Entwicklung der Nacktsamer; Reptilien

Karbon
»Zeitalter der Farne«, Schuppen- und Siegelbäume, erste Nacktsamer (→ S. 205); erste Reptilien

Devon
Urfarne, Pilze, Bärlappgewächse, Moose; »Zeitalter der Fische«, Ammoniten, erste Amphibien an Land, erste Insekten

Silur
Pflanzen noch ohne Wurzel, Stamm und Blätter; Seeskorpione, erste Knochenfische

Ordovicium
erste Landpflanzen; Korallen, Seeigel

Kambrium
keine Landpflanzen, nur Algen im Meer; Schwämme, Weichtiere, Stachelhäuter

heute

vor 100 Mio. Jahren

200

300

400

500

Aus den Sumpfwäldern des Karbon-Zeitalters entstanden die Kohlevorkommen der Erde.
Wissenschaftliches Gemälde (Auschnitt) von Z. Burian

Aber auch die Vorläufer unserer Nadelbäume stammen aus dem späten Karbon. Erst viel später, vor etwa 60 Millionen Jahren, tauchten dann die Blütenpflanzen und Laubbäume auf. Und noch viel später der Mensch.

Die Graphik links zeigt dir entlang einer Zeitleiste von Hunderten von Millionen Jahren, wann sich die verschiedenen Lebewesen entwickelten.

Wir wollen uns einmal vorstellen, wie jung die Menschheit aus der Sicht der ältesten Bäume erscheint. Die ältesten uns heute bekannten noch lebenden Baumgattungen sind der Ginkgo und der Mammutbaum (→ S. 160 und 176), die es seit etwa 160 Millionen Jahren gibt. Wenn wir diese Zeitspanne auf *ein Jahr* zusammenschrumpfen lassen, ergibt sich daraus folgendes:

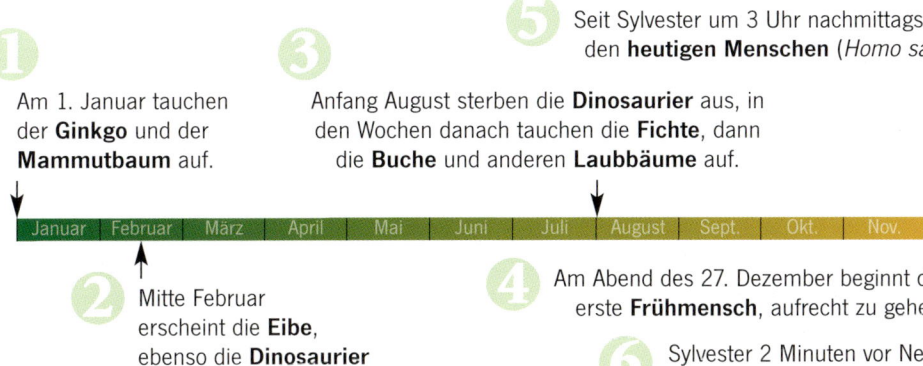

❶ Am 1. Januar tauchen der **Ginkgo** und der **Mammutbaum** auf.

❷ Mitte Februar erscheint die **Eibe**, ebenso die **Dinosaurier** und der »Urvogel« Archaeopteryx

❸ Anfang August sterben die **Dinosaurier** aus, in den Wochen danach tauchen die **Fichte**, dann die **Buche** und anderen **Laubbäume** auf.

❹ Am Abend des 27. Dezember beginnt der erste **Frühmensch**, aufrecht zu gehen.

❺ Seit Sylvester um 3 Uhr nachmittags gibt es den **heutigen Menschen** (*Homo sapiens).

❻ Sylvester 2 Minuten vor Neujahr wird der **Buchdruck** erfunden.

❼ 4 Sekunden vor Neujahr erscheinen **Gameboy** und **PC**.

Januar | Februar | März | April | Mai | Juni | Juli | August | Sept. | Okt. | Nov. | Dez.

DER BAUM

Wie ist ein Baum aufgebaut?

So wie der Körper des Menschen aus Kopf, Rumpf und Gliedmaßen besteht, so hat auch der Baum eine Struktur: Seine sichtbare Gestalt besteht aus **Wurzeln, Stamm und Krone**. Dies ist schon beim kleinsten Sämling so und ändert sich nie.

Die Wurzeln verankern den Baum fest im Boden, damit er auch Stürmen standhalten kann. Der Stamm und die Hauptäste halten die Krone mit ihren unzähligen Blättern der Sonne und dem Licht entgegen.

Außerdem nehmen die Wurzeln nährstoffreiches Wasser aus dem Boden auf. Dieses fließt über ein besonderes Röhrensystem, das **Xylem**, den Stamm hinauf und erreicht die Blätter, deren Zellen das Wasser eifrig aufsaugen. Wenn eine Pflanze zu wenig Wasser findet, werden die Blätter schnell schlapp; du kennst das bestimmt von den Topfpflanzen im Haus, wenn sie mal nicht gegossen wurden.

Die Blätter räkeln sich aber nicht nur faul in der Sonne, während sie wie mit einem Strohhalm ihren Nahrungscocktail trinken. Im Gegenteil, sie sind besonders fleißig! Aus der Energie der Sonnenstrahlung und dem zugeführten Wasser gelingt es speziellen Blattzellen nämlich, die eigentliche Nahrung des ganzen Baumes herzustellen. Diese Nahrung besteht hauptsächlich aus Kohlenhydraten, die in Form von Stärke und vor allem von verschiedenen Zuckersorten (ja, wirklich!) von den Blättern aus in den ganzen Baum verschickt werden. Was nicht unmittelbar gebraucht wird, wird in den Wurzeln eingelagert, vor allem für den Winter und den nächsten Frühling.

Die Verteilung dieser Zuckerlösung geschieht über ein zweites spezielles Röhrensystem, das **Phloem** oder auch **Bastschicht** genannt wird. Es reicht, wie die Röhren des Xylem, von den Blättern bis ganz hinunter zu den Wurzeln.

Man sieht also, wie sehr die Struktur eines Baumes verknüpft ist mit den Aufgaben, die die verschiedenen Teile haben.

Wie groß ist das Wurzelsystem eines Baumes?

Bei umgestürzten Bäumen ist man oft überrascht, wie klein die Wurzelscheibe scheinbar ist, die den großen Gesellen im Boden verankert. Doch dieser Eindruck täuscht ganz gewaltig! Denn für die Ernährung des Baumes sind nicht die großen Hauptwurzeln zuständig, sondern die weitverzweigten Feinwurzeln. Ihr System ist mindestens so weitreichend wie die sichtbare Krone über der Erde. Und oft noch weiter. Die Entwicklung des Wurzelsystems hängt natürlich wesentlich davon ab, wie gut die Wasserversorgung am Standort des Baumes ist. In trockenem Boden müssen die Wurzeln viel weiter auf die Suche gehen, als wenn ein Baum direkt bei einer (unterirdischen) Wasserader steht.

Was braucht ein Baum zum Leben?

Zum Leben braucht ein Baum vor allem **Wasser** und **Sonnenlicht**, aber auch **Luft**, insbesondere ein in der Luft enthaltenes Gas, das Kohlendioxid.

Beim **Wasser** geht es vor allem um die vielen Nährstoffe, die die Wurzeln mit dem kostbaren Nass aus dem reichhaltigen Mutterboden aufnehmen. Sie werden auch Mineralsalze genannt (das hat mit ihrer elektrischen Ladung zu tun; der Begriff Salz darf einen hier nicht verwirren).

Viele Namen der Nährstoffe, die eine Pflanze braucht, hast du bestimmt schon einmal gehört, wenn es um die Ernährung des Menschen geht: Kalium und Kalzium, Magnesium und Phosphor, Eisen und Zink. Insgesamt sind es zwölf Nährstoffe, die lebenswichtig für »höhere Pflanzen« sind.

Übrigens: Bäume zählen nicht deswegen zu den höheren Pflanzen, weil sie höher wachsen, sondern weil die höheren Pflanzen weiter entwickelt sind als z. B. Algen und Moose.

Die **Sonnenenergie** ist wichtig, weil die Blätter mit ihrer Hilfe den reichhaltigen Nährsaft erzeugen, der alle Teile des Baumes am Leben erhält. Die Kunst der Blätter, aus Wasser und Licht Nahrung zu erzeugen, heißt **Photosynthese.** *Ohne sie könnte es keine Tiere und Menschen geben, weil nämlich auch sie nichts zu essen hätten!*

Die den Baum umgebende **Luft** ist wichtig für den sogenannten Gasaustausch, also die Aufnahme und Abgabe von Kohlendioxid und Sauerstoff. Denn so wie der Mensch atmet, um zu leben,

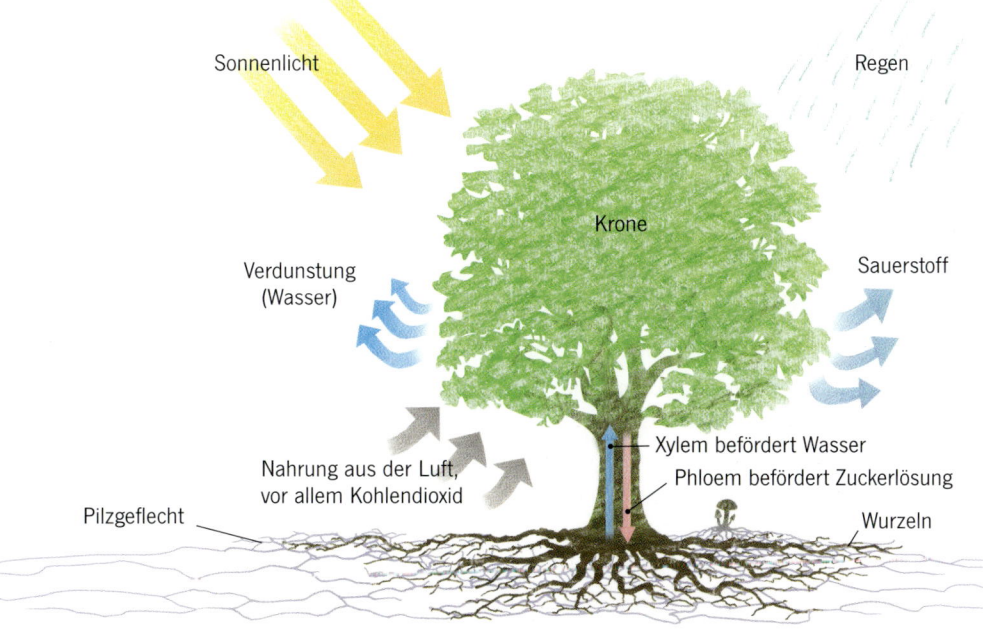

Sonnenlicht

Regen

Krone

Verdunstung (Wasser)

Sauerstoff

Xylem befördert Wasser

Phloem befördert Zuckerlösung

Nahrung aus der Luft, vor allem Kohlendioxid

Pilzgeflecht

Wurzeln

Schema eines Baumes

so atmen auch die Bäume und alle höheren Pflanzen. Doch während der Körper des Menschen hauptsächlich den Sauerstoff benötigt und den Kohlenstoff ausscheidet, ist es bei Pflanzen umgekehrt. Bäume benötigen besonders viel Kohlenstoff, da er ihrem Holz Festigkeit und Stabilität verleiht. Sie gewinnen ihn, indem die Zellen in den Blättern Kohlendioxid aus der Luft aufnehmen und in Sauerstoff und Kohlenstoff *aufspalten.* Der reine Kohlenstoff wird dann zum weiteren Aufbau der Blätter und vor allem des Holzes verwendet. Und der Sauerstoff wird vom Baum wieder abgegeben. Daher ist die Luft im Wald immer so schön frisch!

Wie viele Blätter hat ein Baum?

Ein ausgewachsener Laubbaum, wie eine Buche, hat etwa 200.000 Blätter. Diese Blätter erschaffen zusammen eine enorm große Fläche, mit der der Baum Sonnenlicht aufnehmen und atmen kann. Wenn ein einzelnes Blatt durchschnittlich 20 cm^2 groß ist (etwa 4 cm breit und 5 cm lang), dann hat das Laubwerk dieses Baumes also eine Gesamtfläche von 4.000.000 cm^2 = 400 m^2. Zum Vergleich frage mal deine Eltern, wie groß eure Wohnung oder euer Garten ist.

Eine ausgewachsene Fichte oder Tanne (wie man sie fast nur in den Bergen sieht) kann sogar über 1 Million Nadeln haben. Aber dafür ist ihre Oberfläche natürlich wesentlich kleiner als diejenige der Blätter von Laubbaumarten.

Binden Bäume das »Treibhausgas« Kohlendioxid?

Ja, das tun sie. Deshalb ist das Pflanzen (und Stehenlassen!) von Bäumen zur weltweiten Verringerung dieses Gases in der Luft tatsächlich sinnvoll.

Und wieviel Kohlendioxid wird von Bäumen gebunden? Du kannst dir das so vorstellen: In etwa **45 Jahren** erreicht eine junge **freistehende Eiche** einen Stammdurchmesser von 36 cm (entspricht einem Umfang von 113 cm) und eine Höhe von 15-20 Metern (je nach Bodenqualität). Ihre Holzmasse liegt dann bei 1,5 bis 2 Kubikmetern.

Getrocknetes Eichenholz wiegt 720 kg pro Kubikmeter. Und Holz besteht zu 50 % aus *reinem* Kohlenstoff! Das heißt, in einer Eiche von 20 Meter Höhe sind etwa 720 kg reiner Kohlenstoff gespeichert (2 x 720 : 2). Um den zu erhalten, hat der Baum in seinem bisherigen Leben **2640 kg Kohlendioxid** aus der Luft gefiltert! Und der Kohlenstoff bleibt so lange im Baum, bis er stirbt und verrottet oder sein Holz verbrannt wird.

(Eine Eiche im dichten Wald schafft etwa ein Viertel weniger als eine, die frei steht.)

Wie ernährt sich ein Baum?

Dies ist ein etwas komplizierter und nicht leicht zu verstehender Abschnitt. Die Jüngeren unter euch können ihn beim Lesen auch einfach überschlagen.

Die Wurzeln nehmen das nährstoffreiche Wasser aus dem Erdreich auf. Das tun aber nicht die dicken, großen Wurzeln, die man sehen kann, wenn ein Baum umgestürzt ist und sein Wurzelteller offen daliegt. Ganz im Gegenteil: Die alten Wurzeln sind sogar wasserdicht, sonst würden sie leicht verfaulen. Aber ähnlich wie die Zweige über der Erde, wächst auch das Wurzelwerk an den Spitzen jedes Jahr. Und im Bereich gleich hinter den Spitzen bringen die jungen Wurzeln jedes Jahr tausende kleiner, feiner **Wurzelhärchen** hervor. Sie sind es, die das Wasser aufnehmen. Im folgenden Jahr sterben sie ab und werden durch neue ersetzt.

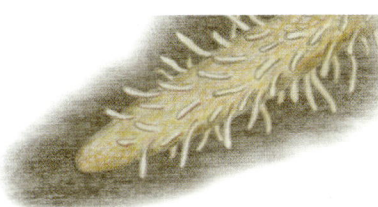

Wurzelspitze mit Wurzelhärchen (vergrößert)

Dann ist da aber noch ein weiteres Problem, und zwar ein ganz wesentliches: Die im Boden durch die langsame Zersetzung der Felsen und Gesteine frei gewordenen Mineralsalze (also die Nährstoffe, die die Pflanze braucht) liegen nur in *an-organischer* (= unbelebter)

Form vor, die vom Organismus der höher entwickelten Pflanzen aus chemischen Gründen überhaupt nicht aufgenommen werden können! Und wie behelfen sich da die Pflanzen?

Ganz genial, nämlich durch *Zusammenarbeit* mit anderen Wesen! Bei Bäumen sind das in der Regel Pilze und häufig auch bestimmte Bakterien. Darum gibt es auch so viele Pilze im Wald und nicht etwa am Meeresstrand! Das, was wir von den Pilzen im Herbst sehen können, sind übrigens nur die Fruchtkörper, die bei ihrer Verbreitung helfen, indem sie Millionen von Sporen in die Luft abgeben. Der eigentliche Pilz ist ein weites – oft *sehr* weites – Geflecht, das sich im Erdboden befindet. Ein Baum findet den richtigen Pilz für sich und lässt ihn sogar etwas *in* seine Wurzeln *hinein*wachsen. Der Pilz kann nämlich die anorganischen Mineralsalze aufnehmen und zu solchen umwandeln, mit denen der Baum etwas anfangen kann. Im Austausch erhält der Pilz vom Baum Kohlenhydrate und Eiweiße, die er selbst nicht erzeugen kann, weil er keine Photosynthese betreibt.

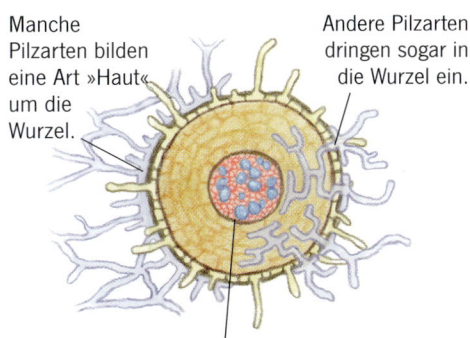

Manche Pilzarten bilden eine Art »Haut« um die Wurzel.

Andere Pilzarten dringen sogar in die Wurzel ein.

Innerer Wurzelkanal mit Xylem und Phloem

Querschnitt durch eine junge Wurzel (vergr.)

Solch eine Beziehung, bei der sich zwei Lebewesen *zu gegenseitigem Nutzen verbünden*, nennen Fachleute eine **Symbiose**.

So weit, so gut. Das Wasser mit den verwertbaren Nährstoffen dringt nun durch verschiedene Schichten zum Zentralzylinder der Wurzel vor. Hier befinden sich die unteren Ausläufer sowohl des Phloems, das den Zuckersaft der Blätter zu den Wurzeln (und Pilzen) bringt, als auch des Xylems, welches das Wasser nach oben befördern soll.

Aber wie soll das nun wieder gehen, so ganz ohne Pumpe? Auch hier hat sich in der Natur eine ganz besonders gewitzte Lösung entwickelt. Das Röhrensystem des Xylem arbeitet nämlich mit *Unterdruck*, und das geht so:

Wie wir ja im vorigen Abschnitt gesehen haben, »trinken« die Zellen der Blätter das Wasser, um die in ihm gelösten Nährstoffe zu verarbeiten. Das Wasser selbst wird am Ende wieder ausgeschieden. Die Blätter haben dafür an der Unterseite unzählige kleine Poren, durch die sie das Wasser ausdünsten. (Auch darum ist die Luft in einem Wald immer frisch und nie trocken.) Dadurch entsteht ein Sog, der von unten neues Wasser nach sich zieht. Das ist genauso, wie wenn du an einem Strohhalm saugst.

Dieser Unterdruck ist immerhin so hoch, dass einzelne Xylemzellen bei extrem heißtrockenem Wetter in sich zusammenbrechen! Das hört man dann richtig als ein plötzliches Knacken im Stamm.

Doch der wichtigste Teil der Ernährung eines Baumes findet in den Blättern statt. In besonders dafür ausgebildeten Zellen wird Lichtenergie in chemische Energie umgewandelt. Dieser Vorgang ist die **Photosynthese**. Aus Wasser, Licht und dem Gas Kohlendioxid werden Kohlenhydrate erzeugt, die dann vor allem in der Form von Stärke und Zucker gespeichert werden.

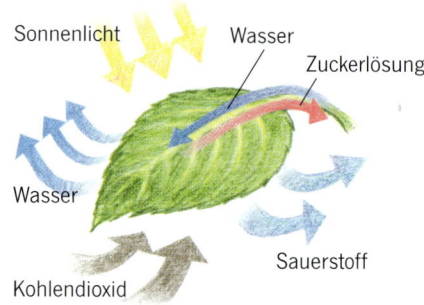

Wenn die fleißigen Blätter all den Zuckersaft erzeugt haben, muss er nun an alle anderen Zellen im Baum verteilt werden. Dafür ist das Röhrensystem des Phloem zuständig, das wie das Xylem überallhin gelangt. Im Gegensatz zum Xylem arbeitet es übrigens nicht mit Unterdruck, sondern mit Überdruck.

Damit die Blattoberseiten mehr Sonnenlicht aufnehmen können, sind sie meist deutlich dunkler als die Blattunterseiten.

Ein Bäumchen für die Gesundheit

Wenn du deinen Eltern und dir ein besonders schönes und praktisches Geschenk machen willst, schenke ihnen doch einen kleinen **Drachenbaum**.

Das ist nämlich so: *Alle Zimmerpflanzen* sind ausgezeichnete Luftreiniger! Durch ihren eigenen Atemprozess ziehen sie Kohlendioxid aus der Zimmerluft, das wir Menschen ausatmen und das nicht gut für uns ist. Dafür produzieren Pflanzen Sauerstoff, den wir Menschen brauchen. Nebenbei filtern sie die Luft auch gleich von anderen Gasen und Hausstaub.

Unsere moderne Lebensweise bringt nämlich ein großes Problem mit sich: Heutzutage sind die Wohnungen und Fenster so gut isoliert, dass es kaum noch Luftaustausch gibt. Obendrein produzieren verschiedene technische Geräte wie Fernseher und Computer, moderne Möbel und Baumaterialien, Farben und Lacke, Klebstoffe usw. giftige Ausdünstungen, die ständig unsere Gesundheit belasten.

Da auch Astronauten von besonders viel dünstender Technik umgeben sind – und nun beim besten Willen kein Fenster ihrer Raumstation zum Lüften öffnen können! – untersuchte die amerikanische Raumfahrtbehörde NASA schon vor einiger Zeit, wie die Raumluft entgiftet werden kann. Die Ergebnisse kommen allen Erdbewohnern zugute, auch wenn man sich nicht gerade in einer Rakete befindet.

Die in Wohnräumen weit verbreitetsten Schadstoffe sind Benzol, Trichlorethylen und Formaldehyd. Die NASA untersuchte viele Hauspflanzen, das unglaublichste Ergebnis erzielte der **Drachenbaum** *(Dracaena massangeana)*, der der Raumluft innerhalb von nur 24 Stunden 70 % des Formaldehyds entzog. Fast genausogut schnitten **Chrysantheme** *(Chrysanthemum morifolium)* und **Gerbera** *(Gerbera jamesonii)* ab. Weitere gute Luftreiniger sind **Bogenhanf** *(Sansevieria laurentii)*, verschiedene **Lilien-, Bambus und Philodendronarten**.

Und das Schönste: Den Pflanzen schaden diese Gifte überhaupt nicht! Sie geben sie nämlich durch ihre Wurzeln weiter an die Mikroorganismen in der Pflanzenerde, und die wandeln diese giftigen Moleküle um in unschädliche Substanzen. Daher braucht man Topfpflanzen **mit echter Erde**, mit Hydrokulturen funktioniert das nicht.

Und noch besser: Hat sich eine Pflanze erstmal an den Gift-Cocktail eines bestimmten Zimmers gewöhnt, bekommt sie richtig »Appetit« auf diese Gifte und reinigt die Luft somit immer besser! Dazu die NASA-Wissenschaftler: »Das überrascht uns nicht, die Tatsache ist wohlbekannt, dass Mikroorganismen sich genetisch anpassen können und dabei ihre Fähigkeiten, giftige Chemikalien als Nahrungsquelle zu nutzen, steigern, wenn sie ständig solchen Schadstoffen ausgesetzt sind.«

(1 bis 3) Verschiedene Drachenbaumarten als Zimmerpflanze, (4) ein großer Drachenbaum auf der Insel Gomera (Kanarische Inseln)

Wie wächst ein Baum?

Jedes Jahr im Frühjahr wächst der Baum in drei Bereichen:
1) die Zweige werden länger,
2) die Wurzeln auch und
3) der Stamm und die Äste nehmen an Umfang zu.

Alles Wachstum bei Pflanzen – und Tieren – geschieht durch **Zellteilung**. Die »Baupläne« dafür sind im »Erbgut« der Chromosomen enthalten, die wiederum in den Zellkernen ruhen.

Doch während Menschen und Tiere irgendwann ausgewachsen sind, wachsen Bäume immer weiter. Im Alter jedoch wird ihr Wachstum geringer, bis sie schließlich sterben.

Die **Knospen** an den Zweigen der Bäume werden in der Regel im Sommer und Herbst des Vorjahres angelegt. Für den Winter sind sie fest und sicher verpackt und enthalten so gut wie gar kein Wasser, weil dessen Ausdehnung bei Frost Zellwände zerstören würde. Zusätzlich erzeugen viele Baumarten ihre eigenen organischen Frostschutzmittel!

Aus diesen Knospen gehen sowohl die Blätter als auch die Blüten eines Baumes hervor. Und aus den Endknospen entwickeln sich außerdem die Verlängerungen der Zweige, was insgesamt die Krone des Baumes erweitert.

Die Wurzeln dagegen haben keine Knospen, sondern wachsen einfach an der Spitze, welche sich so immer weiter durch den Erdboden hindurchschiebt.

Auch der mächtige Stamm und die Äste nehmen alljährlich an Umfang zu, ebenfalls besonders in der Wachstumsperiode des Frühjahrs und Frühsommers. Dieser Vorgang erzeugt die bekannten **Jahresringe**. Und das geht so:

So gewaltig viele Baumstämme auch ausschauen, biologisch lebendig ist nur eine dünne Schicht unter der Borke (siehe Abbildung). Das Geheimnis des Wachstums des Stammes liegt im **Kambium**. Dies ist eine vergleichsweise dünne Schicht aus lebenden Zellen, die *nach außen die Phloemzellen* (also die Zuckersaftleitbahnen) erzeugt, *nach innen die Xylemkanäle* (also die wasserführenden Röhren). Beim Wachstum der Xylemschichten entstehen die Jahresringe, die wir farblich mit dem bloßen Auge sehen können, weil das schnellere Wachstum im Frühjahr eine hellere Farbe erzeugt als das langsamere im Spätsommer.

Die für die Ernährung des Baums so wichtigen Phloemzellen sind sehr dünnwandig und verletzlich, und ausgerechnet sie liegen an der Außenseite des Baumstammes! Doch zum Glück gibt es ja die **Borke**, die die holzige, oft sehr runzlige

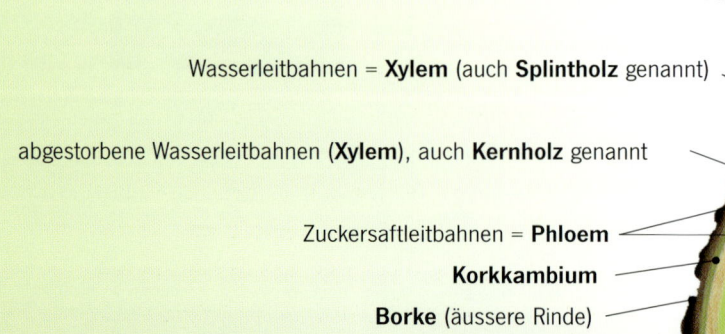

Kambium

Wasserleitbahnen = **Xylem** (auch **Splintholz** genannt)

abgestorbene Wasserleitbahnen **(Xylem)**, auch **Kernholz** genannt

Zuckersaftleitbahnen = **Phloem**

Korkkambium

Borke (äussere Rinde)

Eichenstämme zeigen besonders deutlich die Längsfurchen der Borke.

und zerfurchte Außen»haut« des Baumes. Sie beschützt den wertvollen Zuckersaft in den Phloembahnen. Und nicht nur vor mechanischen Einflüssen (wie knabbernden Tieren, bohrenden Insekten oder Steinschlag), sondern auch vor zu großen Temperaturunterschieden. Denn wie der Mensch haben auch Bäume ihre Idealtemperatur und dürfen nicht überhitzen oder gefrieren.

Die Borke entsteht aus der Zellteilung des *Korkkambiums*, das gleich darunter liegt. Oft platzen ihre ältesten Schichten (ganz außen) auf, weil der Baumstamm sich ja ständig vergrößert. Das führt dann zu den tiefen Längsfurchen.

Warum wachsen Bäume nicht bis in den Himmel?

Manche Bäume werden ja unglaublich alt und entsprechend hoch. Der kalifornische Riesen-Lebensbaum *(Thuja plicata)* z. B. kann 800 – 1000 Jahre alt werden und dabei bis 70 m Höhe erreichen. Der Küsten-Mammutbaum (Sequoia sempervirens), ebenfalls in Kalifornien, kann sogar über 2000 Jahre alt werden und eine Höhe von über 100 m erreichen. Der größte je bekannt gewordene Baum war jedoch ein Eukalyptus (Eucalyptus regnans) in Australien, der im Jahre 1872 ganze 133 m maß.

Aber irgendwann ist doch mal Schluß. Und warum? Weil das Wasser (→ S. 46) einfach nicht mehr oben hinkommt. Die physikalischen Gesetze von Unterdruck und Saugkraft und der Materialstärke der verholzten Xylemzellen auf der einen Seite und der Erdanziehungskraft auf der anderen geben einfach nicht mehr her. Das Wasser wird zu schwer! Stell dir vor, du müsstest jeden Tag zwei Eimer Wasser in den 20. Stock eines Hochhauses tragen (entspricht 100 m)! Du nimmst doch sicher auch ohne Gepäck ab dem 3. Stock schon gern den Fahrstuhl. Und wenn du wieder unten bist, gleich die nächsten zwei Eimer. Da macht doch jeder mal schlapp!

53

In Smiley-Sprache würde der Querschnitt des Baumstammes sich so darstellen:

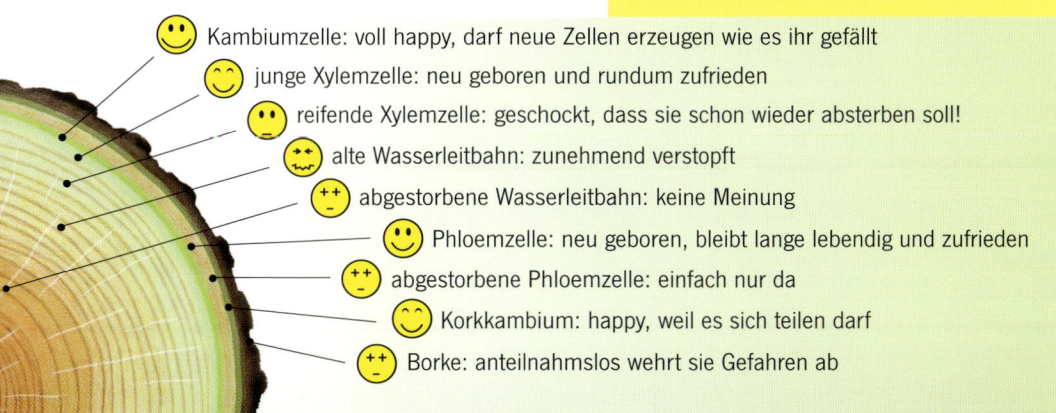

Kambiumzelle: voll happy, darf neue Zellen erzeugen wie es ihr gefällt

junge Xylemzelle: neu geboren und rundum zufrieden

reifende Xylemzelle: geschockt, dass sie schon wieder absterben soll!

alte Wasserleitbahn: zunehmend verstopft

abgestorbene Wasserleitbahn: keine Meinung

Phloemzelle: neu geboren, bleibt lange lebendig und zufrieden

abgestorbene Phloemzelle: einfach nur da

Korkkambium: happy, weil es sich teilen darf

Borke: anteilnahmslos wehrt sie Gefahren ab

Wie vermehren sich die Bäume?

Wie alle höheren Pflanzen sichern Bäume den Fortbestand ihrer Art durch **geschlechtliche Fortpflanzung**. Diese vollzieht sich, wenn sie *blühen*. **Blütenstaub (Pollen)** von den männlichen Organen der Blüten befruchtet die **Eizellen** der weiblichen **Samenanlagen**. Viele Pflanzen werden durch den Wind bestäubt, andere benötigen die Hilfe von Insekten, um den Pollen zu transportieren. Ganz besonders fleißig ist dabei die Honigbiene. Zur Belohnung erhalten die Insekten nährstoffreichen **Nektar** aus dem Inneren der Blüte.

Wenn so eine Eizelle befruchtet ist, beginnt sie, sich zu teilen (Zellteilung) und entwickelt sich schließlich zu einem **Samen**. Während der Samen heranreift, schwillt der ihn umgebende Fruchtknoten zu einer **Frucht**. Diese kann weich und saftig werden wie beim Kirschbaum, hart wie beim Haselnuss-Strauch, oder luftig leicht und geflügelt wie bei Birke, Ulme oder Ahorn. Die geflügelten Samen sind leicht beschaffen, damit der Wind sie forttragen kann. Die dicken nahrhaften Früchte dagegen locken Vögel, Tiere und Menschen zum Verspeisen, wodurch die Samen dann ebenfalls an andere Orte gelangen können.

Wenn der Samen reif ist, verlässt er also den Mutterbaum, indem er zu Boden fällt oder durch Wind, Vögel oder Tiere fortgetragen wird. Schließlich kommt er auf einem Stück Boden zur Ruhe, und wenn die Bedingungen (Boden, Temperatur und Feuchtigkeit) dort günstig sind, kann er keimen und zu einem jungen Bäumchen heranwachsen. Die schützende Hülle bricht bei der Keimung auf, damit der erste Wurzeltrieb ins Erdreich dringen kann und die Keimblätter ans Licht der Sonne gelangen können. Nun nennt man ihn **Keimling**, und die Keimblätter versorgen den kleinen Organismus mit Nährstoffen, damit die ersten Würzelchen

54

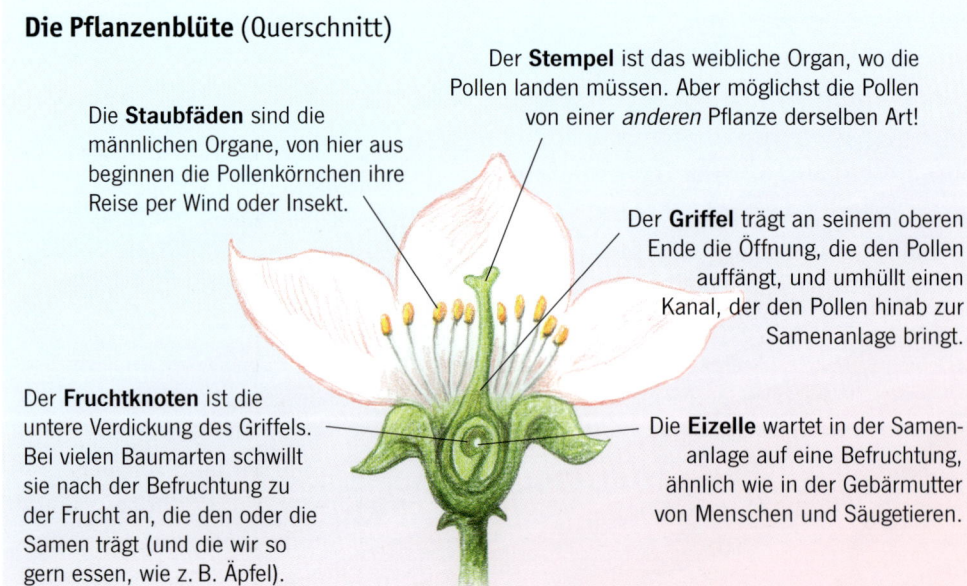

Die Pflanzenblüte (Querschnitt)

Der **Stempel** ist das weibliche Organ, wo die Pollen landen müssen. Aber möglichst die Pollen von einer *anderen* Pflanze derselben Art!

Die **Staubfäden** sind die männlichen Organe, von hier aus beginnen die Pollenkörnchen ihre Reise per Wind oder Insekt.

Der **Griffel** trägt an seinem oberen Ende die Öffnung, die den Pollen auffängt, und umhüllt einen Kanal, der den Pollen hinab zur Samenanlage bringt.

Der **Fruchtknoten** ist die untere Verdickung des Griffels. Bei vielen Baumarten schwillt sie nach der Befruchtung zu der Frucht an, die den oder die Samen trägt (und die wir so gern essen, wie z. B. Äpfel).

Die **Eizelle** wartet in der Samenanlage auf eine Befruchtung, ähnlich wie in der Gebärmutter von Menschen und Säugetieren.

wachsen können und sich die erste Blattknospe bilden kann. Wenn aus dieser Blattknospe die ersten richtigen Blätter hervorgekommen sind, kann die Photosynthese beginnen. Nun kann sich dieses Baum-Baby selbst ernähren! Man spricht jetzt von einem *Sämling*.

Keimling (Schema)   Keimende Buchecker

Bei Bäumen gibt es drei verschiedene Möglichkeiten der Geschlechteraufteilung:
- Bei manchen Baumarten haben alle Einzelbäume *zweigeschlechtliche* Blüten, die in sich sowohl männliche (♂) wie auch weibliche (♀) Organe besitzen.

- Bei manchen Baumarten haben alle Einzelbäume *zwei verschiedene Sorten* von Blüten, nämlich männliche und weibliche. Da die Blüten alle auf *einem* Baum sitzen, nennt man sie *»einhäusig«* (weil sie sinnbildlich »ein Haus« bewohnen).

- Bei manchen Arten gibt es Einzelbäume mit *nur weiblichen und andere mit nur männlichen* Blüten. Da die männlichen und weiblichen Blüten auf zwei verschiedenen Einzelbäumen sitzen, nennt man diese Arten *»zweihäusig«*.

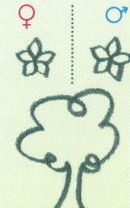

Haben alle Bäume Blüten?

Ja. Aber oft sind sie so klein und unscheinbar, dass sie uns nicht weiter auffallen. Groß und farbenprächtig – und obendrein zuweilen mit betörendem Duft ausgestattet – müssen Blüten nur sein, wenn sie Insekten zum Bestäuben anlocken sollen. Darum kennst du vielleicht die Blüten der Eberesche (Vogelbeere) oder des Holunders, bestimmt aber die großen, prächtigen Blütenstände der Rosskastanie und die weißen oder rosafarbenen Blüten von Apfel- und Kirschbäumen.

Viele Waldbäume dagegen, wie Eiche oder Buche, verlassen sich ganz auf den Wind, um ihren Pollen fortzutragen. Dafür brauchen sie keine großen oder farbigen Blüten. Vielen Insekten ist das übrigens ganz schnurz und sie besuchen die Blüten von windbestäubten Baumarten trotzdem, wenn sie gerade über einen Baum »stolpern«.

Die Nadelbäume haben kleine unscheinbare Blüten. Und sie unterscheiden sich dadurch ganz gravierend von den Laubbäumen, dass sie keine Fruchtknoten haben (und folglich auch keine leckeren saftigen Früchte!). Ihre Samen sind und bleiben nackt, daher nennt man diese Gruppe der Pflanzen (die nicht nur die Nadelbäume umfasst) **Nacktsamer**. Die Laubbäume gehören zu den Pflanzen, deren Samen von besagtem Fruchtknoten bedeckt sind, daher nennt man sie wie? Richtig: **Bedecktsamer**.

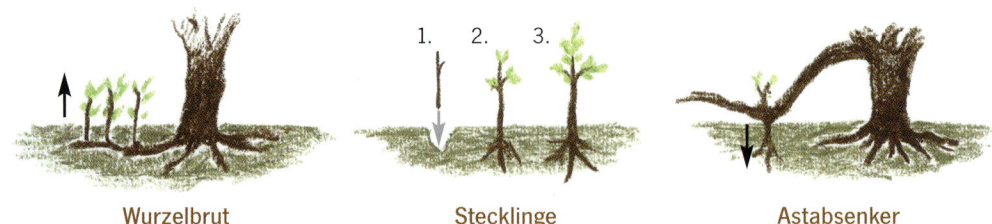

Wurzelbrut   1. 2. 3. Stecklinge   Astabsenker

Manche Baumarten haben aber noch eine ganz andere Möglichkeit der Vermehrung, und zwar die **vegetative Fortpflanzung**, bei der sich ein neuer Organismus aus einem Teilstück einer Pflanze bildet. Es bedarf dafür nur eines einzigen Elternteiles. Das geschieht über

● *Wurzelbrut:* Die Wurzeln mancher Bäume können Sprossen bilden, die die Erdoberfläche durchdringen und zu einem eigenständigen Bäumchen heranwachsen, z. B. bei der Ulme, der Zitterpappel oder dem Apfelbaum.

● *Stecklinge:* Vom Menschen abgeschnittene oder in der Natur abgebrochene Zweige können Wurzeln schlagen, z. B. bei der Silberweide.

● *Astabsenker:* Ein Ast wächst Richtung Boden und verwurzelt sich dort, z. B. bei der Eibe, der Robinie, der Elsbeere oder dem Speierling.

Der Nachteil der vegetativen Fortpflanzung ist jedoch, dass die neuen Individuen genau dieselben Erbanlagen haben wie die Elternpflanze. Das ist aber nicht so gut für die langfristige Arterhaltung, denn in Zeiten von Gefahr reagieren dann alle Pflanzen gleich. Bei einer Epidemie z. B. fallen dann alle Bäume gleich schnell einer Krankheit zum Opfer. Nur, wenn ein Artbestand eine große genetische Vielfalt besitzt, kann ihm eine gefährliche Situation nicht so leicht etwas anhaben. Damit kommen wir schon zum nächsten Thema.

All dies gehört zu einem einzigen Baum, einer Eibe! Links: Triebe aus einem über dem Boden streifenden Astabsenker; Mitte: Mutterbaum mit jungem »Ableger«; rechts: weitere junge Bäume, die Teil des alten Baumes sind.

Können sich Bäume anpassen?

Ja, viel mehr als man denkt! Nur eines können sie nicht: Weglaufen, wenn Gefahr droht. Eben weil ein Baum immer an derselben Stelle steht, muss er natürlich mit so einigen Veränderungen rechnen.

Erst einmal stellt jedes Klima der Erde seine eigenen Herausforderungen. Am besten haben es eigentlich die Bäume in den Tropen. Sie haben sich auf die Regen- und Trockenzeiten und die warme, feuchte Luft eingestellt und das Wetter ist ihnen praktisch immer wohlgesonnen. In unseren Breiten geht es den Laubbäumen wohl im Sommer am besten: Die Sonne scheint viel, die Tage sind lang, die Luft ist warm und dann und wann regnet es. Doch wenn der Winter kommt, sieht die Sache schon anders aus. Im Frost würden ihre Wasserleitsysteme platzen, darum müssen sie sozusagen in den Winterschlaf

Die Nadelbäume der nördlichen Breiten haben sich an ein Leben mit kalten Wintern angepasst.

gehen. So bereiten sie sich darauf vor, indem sie Nährstoffe einlagern, die Blätter abwerfen und nur eine geringe Feuchtigkeitsmenge in den Wurzeln verwahren, die durch den Erdboden gut vor Kälte geschützt sind.

Die Nadelbäume (außer der laubabwerfenden Lärche) benutzen eine andere Strategie: Sie bleiben immergrün, aber haben statt großen, flachen Blättern Nadeln entwickelt (botanisch gelten auch Nadeln als Blätter). Deren Oberfläche ist wesentlich geringer als bei einem großflächigen Blatt, und sie kühlen nicht so schnell aus. Zusätzlich bilden viele Nadelbaumarten ihr eigenes Frostschutzmittel.

Viele Baumarten in Südeuropa machen es ähnlich. Sie müssen sich allerdings weniger vor Frost schützen als vor Austrocknung bei heißem Wetter. Auch ihnen hilft die Nadelform der Blätter. Wieder andere (z. B. Myrte, Buchsbaum) haben keine Nadeln, aber doch sehr kleine, ledrige Blätter, die mit einer dicken Wachsschicht bedeckt sind,

Warum verfärben sich die Blätter von Laubbäumen im Herbst?

Im Frühjahr und Sommer sind sie grün, weil ein grüner Farbstoff, das Chlorophyll, die vorherrschende Farbe erzeugt. Bevor der Baum im Herbst die Blätter abwirft, lagert er die komplizierten und kostbaren Chlorophyllmoleküle für das nächste Jahr in den Zweigen ein. Nun haben andere Farbstoffe im Blatt eine Chance, sichtbar zu werden. Allen voran die roten, gelben und orangefarbenen Carotinoide.

(Und übrigens: Ja, die sind tatsächlich nach der Karotte (= Möhre) benannt!)

Können Bäume krank werden?

Leider ja. Die häufigste Baumkrankheit ist der sogenannte **»Baumkrebs«**. Er wird von Bakterien (wie an der Pappel) oder von Pilzen ausgelöst (z. B. bei Tanne oder Lärche).

Es gibt sehr viele Arten von **Pilzen**, die Holz zersetzen und davon leben. Viele besiedeln nur totes Holz, das ja meist zur Genüge im Wald herumliegt, und auch zersetzt werden *soll*, damit die Nährstoffe darin wieder neue Lebewesen ernähren können. In diesem Recycling spielen Pilze eine zentrale Rolle. Aber einige von ihnen greifen auch auf lebendige Bäume (Stämme, Äste oder Wurzeln) über und machen sie krank. Der Pilz zerstört stellenweise das Kambium des Baumes, der diese Stelle dann mit Wundmaterial überwuchern will. Der Pilz zerstört aber die Überwallung wieder, und der Baum versucht's von neuem. So entstehen schließlich die dicken *Überwallungswülste*.

Eine andere weitverbreitete Plage stellt der Befall durch schädliche Insekten (»Parasiten«) dar. Dies gilt nicht als »Krankheit«, kann dem Baum aber auch ganz gehörig zu schaffen machen, wenn der **Parasitenbefall** zu stark ist. Die Pflanzenläuse pieksen die Zuckersaftkanäle in den Zweigen oder Wurzeln an oder in den Blättern und schlürfen, was das Zeug hält. Einige Lausarten haben sich auf Buchen, Ulmen, Eschen oder Fichten spezialisiert. (Aber keine Angst! Sie springen nicht auf deinen Kopf, um sich zu Kopfläusen zu verwandeln!)

Und dann sind da noch die schwereren Geschütze wie der Borkenkäfer. Dieser Geselle frisst sich in die Bastschicht (das Phloem) hinein, wo er ausgedehnte Gänge bohrt, in die die Käferweibchen ihre Eier legen. Die geschlüpften Larven tun sich dann am Baumsaft gütlich. Manchmal kommt es zu regelrechten Invasionen dieser Käfer. In solchen Massen können sie einen Nadelbaum innerhalb weniger Wochen zum Absterben bringen. Verschiedene Borkenkäferarten spezialisieren sich auf Eichen, Buchen, Ulmen, Birken, Eschen oder einheimische Nadelbaumarten.

Weitere, und zwar **mechanische Schäden** an Bäumen werden durch Kaninchen, Hasen, Rehe und Hirsche verursacht, die alle mal gern Baumrinde knabbern oder auch Zweige mit Laub fressen. Und von Wildschweinen, die sich an sogenannten Mahlbäumen reiben, wodurch sie den angetrockneten Schlamm samt Parasiten los werden.

Aber all diese Probleme kennen Bäume ja seit vielen Millionen Jahren. Und wissen sich zu helfen. In den letzten paar Hundert Jahren kamen jedoch noch einige durch den Menschen verursachte Belastungen hinzu. Auto- und Industrieabgase, Abwässer und Ölkatastrophen belasten auch Bäume mit schädlichen **Chemikalien**, z. B. Schwefelverbindungen oder Aluminium, welches ein schweres Pflanzengift ist. Und auch die hochenergetischen **Strahlungen** der Fernsehsender und der Mobilfunktürme haben ungeahnte Einflüsse auf alle Lebewesen.

»Krebs« an Fichte (links) und Rotbuche (rechts)

Buchdrucker-Jungkäfer und sein Fraßbild. Der Buchdrucker legt seine Fraßgänge im Phloem an.

was sie zusätzlich vor der Austrocknung schützt.

Diese Anpassungen an das Klima geschahen natürlich über viele Generationen hinweg. Aber es kommt auch oft vor, dass ein einzelner Baum auf Veränderungen unmittelbar reagieren muss. Wenn z. B. eine plötzliche Trockenwetterperiode hereinbricht, können die Atmungsporen der Blätter bei vielen Baumarten reguliert werden, so dass sie nicht zu viel Wasser ausdünsten.

Gegen den Befall durch Insekten und andere Parasiten schützen sich Bäume durch die harte Rinde, aber auch durch den Einsatz abwehrender Duftstoffe und sogar Gifte. Und um nicht allzu sehr als Laubfutter zu dienen, haben manche Arten spitze Stacheln (Weißdorn) oder stachelige Blätter (Ilex = Stechpalme).

Woran sieht man im Winter, dass ein Baum nicht tot ist?

An den Knospen, die für das kommende Frühjahr angelegt sind.

Außerdem sind Bäume Meister der Physik und Architektur, wenn es um die gleichmäßige Verteilung von Gewicht und Belastung geht! Auf heftige Winde sind sie dadurch vorbereitet, dass ihr Stamm sich nach oben verjüngt und zur Stammbasis dicker wird, weil dort die größte Hebelkraft ansetzt, der der Baum begegnen muss.

Trotzdem würden alle Bäume wohl umfallen, wenn die Blätter steif und unbeweglich an den Ästen sitzen würden. Aber durch die Biegsamkeit der Zweige und die Blattstiele, an denen die Blätter wedeln können, hat die Baumkrone genügend Flexibilität, um im Wind zu schwingen. Und falls doch einmal ein Sturm einen Ast abbricht, beginnt der Baum sofort mit der *Selbstheilung*, indem er an der Wundstelle unverzüglich neues Gewebe anlegt. Dieses versiegelt die Wunde, um Pilz- und Bakterienbefall zu verhüten.

Und wenn einmal ein Ast abstirbt, weil er durch andere Äste (von benachbarten Bäumen) zu sehr beschattet ist,

Links: Abgeschlossene Wundüberwallung an einem Fichtenstamm. Rechts: Mit ausgiebigem Harzfluss wehrt sich die Fichte gegen das Eindringen von Borkenkäfern sowie Infektionen.

Ein spektakulärer Fall von Wundverschluss ist der Balzer Herrgott im Schwarzwald. Seit etwa 1880 umschließt die Rotbuche die hölzerne Statue.

bereitet der Baum das Abwerfen dieses Astes gut vor. Es wird ja Jahre dauern, bis Bakterien und Pilze das tote Holz soweit zersetzt und geschwächt haben, dass der Ast abbricht. Aber bis dahin sollen Pilze und Bakterien nicht auf den Rest des Baumes übergreifen. Deshalb beginnt der Baum, an der späteren Bruchstelle (sie befindet sich ganz nah an der Stelle, wo der erkrankte Ast am Stamm ansetzt) spezielle Substanzen einzulagern, die die Bakterien und Pilzfäden nicht durchlassen. Bei Nadelbäumen ist das *Harz* und bei Laubbäumen *Wundgummi*. Außerdem legt er an verschiedenen anderen Stellen neues Holz an, damit, wenn der tote Ast abfällt, der Baum weiterhin seine Statik und sein Gleichgewicht behält. Also, wenn das nicht genial ist!

Hier sehen wir zwei Beispiele für die Anpassung an den Wind. Junge Bäume sind schlank und biegsam, Birken bleiben zeitlebens so. Alte Bäume wie diese Eiche (hier mit Huhn) dagegen werden oft hohl. Auch das trägt zu ihrer Biegsamkeit bei, denn eine Röhre ist biegsamer als ein fester Stab.

Leben Bäume ewig?

Aus unserer menschlichen Sicht eigentlich schon. Der Mensch ist ja nur ein kurzzeitiger Gast auf dieser Erde. Wir werden vielleicht 80 Jahre alt, einige wenige Menschen sogar 100. Und früher, etwa im Mittelalter, wurden die meisten nur 40 oder 50 Jahre alt. Wenn dann z. B. ein Ahornbaum daherkommt und sagt »Hallo Leute, ich bin 400 Jahre hier, oder waren es doch schon 500?«, dann ist er eigentlich ur-ur-uralt. Da sollte man schon den Hut abnehmen. Und tatsächlich gibt es so manchen alten Brauch, wo die Leute das tatsächlich taten, wenn sie an einem beeindruckenden Baum vorbeigingen. Manchmal grüßten sie ihn auch: »Guten Morgen, Herr Wacholder!« oder »Schönen Tag noch, Frau Tanne!«.

Linden und Eichen können sogar 1000 Jahre alt werden. So alt – da kommt man sich ja vor wie eine Eintagsfliege! Allerdings sind viele berühmte »eintausendjährige Eichen« gar nicht wirklich 1000 Jahre alt, sondern oft »nur« etwa 600. Die Ortsanwohner haben das mit der Zeit übertrieben. Eintausend ist einfach eine zu beeindruckende Zahl, da wird's märchenhaft, so wie bei den Geschichten von »Tausendundeine Nacht«.

Und dann gibt es noch die Bäume, die wirklich sogar mehrere Tausend Jahre alt werden. Bei uns in Europa sind das eigentlich nur die Eiben mit ihren immergrünen Nadeln und knallroten kleinen Beeren. In Amerika gibt es zudem die Mammutbäume und die

Die Kalifornischen Grannenkiefern gehören zu den ältesten Lebewesen der Erde.

Grannenkiefern, die zu den *ältesten Lebewesen der Erde* zählen.

Aber irgendwann sterben auch sie. Entweder fallen sie einer Krankheit zum Opfer (➔ Kasten S. 58) oder es fällt ihnen ein Felsbrocken auf den Kopf, oder ein Waldbrand oder ein ganz besonders heftiger Sturm fegt alles hinweg, oder das Klima ändert sich, oder – und das ist meistens der Fall! – der Mensch kommt und haut sie einfach um, weil er das Holz haben will oder weil sie einem Shopping-Center im Weg stehen!

Doch selbst wenn ein Baum von diesen Schicksalen verschont bleibt, ist seine Zeit irgendwann abgelaufen. Ein Baum muss nämlich immerzu wachsen und sich vergrößern (wie auf S. 52 beschrieben), und irgendwann ist er einfach zu groß geworden! Dann kann er sein riesiges Laubwerk dort oben nicht mehr versorgen und stirbt ab.

Nur die Eibe hat da einen Ausweg gefunden: Sie kann sich zurückbilden, also wieder kleiner werden, ohne dabei einzugehen. Uralten Eiben kann es gelingen – wenn man sie lässt! – sich ganz zu verjüngen und quasi wieder fast von vorn anzufangen (➔ S. 148).

DER WALD

Bäume in aller Welt

Auf der Erde gibt es, wie du sicherlich schon weißt, verschiedene **Klimazonen**. In den Tropen, einem breiten Gürtel rund um den Äquator, ist es generell sehr feucht und heiß. An den Polen ist es dagegen sehr, sehr kalt. Dazwischen gibt es – sowohl auf der Nord- als auch der Südhalbkugel – noch zwei weitere Klimazonen: an die Tropen anschließend die Subtropen, in denen es heiß und trocken ist; und die gemäßigten Zonen, in denen das Klima, wie der Name schon sagt, gemäßigt ist. In dieser Zone liegt auch Mitteleuropa.

In den **Tropen** können die Pflanzen das ganze Jahr über wachsen, denn es gibt keinen kalten Winter wie bei uns. In den sogenannten *immerfeuchten* Tropen in Äquatornähe befinden sich die tropischen Regenwälder. Weiter weg vom Äquator findet man die *wechselfeuchten* Tropen mit einer Regen- und einer Trockenzeit. Hier haben sich, je nach jährlicher Niederschlagsmenge, Monsunwälder, Trockenwälder und Savannen gebildet. Ganz am Rande der Tropen findet man auch Wüsten. In den Tropen findet man die allergrößte Artenvielfalt, sowohl in der Flora als auch in der Fauna. Eher unangenehm für uns ist, dass in den tropischen Gebieten die Temperaturunterschiede zwischen Tag und Nacht größer sind als diejenigen des Jahreslaufs.

Auch die **Subtropen** weisen immerfeuchte, wechselfeuchte und eher trockene Bereiche auf. Dementsprechend variiert auch der Bewuchs. Im Mittelmeerraum gibt es die Hartlaubwälder, die oft von immergrünen Eichenarten

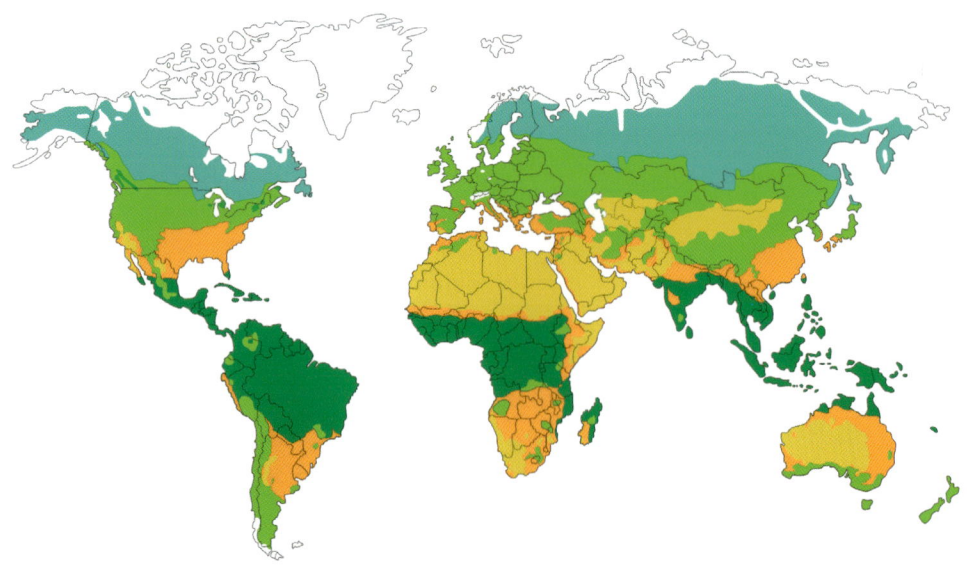

Die verschiedenen Waldformen der Erde:

❶ **Borealer Nadelwald** (hier Kanada)

❷ **Mischwald** der gemäßigten Zone (Mitteleuropa)

❸ Typisch lichter Baumbestand in den **Subtropen** (Mittelmeerraum)

❹ Einzelne Bäume und Oasen in der **Wüste** (hier eine Welwitschia, der kleinste Baum der Welt!)

❺ Baumriese im **tropischen Regenwald**

geprägt sind (z. B. Steineiche, Korkeiche, Kermeseiche). In trockeneren Regionen findet man den Macchie oder Maquis genannten Buschwald. Er besteht aus Pflanzen wie Kermeseiche, Ginster, Myrte, Oleander, Kreuzdorn, den südlichen Wacholderarten und verschiedenen Strauch- und Krautpflanzen. Er ist meist sehr trocken und extrem buschbrandgefährdet. Hier stand auch mal richtiger Wald, aber Jahrtausende menschlicher Übernutzung (insbesondere durch Tierhaltung) haben zu dieser dürren Buschsteppe geführt. Zu den Subtropen zählen auch die Wüsten wie z. B. die Sahara. Die Artenvielfalt der Subtropen reicht von »deutlich geringer« als im Regenwald bis zu »ganz gering« wie in der Wüste.

In der **gemäßigten Zone** ist der Temperaturunterschied zwischen Sommer und Winter deutlich größer als zwischen Tag und Nacht. Ein weiteres Merkmal sind die Schwankungen der Tageslänge: Am Äquator sind Tag und Nacht immer (fast) gleich lang, das ganze Jahr über; in der gemäßigten Zone dagegen kann der Tag im Sommer 16 Stunden lang sein, aber im Winter nur 8. Das hat natürlich alles einen Einfluss auf die Lebewesen! In der gemäßigten Zone gibt es weit weniger Arten als in den Subtropen und Tropen, aber dafür haben wir mehr verschiedene Waldtypen: Nadelwälder, Mischwälder und Laubwälder. Und wir haben einen auf der Welt einzigartigen farbenfrohen Herbst!

Nadelwälder werden Richtung Subtropen immer seltener, Richtung Pol dagegen immer häufiger. Rund um die Polarzone des Nordpols bilden sie den sogenannten *borealen Nadelwald* (von altgriechisch *boréas*, »der Nördliche«). Der boreale Wald ist das größte zusammenhängende Waldgebiet der Erde! Er existiert nur auf der Nordhalbkugel, weil es auf der Südhalbkugel in diesen Breiten kaum Land gibt. Nördlich vom borealen Nadelwaldgürtel liegt die *Tundra*, die aus Grassteppen auf Dauerfrostboden besteht. Dort wachsen keine Bäume mehr. Man bezeichnet sie auch als subpolare Zone. Die **Polargebiete** selbst – also die Arktis des Nordpols und die Antarktis des Südpols – sind reine Kältewüsten.

Alte Steineiche an einem Felssteilhang (Hartlaubwald, Mittelmeerraum)

Die Macht der Blätter

Als die Erde noch jung war und das Land unbesiedelt von Lebewesen, gab es ein Problem: seine Bewässerung. Denn alle Wesen brauchen Wasser zum Leben.

Wenn Regenwolken von den Meeren landeinwärts treiben, regnen sie sich nach allerspätestens 600 km vollständig ab. Aufgrund der Erdanziehungskraft (»Gravitation«) fließt das Wasser dann natürlich immer abwärts, und wo es nicht im Boden versickert, sammelt es sich in Mulden und Senken, läuft irgendwann über und bildet Bäche und Flüsse, die schließlich wieder im Meer enden. Aber das Land bleibt weitgehend trocken!

Doch wo sich kleine Pflanzen wie Gräser ansiedeln, helfen sie auf vielerlei Weise. Sie speichern etwas Feuchtigkeit vor Ort, und langsam können sich größere Pflanzen niederlassen. Alle Pflanzen schützen den Boden vor dem harten Aufprall der Regentropfen und ihre Wurzeln halten ihn fest, damit er nicht weggewaschen wird. Außerdem schützt die Grasdecke oder das Pflanzenkleid den Boden vor der austrocknenden Kraft der Sonnenstrahlen. Man sagt, Pflanzen verhindern die »Erosion« des Bodens.

Aber das Problem war noch nicht gelöst: Das *Innere* der großen Kontinente blieb ohne Regenwasser noch trockene Steppe, die keine große Lebensvielfalt möglich machte. Doch dann entwickelte sich der Wald! Nur der dichte Wald ist fähig, den lebenswichtigen Regen tief ins Landesinnere zu bringen.

Wie das geht? Nun, der Wald mit seinen vielen »Stockwerken« von Blättern verdunstet *so viel* Wasser, dass es neue Wolken formen und erneut herabregnen kann. Ein großer Wald hat effektiv am Wetter und am Klimageschehen der Erde teil! *Der Wald zieht den Regen an und stabilisiert das Wetter.* Nun war die Erde bereit für die Entwicklung (»Evolution«) der ganzen Vielfalt des Lebens, wie wir sie kennen!

Tropenwald in Madagaskar

Besonders deutlich wird die Klima-Kraft des Waldes am Äquator, wo sich die tropischen Regenwälder befinden. Der tropische Regenwald ist ja extrem dicht belaubt: Da sind die riesigen Bäume, die bis hoch in den Himmel ragen, die mittleren Bäume darunter, die kleinen Bäume und Sträucher wieder darunter, und zuletzt die Kraut- und Bodenschicht, die die letzten Lichtstrahlen auffängt.

Die Pflanzenwelt am Äquator nimmt etwa 75 % der Sonnenenergie auf, die diese Region bestrahlt. Für die 7 Mio. km^2 tropischen Regenwald im Amazonasbecken (Brasilien) heißt das: im

Tropenwald in Brasilien

Durchschnitt die Energiemenge von fünfzehn Atombomben des Hiroshima-Typs *pro Sekunde*, Tag und Nacht! Mit dieser unvorstellbaren Energiemenge wird also Wasser aus dem Boden durch die Wasserleitbahnen aller Pflanzen ge-pumpt und dann durch die unzähligen Poren der Blätter verdunstet. Dadurch entsteht über dem Amazonas *doppelt so viel* Wasserdampf wie über dem benach-barten tropischen Atlantischen Ozean! Weil dieser Wasserdampf in höhere Luftschichten aufsteigt, saugt er nun neue Luftmassen vom Meer an – so wird neue feuchte Luft zum Land gebracht, die sich auch wieder als Regen nieder-schlagen (»kondensieren«) wird.

Und es kommt noch besser: Weil der Regen, der über dem Wald fällt, schon bald wieder von den Bäumen aufsteigt, sich zu Tröpfchen kondensiert und schließlich wieder abregnet, während er von den Äquatorialwinden nach Westen geschoben wird, regnet es am fernen Westrand des Amazonasbeckens genauso viel wie im Osten, wo das Meer liegt. Mancherorts sogar noch mehr. Über eine Strecke von 4000 km wird der Regen fünf bis sechsmal »recycelt«, wie die Forscher sagen. So macht der tropische Regenwald seinen eigenen Regen und sein eigenes Klima. *Und durch die Wel-tenwinde und Meeresströmungen verteilt sich dieser Segen des Regenwaldes über die ganze Welt.* Auch die »Kornkammer« im Herzen der USA erhält so ihren Regen und Europa sein mildes Klima.

Monsun-Regenwald in Malaysia/Thailand

Klimawandel?

Natürlich ändert sich das Klima. Immerzu. Die Erde wandelt sich ständig (→ Kasten S. 127). Zum Beispiel befand sich Europa in den letzten 500 Jahren in der sogenannten »Kleinen Eiszeit«. Als diese begann und im 15. Jahrhundert die Winter immer kälter und die Sommer immer verregneter wurden, fielen viele Ernten aus.

Vor der »Kleinen Eiszeit« war es ein paar Grad wärmer. Darum nannten die Wikinger im 8. Jahrhundert Grönland ja auch Grönland – »Grünes Land«. Nun ist es weiß und nicht mehr grün. Aber der Schnee schmilzt und die Eisbären kriegen warme Füße. Das ist ganz schlimm, denn die jetzige Erwärmung geht viel zu schnell. Normalerweise wandelt sich Erde sehr langsam, so dass kein einzelnes Tier wirklich leidet. Aber die riesigen Mengen industrieller Abgase haben vieles in der Atmosphäre durcheinander gebracht.

Doch die Vorhersagen zum Klimawandel, die zur Zeit überall diskutiert werden, weisen einen ganz grundlegenden Fehler auf! Sie lassen nämlich außer acht, dass die Wälder ein ganz wichtiger Teil des Wettergeschehens auf der ganzen Erde sind. **Die Wälder erhalten und stabilisieren das Klima. Und wenn sie verschwinden, verschwindet auch die Stabilität des Wettergeschehens.**

Wie kann das sein, dass die Wetter- und Klimaforscher die Wichtigkeit des Waldes einfach übersehen?!? Nun, das kommt wohl daher, dass die Klimaforschung es gewohnt ist, ausschließlich im Bereich der *Physik* zu denken – Luftdruck, Temperatur, Feuchtigkeit usw. Dabei *vergisst* sie schlicht die Biologie. Es wird ja oft gesagt, dass die Spezialisierung der Fachwissenschaften sowohl Vorteile hat (man macht mehr Entdeckungen!) als auch Nachteile: Man verliert den Überblick über das Ganze!

Nach den Theorien und Computer-Modellen der Klimaforschung müsste der Westen des Amazonasbeckens so trocken sein wie die Sahara. Andererseits müsste es zumindest an den Rändern der Sahara in Afrika viel regnen. Tut es aber nicht, die Wirklichkeit sieht anders aus! Die Sahara bleibt trocken, weil es dort keinen Wald mehr gibt, der die feuchten Seewinde ansaugen könnte. Auch Australien bleibt vornehmlich Wüste, weil es zu wenig Wald entlang der Küstenstreifen gibt.

Und leider haben viele reiche Menschen und mächtige Firmen ein Interesse daran, dass sich die Erkenntnis um die wirkliche Bedeutung der Wälder der Erde gar nicht durchsetzt! So verharrt die weltweite Diskussion zum Umweltschutz im Feilschen um Kohlenstoff-Abgaswerte (womit man sogar noch Geld verdienen kann!) und die Menschheit ist abgelenkt, während die Wälder weiterhin gefällt werden (womit man ganz besonders viel Geld verdienen kann).

67

Auch direkt vor Ort schützt der Wald. Dort, wo Wälder an den indischen Meeresküsten standen, hat z. B. der Tsunami von 2004 kaum Schaden angerichtet. Der Waldgürtel hat die Wucht der Flutwelle aufgefangen! In einem kleinen Dorf in Indien hatten die Menschen gerade zwei Jahre zuvor 80.244 Bäumchen gepflanzt. Damit kamen sie ins Guiness-Buch der Rekorde. Und nun verdanken sie den Bäumchen sogar ihr Leben!

Mangrovenwälder entlang der Meeresküsten schützen vor Sturmfluten!

Leben Bäume gern zusammen?

Man könnte wohl sagen, dass es das Streben der Bäume ist, die Erde mit Wald zu bedecken. Und das kommt ja auch allen zugute, nicht nur den Bäumen! Wälder erschaffen Lebensräume für viele andere Pflanzen- und Tierarten, stabilisieren das Klima und den Boden und reinigen die Luft. Im fernen Erdzeitalter des Karbon, vor etwa 300 Millionen Jahren (➜ S. 44), vermehrten sich die frühen Baumformen und formten die ersten riesigen Wälder. Über viele Millionen Jahren hinweg erhöhten sie mit ihrer Photosynthese (➜ S. 47 und 50) den Sauerstoffgehalt der Atmosphäre auf ein Maß, in dem die Entwicklung der Tiere und Menschen überhaupt erst möglich war! Und das soll doch auch so bleiben, oder?

Wälder bilden sich durch die örtliche Vermehrung einer Baumart (z. B. Eichenwald, Buchenwald) oder mehrerer Baumarten, wir sprechen dann von **Mischwald**. Wenn in einem Mischwald Laubbäume vorherrschen, nennt man ihn auch Laubmischwald, ansonsten Nadelmischwald. Den Profis aber, den Vegetationskundlern, ist das nicht genau genug. Sie sprechen von »***Pflanzengesellschaften***« und benennen diese auch ganz konkret: beispielsweise Eichen-Hasel-Wald, Stieleichen-Hainbuchen-Wald oder Erlen-Eschen-Auwald. Das sagt ihnen noch vieles anderes, nämlich auf welcher Bodenart dieser Wald steht und welche Begleitpflanzen (Sträucher im Unterholz wie auch Kräuter und Blumen auf dem Waldboden) dort höchstwahrscheinlich vorkommen.

Denn gewisse Pflanzenarten gruppieren sich immer wieder miteinander, auch in ganz verschiedenen Ländern und Kontinenten. Sie haben dieselben Vorlieben für Klima und Boden und auch *füreinander*. Dem Hasel gefällt der Halbschatten im Eichenwald, und im Unterholz eines Buchenwaldes gibt es oft auch Eiben; sie gehören zu den wenigen, die mit dem dichten Lichtmangel unter Buchen zurechtkommen. Aber die Eibe braucht das Licht im Winter, wenn die Buchenblätter gefallen sind, daher ist sie hier besser aufgehoben als unter Tannen. Und umgekehrt tun die kleinen Bäume und Sträucher im Unterholz

Wald-Klima

Ein Laubmischwald der gemäßigten Zone benötigt eine durchschnittliche Temperatur von mindestens 10 °C für wenigstens sechs Monate des Jahres und einen jährlichen Niederschlag von 400 mm.

Mit seiner Ein- und Ausatmung nimmt er Einfluss auf Temperatur und Feuchtigkeitsgehalt der Luft. Innerhalb eines Waldes ist die Luft in warmen Monaten (und bei Tage) immer etwas kühler und in kalten Monaten (und bei Nacht) immer etwas wärmer als die Luft außerhalb des Waldes.

Insgesamt sind Temperatur und Feuchtigkeit im Wald also immer etwas milder und ausgeglichener als außerhalb des Waldes. Das ist sehr gut für viele Tier- und Pflanzenarten.

Was sind Lichtbäume und Schattenbäume?

Als **Lichtbaumarten** bezeichnet man diejenigen Baumarten, die zum Leben eine bestimmte (recht hohe) Mindestmenge an Licht benötigen. Der ausgeprägteste Lichtbaum ist die Birke. Aber auch Kiefer, Pappel, Lärche, Erle, Esche und Eiche benötigen mindestens 1/5 bis 1/10 des »Außenlichts« (Lichtmenge im Freiland, »außerhalb« des Waldes), um gedeihen zu können.

Zu den **Halbschattenbaumarten** gehören Ahorn, Fichte und Ulme.

Die **Schattenbaumarten** benötigen nur ein 1/10 bis 1/100 des Außenlichts. Sie wachsen eher langsam. Zu ihnen gehören Eibe und Tanne, aber auch Buche und Linde.

Licht, d. h. direkte Sonnenstrahlung, ist aber nicht immer nur gut für Pflanzen. Bäume müssen ihre Röhrenleitsysteme (➔ S. 46) im idealen Tempe-

Lichtbaum (Kiefer)

Schattenbaum (Buche)

raturbereich halten: Im Winter darf keine Flüssigkeit gefrieren, und im Sommer darf nichts überhitzen. Darum sind z. B. die Buchen im kühlen Buchenwald ganz dankbar, wenn andere Baumarten, eben Lichtbäume, die Ränder säumen. Und wenn eine Buche doch in voller Sonne steht, lässt sie ihre Laubzweige bis ganz unten wachsen, damit der Stamm immer schön beschattet ist.

Auch stellt sich die innere Struktur des Blattwerkes auf die Lichtsituation ein. Die flexible Eibe z. B. formt ausgeprägte Lichtnadeln, wenn sie frei steht, und ausgeprägte Schattennadeln, die noch im tiefsten Schatten Photosynthese betreiben können. Aber Achtung! Wenn solch ein Schattenbaum plötzlich freigestellt wird, kann er eingehen, weil es Jahre dauert, die Schattenbelaubung auf Lichtnadeln umzustellen.

auch etwas für die Oberschicht. Der Holunder z. B. hält mit seinem Geruch den gefährlichen Ulmensplintkäfer auf Distanz.

Die großen Bäume des Waldes tun noch etwas für alle kleineren Pflanzen: Mit ihrem großen Durst halten ihre saugenden Wurzeln den *Grundwasserspiegel* nahe genug an der Erdoberfläche. So können auch die Wurzeln der kleinen Pflanzen genug Wasser erreichen.

Eine Pflanzengesellschaft steht auch immer in enger Wechselwirkung mit ihrer Tierwelt (Fauna). Wenn z. B. zu viele Rehe und Kaninchen die jungen Bäume abknabbern, können sich diese Baumarten dort nicht so gut erhalten. Wenn es in derselben Gegend Wölfe oder Luchse gibt, die die Baumknabberer jagen, können wieder mehr Bäume wachsen. Wenn Biber einen Fluss stauen oder umlenken, wird es irgendwo trockener: dann können sich dort z. B. wieder mehr Buchen ausbreiten, die nicht so gern feuchte Füße kriegen. Und woanders entstehen neue Ufer und Feuchtgebiete, wo mehr Erlen, Pappeln oder Weiden wachsen können. Neue Bäume ziehen dann auch wieder neue Pilze, Kräuter, Insekten, Vögel und Tiere an.

Können Bäume miteinander »reden«?

Natürlich nicht »reden« wie wir das tun. Aber sich etwas mitteilen können sie durchaus.

Hier wird es wieder etwas komplizierter, denn um auch nur zu ahnen, wie intensiv Bäume empfinden und welche feinen Signale sie aussenden können, müssen wir tief in die Welt des Unsichtbaren blicken!

Chemische Botenstoffe

Mitte der 1980er Jahre starben in Südafrika tausende von Kudu-Antilopen eines unerklärlichen Todes. Sie hatten nicht an Wasser- oder an Nahrungsmangel gelitten und wiesen keinerlei äußere Verletzungen oder Spuren von Krankheitserregern auf. Die Sache blieb lange ein Rätsel, bis man entdeckte, was sich zugetragen hatte.

Wenn Tiere wie Kudu-Antilopen oder auch Giraffen sich am frischen Laub von Akazienbäumen gütlich tun, fressen sie immer nur ein paar Minuten am selben Baum und ziehen dann weiter. Akazienblätter enthalten nämlich etwas giftiges Tannin, das den Tieren in Maßen eingenommen nicht schadet. Aber innerhalb weniger Minuten erhöht eine angeknabberte Akazie den Giftgehalt ihrer Blätter so stark, dass die Tiere beginnen, sich ernsthaft zu vergiften. Auch *warnt die Akazie die Nachbarbäume umgehend* durch Duftstoffe, die der Wind weiter trägt, daher ziehen die Tiere beim Weiden instinktiv immer gegen den Wind.

In den 80er Jahren jedoch stieg der »Wert« von Kudu-Antilopen stark an, weil viele schießwütige Touristen (auch aus Deutschland!) so gern die prächtigen Geweihe mit nach Hause bringen wollten. Deshalb legten viele Farmer in Südafrika private Kudu-Gehege an, in denen zu viele Tiere auf zu engem Raum eingezäunt wurden. Vor allem konnten sie nicht, wie es ihre Natur ist, ständig den Akazienbaum wechseln. Den Akazien ging es nun ernsthaft ans Leder – so viele hungrige Mäuler! Doch das dauerte nicht lange: Schnell produzierten

Akazie mit Giraffen

Kudu-Antilopenbock

Oft läßt eine Raupeninvasion kein Grün übrig.

sie mehr Tannin, die Kudus starben und das natürliche Gleichgewicht war wieder hergestellt!

Ebenfalls in den 80er Jahren machte man auch in den USA ähnliche Entdeckungen: Wenn Bäume durch einen massiven Fressangriff, z. B. durch einen massiven Befall von Raupen, bedroht werden, beginnen sie umgehend, die chemische Zusammensetzung ihrer Blätter zu verändern. Birken und Weiden verringern dann den Eiweißgehalt ihrer Blätter so stark, dass die Raupen, obwohl sie unentwegt fressen, innerhalb weniger Stunden oder Tage verhungern. Sie fallen völlig entkräftet vom Baum und sterben. Andere Bäume wie Pappeln produzieren zudem chemische Stoffe (Phenol und Tannin), die ihre Blätter für viele Fressfeinde unverdaulich und giftig machen. Wieder andere rufen mit ihren Duftstoffen *hilfreiche* Insekten (z. B. Schlupfwespen oder Milben) herbei, die die Fressfeinde angreifen.

Und auch hier: Bäume derselben Art, die gar nicht selbst befallen sind, beginnen zeitgleich mit ihrer chemischen Verteidigung, und zwar noch in einhundert Meter Entfernung von den bedrängten, angefressenen Bäumen! Dies

wurde an verschiedenen Universitäten untersucht und schließlich fand man einen der Kommunikationswege der Bäume: Die Bäume verständigen sich mit chemischen Botenstoffen, die durch die Luft von Baum zu Baum treiben.

Außerdem entdeckte man, dass manche Pflanzen auch unter der Erde über ihre Wurzeln kommunizieren, und zwar **mechanisch** (durch Berührung), **elektrisch** (siehe Kasten auf der nächsten Seite) und auch wiederum **chemisch**.

So musste man sich eingestehen: Bäume können miteinander kommunizieren. Sie können einander vor Gefahren warnen und sich dagegen schützen, auch wenn sie nicht einfach weglaufen können wie wir Menschen.

Andere Signale

Doch chemische Stoffe in der Luft sind langsam, gelangen nur einige hundert Meter weit und können außerdem nicht gegen den Wind reisen. Daher benützen Bäume und Pflanzen noch andere, viel schnellere Wege zur Übermittlung von Nachrichten: elektrische und andere Wellen.

1988 entdeckte der Wissenschaftler Dr. Ed Wagner, als er die Madronenbäume um sein Haus in Oregon (im Westen der Vereinigten Staaten) untersuchte, dass Bäume eine stehende Welle erzeugen. Wenn einem Baum Schreckliches passiert, z. B. eine Axt oder ein Waldbrand ihm zu Leibe rücken, sendet er umgehend Signale aus. Noch in Entfernungen bis zu 60 km (in alle Richtungen) reagieren die anderen

Die Bäume (Douglasien und Ponderosa-Kiefern), an denen Dr. Wagner in Oregon, USA, die w-Wellen entdeckte

Bäume auf solch einen Alarmschrei. Nach dem englischen Wort *wood* für Holz nannte er diese Wellen w-Wellen (w-waves). Man vermutet, dass sie das wichtigste Medium sind, durch das Bäume miteinander »reden«. Sie bewegen sich zwar viel langsamer (in der Luft etwa 25 m pro Sekunde) als elektrische

Wellen oder Schallwellen, aber sie reichen weiter als Duftstoffe und sind vom Wind unabhängig.

Lichtstrahlen

Man hat herausgefunden, dass das Erbgut in den Zellkernen unserer Zellen (und natürlich auch bei Tieren und Pflanzen) einzelne Lichtstrahlen einfangen und mit anderer Wellenlänge (»Frequenz«) wieder aussenden kann! Ja, du vermutest richtig: Das heißt tatsächlich, dass nicht alle Lichtstrahlen auf unserer Haut abprallen (reflektiert werden), sondern dass einige von ihnen tiefer in unseren Körper eindringen.

Man weiß bisher nicht, wie das genau geschieht, aber es wird vermutet, dass ein Organismus mit diesen Lichtstrahlen innerlich kommunizieren kann. Stell dir

Gibt es denn überhaupt Elektrizität in Bäumen?

Ja. Zum einen beruht der Stoffwechsel von lebendigen Zellen (aus denen Menschen, Tiere und Pflanzen ja bestehen) auf den elektrischen Ladungen der Nährstoff-Moleküle und des Zellinneren. Daher kann man an den Körpern von Menschen wie Bäumen elektrische Ströme messen – natürlich bei weitem nicht so starke wie in der Steckdose! Der Stromfluss von Bäumen hat nicht mehr als 1 Volt, der Strom aus der Steckdose hat 220 Volt. Einen elektrischen Schlag würden wir uns an Bäumen also nicht holen.

Außerdem arbeiten Bäume beständig als »Stromleiter«: Sie leiten elektrische Ladung aus der Luft in die Erde ab. So »reinigen« sie die Luft, wenn es dort elektrisch zu sehr

knistert. Daher schlagen Blitze auch öfters mal in Bäume ein. Aber ohne Bäume gäbe es noch viel mehr Probleme mit der elektrischen Ladung der Luft.

So ist auch bei Bäumen das einfache physikalische Gesetz zu beobachten, dass jeder Stromleiter um sich herum ein elektromagnetisches Kraftfeld erzeugt. Diese unsichtbaren *elektro-magnetischen Kraftfelder* durchdringen sich bei benachbarten Bäumen gegenseitig. Ohne Frage wird ein Baum imstande sein, die Kraftfelder seiner Nachbarbäume zu »spüren« und so zu »wissen«, ob bei ihnen alles in Ordnung ist. Manche Menschen nennen die Kraftfelder von Bäumen und Menschen auch »Aura«.

einen großen Baum vor: Ein plötzlicher Parasitenbefall an einem Ende des Baumes könnte mit solcher »Licht-Sprache« viel schneller dem ganzen Baum mitgeteilt werden als mit chemischen Botenstoffen, die nur langsam durch die Saftadern schwimmen können.

Ob ein Baum auf diese Weise auch mit anderen Bäumen – ja vielleicht dem ganzen Wald?!? – in Verbindung treten kann, wissen wir ebenfalls nicht. Aber kannst du dir die Licht-Show vorstellen? Das ist ja fast wie Silvester! Ein sehr schöner leuchtender Baum (der »Seelenbaum«) ist auch in dem Film »Avatar« zu sehen.

Bei dem indischen Waldstamm der Gond spricht man seit uralten Zeiten davon, dass Bäume nachts »leuchten«. Daraus hat sich eine ganz eigene Kunstform entwickelt, in der die Maler die verschiedenen Baumarten mit dem ihnen typischen Leuchten malen.

Strahlen aus dem Kosmos

Die Messung der elektrischen Felder bei Bäumen hat auch gezeigt, dass sich nicht nur die Tages- und die Jahreszeiten im Kraftfeld eines Baumes widerspiegeln, sondern auch Änderungen der *Luftelektrizität* und des ganzen *Erdmagnetfeldes*. Sogar die *Mondphasen*[*] werden registriert. Ein schottischer Wissenschaftler zeigte, dass eine Eiche auf die Rhythmen des Planeten *Mars* reagiert, und russische Forscher fanden einen 800 Jahre alten Wacholder, der in seiner Lebenszeit vier sogenannte »Supernovas« miterlebte. Das sind riesige Explosionen im Weltall, die auftreten, wenn ein Stern stirbt. Jedes Mal reagierte der Wacholder mit einer »Trauerphase«, in der er deutlich langsamer als sonst wuchs. *Kein Stern unserer Galaxis kann sterben, ohne dass die Bäume der Erde es spüren.*

Wenn die Bäume solch gute »Antennen« dafür haben, was in unserem Sonnensystem und unserer Galaxis vor sich geht, um wie viel mehr wissen sie dann wohl, was in ihrer unmittelbaren Umgebung passiert?

[*] Zudem fanden Forscher des Zürcher Instituts für Technologie heraus, dass Baumstämme – eng den Mondrhythmen folgend – in winzigem Ausmaß an- und abschwellen. Selbst gefällte Stämme tun das, so lange in ihnen noch Zellen am Leben sind.

Gedanken und Fernübertragung

Bereits 1902 hatte der indische Forscher Sir Jagadis Chandra Bose nachgewiesen, dass Pflanzen eine Art »Reizleitungssystem«, ähnlich dem Nervensystem von Tieren und Menschen, besitzen und Schmerz empfinden können.

1973 erschien dann ein Buch, das zum internationalen Bestseller wurde: *The Secret Life of Plants* (*Das geheime Leben der Pflanzen*) von Peter Tompkins und Christopher Bird. Darin erzählen die beiden von verschiedenen Experimenten, bei denen Topfpflanzen an Lügendetektoren angeschlossen wurden. Bei einer Verletzung einer Pflanze zeigten sich grobe Ausschläge an den Messgeräten, was darauf schließen lässt, dass die Pflanzen so etwas wie Schmerz fühlen. Die große Überraschung aber war, dass die Pflanzen mit fast genauso großer »Erregung« reagierten, sobald eine Testperson *nur in Gedanken* den Beschluss fasste, ihr Schaden zuzufügen. Und es ging noch weiter: Fortan schien eine geschädigte Pflanze schon »nervös« zu werden, wenn jemand, der sie verletzt hatte, nur den Raum betrat!

Bei einer Frau, die beruflich ständig Pflanzenproben in einem Ofen dörrt, waren die Testpflanzen so beunruhigt, dass sie Monate brauchten, bis sie nicht mehr nervös waren, wenn diese Frau den Raum betrat. Hatten sie *gelernt*, dass die Frau ihnen nichts tun würde?

Außerdem zeigten die Experimente, dass Pflanzen auf Gedanken reagieren können, auch wenn der Denkende (der »Sender«) tausende von Kilometern weit weg ist!

Des weiteren konnte beobachtet werden, dass viele Pflanzen bei ruhiger, harmonischer Musik besser wachsen. Klassische Musik von Johann Sebastian Bach war am »beliebtesten«, ebenso klassische indische Musik.

Die meisten Menschen zweifeln längst nicht mehr daran, dass Pflanzen empfindsam sind und eine Art Gefühlsleben haben. Nur manche können sich das nicht so richtig vorstellen, weil man unter dem Mikroskop doch keine Nervenzellen finden kann. Aber kann man *deine* Gefühle unter dem Mikroskop finden?!

Auf jeden Fall ist Telepathie (die Fernübertragung von Empfindungen und Gedanken) ja auch zwischen Menschen und Haustieren bekannt. Tausende von Hunde- und Katzenbesitzern haben da so einiges erlebt! Auch das kann die Wissenschaft nicht erklären, weil sie nichts messen und analysieren kann. Aber die Tierfreunde wissen dennoch, dass es wahr ist!

Dr. Rhoades von der Uni Seattle: »Kommunikation zwischen Pflanzen macht auch Sinn, wenn wir über die Evolution nachdenken. Eine Pflanze, die das Signal verstehen kann, dass sie bald angegriffen wird, hat einen … Vorteil. Sie kann sich verteidigen. Natürlich ändert sich damit auch unser Bild von Pflanzen. Und zwar in der Richtung, dass Pflanzen intelligenter sind, als wir bislang angenommen haben.«

Wer sind die Bewohner des Waldes?

Dieses Kapitel handelt von den *tierischen* Bewohnern des Waldes, von denen viele aber auch eng mit den Bäumen in unseren Gärten und Parks zusammenleben.

Pilze gehören zwar weder zu den Tieren noch zu den Pflanzen. Aber weil es so schön heißt »Ein Männlein steht im Walde, ganz still und stumm …«, wollen wir hier den Pilzen einen Ehrenplatz gewähren.

Ohne Pilze ginge nämlich gar nichts im Wald! Weder gäbe es Bäume noch Wälder, jedenfalls nicht so, wie wir sie kennen. Denn ohne die Hilfe von Pilzen können die höheren Pflanzen die Nährstoffe im Boden gar nicht erschließen (→ S. 49).

Und auch auf der anderen Seite des Nahrungskreislaufs wirken Pilze kräftig mit. Wenn es nämlich darum geht, abgeworfenes totes Holz oder ganze abgestorbene Bäume zu recyceln, damit ihre Inhaltsstoffe wieder anderen Lebensformen zugute kommen können. Auf die Zersetzung von Holz und den verschiedensten organischen Materialien haben sich verschiedene Pilzarten (und auch Mikroorganismen wie Bakterien) spezialisiert.

Ein doppeltes Hoch also auf die kleinen dicken Männchen im Wald, die aus ihren riesigen Pilzgeflechten hervorsprießen!

Pilze sind allgegenwärtig im Wald und unerlässlich für die biologischen Kreisläufe. Hier sehen wir einen Schleimpilz (1), den Buntstieligen Helmling (2), den Erlenschüppling, der hier aber auf Rotbuchenholz wächst (3 und 4), den Mosaik-Schichtpilz (5) und einen Fliegenpilz (6).

Mikroorganismen

Zu den Kleinstlebewesen des Waldes, den Mikroorganismen, gehören viele verschiedenen Arten von Bakterien und einzelligen Pilzen. Mikroorganismen befinden sich überall im Waldboden und zersetzen und verwandeln Stoffe, wodurch der Waldboden seine einzigartige Fruchtbarkeit erlangt.

Der Regenwurm

Regenwürmer gehören zu den Wirbellosen, d. h. sie haben kein Skelett. Ein ausgewachsener Regenwurm kann bis 30 cm lang werden und bis zu acht Jahre alt sein. Regenwürmer haben einen Mund am vorderen Ende und einen After am hinteren. Sie füllen ihren Darm mit humusreicher Erde und vermodertem Pflanzenmaterial. Dabei graben sie viele Gänge in den Boden, die für dessen Auflockerung, Belüftung und Bewässerung sorgen – und damit auch wieder den Pflanzen zugute kommen. Zusätzlich bringen sie große Mengen an Erde aus tieferen Schichten an die Oberfläche, wodurch eine gute Durchmischung der Bodenschichten entsteht.

Vielfalt auf dem Waldboden

Markiere mit vier Stöcken und mit Band ein Stück Waldboden von etwa einem Quadratmeter Größe.

Was meinst du: Wie viel verschiedene Dinge und Lebewesen kannst du dort finden?

Wenn ihr das zu mehreren macht, könnt ihr anschließend eure Funde miteinander vergleichen.

Der Boden lebt!

In einer Handvoll frischer, gesunder Walderde befinden sich etwa 4 Regenwürmer, 14 Asseln, 8 Hundertfüßler, 3 Käfer, 120 kleine Ringelwürmer, 500 Springschwänze, 700 Milben, 13.000 (mikroskopische) Wimpern- und Glockentierchen, 12 Millionen Einzellerpilze und über eine Milliarde Bakterien.

Regenwurm

Hundertfüßler

Assel

Tausendfüßler

Asseln, Spinnentiere und Insekten

Die **Asseln** (Kellerasseln) gehören zu den Krebstieren. Da ihr Panzer keine schützende Schicht hat, trocknen sie schnell aus. Daher sind sie meist nachtaktiv und bleiben gern im Feuchten und Kühlen. Als Humusbildner sind sie von großer ökologischer Bedeutung.

Zu den **Spinnentieren** gehören die echten Spinnen, aber auch Skorpione und Milben (inklusive Zecken, → Kasten Seite 79). Die meisten Spinnenarten weben Netze, um ihre Beute zu fangen, aber es gibt auch solche, die jagen, oder wie der Weberknecht (der entgegen seinem Namen gar nicht weben kann!) einfach am Boden nach Nahrung suchen. Auch Spinnen tragen zum Gleichgewicht in der Natur bei. Jemand hat ausgerechnet, dass die Spinnen der ganzen Welt so viel Insekten fressen, dass deren Gesamtgewicht größer ist als das Gewicht aller Menschen auf der Erde! Stell dir nur mal vor, wie viele Fliegen und Mückenschwärme uns plagen würden, wenn es keine Spinnen gäbe!

Von allen Tierarten der Welt sind mindestens 80 % **Insekten.** Auch in den Wäldern unserer Breiten gibt es so viele, dass wir hier nur einige der wichtigsten nennen können.

Ameisen gehören zu den Staaten bildenden Insekten. Sicherlich kennst du die großen Ameisenhaufen – denen man sich nur vorsichtig und respektvoll nähern sollte. Auch zur eigenen Sicherheit, denn Ameisen sind ganz schön wehrhaft: Sie können sowohl mit ihren kräftigen Kieferzangen zwicken als auch aus einer Drüse ätzende Ameisensäure versprühen. Ameisen gelten als die »Gesundheitspolizei des Waldes«, denn sie entsorgen einfach alles – tote Insekten und Spinnen, Samen, Pollen, Früchte, Reste von Tier- und Vogelkadavern –, was sonst nach einiger Zeit nicht so schön anzusehen oder zu riechen wäre.

Das andere – weltweit sehr wichtige – staatenbildende Insekt ist die beliebte

Eine Ameise hat den süßen Saft einer herabgefallenen Eibenfrucht entdeckt und schlürft genüsslich.

Honigbiene. Stellt ein Imker seine Kästen am Waldrand auf, kann er im späten Sommer wundervollen Waldhonig ernten. Auch Wildbienen fliegen summend durch den Wald. Sie bauen ihre Nester in Bäumen. Bienen haben einen Wehrstachel, der aufgrund seiner Widerhaken in unserer Haut stecken bleibt. Mit einem Stich injizieren sie etwa 0,1 Milligramm Gift. Das tut ganz schön weh! Und die Biene stirbt danach. Also besser vermeiden! Und wenn eine Biene uns mal zu nahe kommt, *ruhig bleiben*. Sie *will* ja gar nicht stechen!

Da ist die **Wespe** schon gefährlicher! Ihr Stachel hat

Von oben: Honigbiene, Schlupfwespe, Tagfalter (Kaisermantel), Nachtfalter (Eulenfalter)

keine Widerhaken, und Wespen können mehrmals stechen (siehe Kasten). Echte Wespen sind ebenfalls staatenbildend. Aber ganz anders als Bienen bauen sie ihre – nur einjährigen – Nester aus Papier, das sie gewinnen, indem sie Holzfasern zerkauen. Wespen fressen überwiegend Nektar, Pollen, Fallobst, tierische Stoffe und Insekten. Auch Hornissen gehören zu den Echten Wespen. Sie sind ebenfalls sehr wehrhafte Tiere, aber die Gefährdung für Menschen wird in der Regel übertrieben.

Schlupfwespen leben nicht in Staaten, sondern einzeln. Sie halten die Verbreitung von schädlichen

---

Autsch! Wespenstiche

Besonders wenn sich im Spätsommer die Nester auflösen und die noch lebenden Wespen einzeln auf Nahrungssuche gehen müssen, werden Wespen dem Menschen gegenüber schon mal zudringlich. Vor allem dann, wenn er selbst gerade so leckere Dinge wie Speiseeis oder Zwetschgenkuchen verschlingt. Dummerweise werden bei einem Wespenstich auch noch Alarmstoffe freigesetzt, die wiederum weitere dieser Kampfflieger anlocken und zum Stich animieren!

Also: *Am besten erst mal ruhig bleiben.* Und unter Umständen mit der Leckerei woanders hingehen. *Auf jeden Fall immer sehr, sehr gründlich schauen, dass man keine Wespe in den Mund bekommt, denn das wäre das Schlimmste!*

Erste Hilfe bei einem Wespenstich (oder Bienenstich): Nach dem Stich den Stachel entfernen, sofort mit Eis kühlen, einen Essigwickel machen (Zitronensaft geht auch) oder für 10 Minuten eine halbe Zwiebel auflegen.

Bei *allergischen Reaktionen* umgehend einen Notarzt rufen. Bei einem *Stich in der Mundhöhle* wegen Erstickungsgefahr ebenfalls einen Notarzt rufen und viel Speiseeis zur Kühlung lutschen!

Und hier noch ein guter **Tip zur Vermeidung**. Versucht mal folgendes, wenn ihr den Tisch deckt: Nehmt ein kleines Tellerchen, legt ein oder zwei frisch geschnittene Zitronenscheiben drauf und bespickt jede mit 6-8 Gewürznelken. Diese Duft-Kombo sollte Wespen fernhalten.

Schmetterlingen, Pflanzenwespen und Käfern im Zaum. Sie haben einen langen Legestachel, mit dem sie die Baumrinde durchdringen und direkt eine ins Holz eingegrabene Larve anpieksen. Ihre eigene Larve entwickelt sich dann als Parasit in der anderen Insektenart.

Die **Schmetterlinge** werden nach der Tageszeit, in der sie aktiv sind, in Tagfalter und Nachtfalter geteilt. Die Tagfalter haben glatte, kolbenförmige Fühler und klappen ihre Flügel in Ruhestellung nach oben. Die Nachtfalter haben gefiederte Fühler und legen die Flügel flach zusammen.

Aus dem Schmetterlingsei schlüpft eine Raupe, die sich später verpuppt und in einem schützenden Kokon zu einem Schmetterling entwickelt. Schmetterlinge leben hauptsächlich von Blütennektar. Darum sind sie auch wichtig für die Bestäubung vieler Pflanzen. Aber die Raupen haben einen Riesenhunger! Und zwar auf alles Grünzeugs. Wenn es mal eine Raupenepidemie gibt, kann es einigen Bäumen ganz schön schlecht

Autsch! Zeckenbisse

Hier und dort in Büschen und Hecken aber auch hohem Gras warten Zecken darauf, sich auf ein vorbeikommendes Säugetier fallen zu lassen. Dann beißen sie kräftig zu, verankern sich in der Wunde und schlürfen mittels eines Saugrüssels Blut. Damit nicht genug, spucken sie regelmäßig Wasser und unverdauliche Nahrungsreste in ihren Wirt zurück. Wie unappetitlich! Und leider kann es dabei zur Übertragung von Krankheitserregern kommen, und das ist das Problem. Das Risiko steigt, je länger die Zecke am Saugen ist (was, wenn's nach ihr ginge, bis zu einer Woche dauern kann).

Deshalb sollte man eine Zecke in der Haut eines Menschen oder Haustieres so bald wie möglich entfernen. Aber einfach Herausziehen ist nicht so gut, weil dabei der Kopf oder Teile des Beissapparates abreißen und in der Haut verbleiben könnten. Außerdem will man die vollgesaugte Zecke nicht in die Blutbahn ausquetschen. In Apotheken gibt es deswegen besondere Pinzetten oder Zeckenzangen. Wer da nicht herankommt, kann auch einen winzigen keilförmigen Schlitz in eine dünne Pappe (z. B. Spielkarte) schneiden und den Schlitz zwischen Zecke und Haut schieben, um das Tierchen

auszuhebeln. Solche Zeckenkarten kann man ebenfalls in der Apotheke kaufen.

Man sollte die herausgezogene Zecke aber erst mal aufheben und seine Haut einige Zeit beobachten. Falls sich eine rote Stelle bildet, die immer größer wird oder zu wandern beginnt, könnte das ein Zeichen für die gefürchtete Borreliose sein. **Bei irgendwelchen Änderungen bitte unbedingt den Arzt aufsuchen** (mit der Zecke im Gepäck).

Das Beste ist aber – wie immer – die **Vorbeugung:** Nach einem Aufenthalt im Grünen (besonders im hohen Gras) sollte man seine Kleidung (auch die Unterwäsche) gut ausschütteln und nach Zecken durchsuchen, ebenso wie den eigenen Körper (– absuchen, nicht ausschütteln!). Man kann sie manches Mal erwischen, bevor sie sich überhaupt festgebissen haben.

Zecke im Wald

Zur Übertragung einer Borreliose muss die Zecke mehrere Stunden gesaugt haben. *Ein schnelles Entfernen der Zecken ist deshalb der beste Schutz gegen eine Infektion.*

Igitt! Eine mit Blut vollgesaugte Zecke (beide vergößert)

Marienkäferchen: Käfer und Larve   Maikäfer   Hirschkäfer

ergehen (→ Seite 71). Aber dann kommen ihnen hoffentlich rechtzeitig Vögel (z. B. Meisen) zur Hilfe und verfüttern die vielen Raupen an ihre zwitschernden Jungen.

Auch Käfer gibt es in unzähligen Farben und Formen. In unseren Breiten am bekanntesten sind wohl der Maikäfer, der Hirschkäfer und der Wasserläufer. Aber am beliebtesten ist der **Marienkäfer**! Jeder erkennt Marienkäfer an ihren roten bis gelbroten Flügeldecken, die 2, 4, 5, 7, 10, 11, 13, 14, 16, 17, 18, 19, 22 oder 24 (meist schwarze) Punkte aufweisen können. Am weitesten verbreitet ist der Siebenpunkt-Marienkäfer. Aber: Die Anzahl der Punkte gibt *nicht* das Alter des Käfers an. Vielmehr ist ihre Anzahl typisch für jede Art und ändert sich während eines Käferlebens nicht.

Das Schönste jedoch, außer ihrem niedlichen Aussehen, ist, dass Marienkäfer sich hauptsächlich von Blatt- und Schildläusen ernähren. Ein einzelner Marienkäfer kann pro Tag bis zu 50 Stück vertilgen, in seinem ganzen Leben mehrere tausend! Darum werden sie zu den ausgesprochenen Nützlingen gezählt und inzwischen sogar für die biologische Schädlingsbekämpfung speziell gezüchtet.

Reptilien und Amphibien

Schlangen gehören zu den **Reptilien** (= Kriechtieren). Zu ihren wichtigsten Vertretern in unseren Wäldern zählen die Ringelnatter, die Schlingnatter und die Kreuzotter. Sie alle ernähren sich von Kleinnagern wie Mäusen, von Eidechsen und Fröschen. Die Kreuzotter ist eine Giftschlange, die ungiftigen Nattern dagegen töten ihre Beute durch Erwürgen.

Da Reptilien wechselwarme Tiere sind, liegen all diese Schlangen meist in der Sonne herum, um sich aufzuwärmen. Deswegen sind sie auch nicht so

Ringelnatter (oben) und Kreuzotter

sehr im tiefen Wald zu Hause, sondern mehr auf Brachflächen, Geröllhalden, Wiesen, Torfmooren (Kreuzotter) und an Wegrändern.

Erst wenn sich die Kreuzotter auf etwa 33°C erwärmt hat, fühlt sie sich endlich pudelwohl und ist topfit. Dann geht sie auf Jagd. Ihre Beutetiere lähmt und tötet sie mit einem Biss ihrer Giftzähne. Das Gift der Kreuzotter ist sehr giftig, aber glücklicherweise für uns Menschen hat diese Schlange nur einen kleinen Vorrat davon, den sie nicht gern verschwendet. Solch ein Biss kann also nur für kleinere Kinder oder ältere Menschen wirklich gefährlich werden. Außerdem ist sie extrem scheu und beißt nur, wenn man sie massiv bedroht, anfasst oder auf sie tritt.

Die Blindschleiche ist keine Schlange sondern gehört zu den **Eidechsen**. Sie lebt tagsüber meist verborgen unter Steinen, Wurzeln, Laub und in Erdlöchern. In den Abend- und den Morgenstunden jagt sie Regenwürmer und Nacktschnecken, daneben Asseln, Spinnen und Insekten. Blindschleichen sind nicht »blind«, haben aber wie die Schlangen ein beschränktes Sehvermögen und verlassen sich eher auf ihren Tastsinn und Geruchssinn (dem das Züngeln dient).

Die (normal vierbeinigen) Waldeidechsen sind ebenfalls wärmebedürftig und daher tagaktiv. Sie ernähren sich von Spinnen, Hundertfüßern, Ameisen, Fliegen, Pflanzenläusen, Heuschrecken und Zikaden.

Der **Feuersalamander** gehört zu den **Amphibien** wie auch die Frösche. Amphibien sind Tiere, die sowohl im Wasser als auch auf dem Land leben können. Feuersalamander leben gern in kühlen, feuchten Mischwäldern der Mittelgebirge, und zwar verborgen in Nischen von Höhlen, unter flachen Steinen, totem Holz oder Baumwurzeln. Sie sind vorwiegend nachts aktiv. Tagsüber findet man sie lediglich nach starken Regenfällen. Aufgrund ihrer versteckten Lebensweise können diese Lurche trotz ihrer auffälligen Färbung jahrzehntelang einen Lebensraum besiedeln, ohne vom Menschen jemals bemerkt zu werden. Feuersalamander ernähren sich hauptsächlich von Nacktschnecken, aber auch von Asseln und Regenwürmern.

Die **Braunfrösche** (Grasfrosch, Springfrosch, Moorfrosch) leben eher auf dem Trockenen als im Wasser. Dorthin gehen sie vor allem zur Fortpflanzung. Die Braunfrösche jagen nachts nach Insekten und kleine Weichtieren, bei feuchtem Wetter auch tagsüber.

Blindschleiche

Waldeidechse

Feuersalamander

Grasfrosch

Amsel (1), Singdrossel (2), Buchfink (3) und Star (4) – und zur ganzen Vogelschar gehören unter vielen anderen auch das Rotkehlchen (5), die Kohlmeise (6) und der Spatz (7).

Vögel

Die **Singvögel** leben auf Bäumen und Sträuchern und bauen kleine, aber sehr kunstvolle Nester. Je nach Art erreichen sie ein Lebensalter von 10 bis 20 Jahren. Sie singen hauptsächlich im Frühjahr zur Fortpflanzungszeit. Aus denselben Gründen also wie Frösche, nur wesentlich ausdrucksreicher. Sie hatten wohl mehr Musikunterricht! Tatsächlich ließen sich einige große Komponisten von Vogelmelodien inspirieren, darunter Ludwig van Beethoven, Franz Schubert, Joseph Haydn und Maurice Ravel.

Zu den Singvögeln gehören u. a. Drosseln (darunter Singdrossel, Amsel und Nachtigall), Schwalben, Lerchen, Sperlinge (darunter der Spatz), Seidenschwänze, Finken, Stare, Stelzen, Baumläufer, Kleiber, Meisen, Grasmücken und der Zaunkönig.

Man fragt sich, wie all die vielen Singvögel genug zu fressen finden. Aber erst mal gibt es genug Insekten (darunter auch viele Baumschädlinge!) und Regenwürmer für alle, und im Sommer und Herbst gibt es auch noch Früchte wie Vogelbeeren (an der Eberesche), Schlehen, Kirschen, die roten Früchte des Weißdorns und der Eibe, und viele viele andere.

Manche Vogelarten sind ortstreu, man nennt sie auch **»Standvögel«** oder **»Jahresvögel«**. Wenn sie auch im Winter genug Futter finden, können sie bleiben, wo sie sind. Dazu gehören bei uns die Meisen, die Kleiber und der Eichelhäher.

Die meisten Waldvögel jedoch ziehen im Winter nach Süden, z. B. die meisten Drosseln, die Grasmücken und der Kuckuck. Sie sind **»Zugvögel«**.

Andere kommen im Winter zu uns. Wenn sie den Sommer in Skandinavien verbringen, sind wir nämlich schon der Süden für sie! So z. B. die Kohl- und die Tannenmeisen aus Skandinavien, die sich im Winter zu ihren Artgenossen in Deutschland gesellen. Solche Arten nennt man **»Teilzieher«**.

Bäume bieten vielen Vogelarten ein Zuhause. Von links: Reihernest, junge Habichte, Buntspecht

Dabei kommen sich unsere gefiederten Freunde noch nicht einmal besonders in die Quere. So pickt z. B. das Rotkehlchen seine Insekten am Boden, die Kohlmeise tut dasselbe in den Wipfeln der Bäume und der Fliegenschnäpper – ja, was tut der wohl? Richtig! Und das tut er mitten im freien Flug.

Die **Spechte** (wie Grün-, Schwarz- und Buntspecht) sind lebhafte, farbenfrohe Vögel und echte Baumtiere. Sie ernähren sich hauptsächlich von unter der Baumrinde lebenden Insekten und deren Larven sowie von Ameisen. Dafür haben sie eine lange, klebrige oder mit Widerhaken versehene Zunge, die sie in die selbst gebohrten Löcher stecken. Zum Bohren haben sie einen kräftigen Schnabel, einen sehnigen Hals, einen langen Stützschwanz und Krallen, die kräftig zugreifen können. Dadurch können sie ohne Anstrengung beliebig lange am senkrechten Baumstamm sitzen. Ihre Höhlen zimmern sie selbst in stammfaulen Bäumen. Auch Spechte sind »Musiker«; ihren Hoheitsbereich markieren sie durch Klopfsignale. Dafür wählen sie stets das richtige Klangholz, das in der gewünschten Tonlage erklingt.

Auch **Greifvögel** wie Adler, Bussarde, Falken, Habichte und Milane sind von einer gewissen Bedeutung für den Wald, weil sie u. a. Kleinnager wie Mäuse jagen, die sonst viel Schaden an Jungbäumen und Baumwurzeln anrichten können.

Umso mehr trifft das allerdings auf die **Eulen** zu, die ja wirklich im Wald leben und jagen. Die meisten Eulen jagen nachts und vertilgen bevorzugt Mäuse, aber auch Regenwürmer, Schnecken, Frösche, Motten und große Käfer, der Uhu sogar Wildkaninchen, Hasen und gelegentlich Rehkitze. Eulen besitzen ganz typische Erkennungsmerkmale: eine gedrungene Gestalt mit plustrigem Gefieder, einen großen kugeligen Kopf und vor allem die großen, nach vorn gerichteten Augen. Die Augäpfel können sie nicht bewegen, aber dafür den ganzen Kopf bis 270° drehen (das sind drei Viertel eines Kreises!), ohne die Körperhaltung zu ändern. Sie haben einen sehr guten Sehsinn (auch nachts) und ein phantastisches Gehör, das auch noch die leisesten Geräusche wahrnimmt. Sie fliegen völlig lautlos! Die wichtigsten Eulenarten bei uns sind Uhu, Waldkauz, Steinkauz, Waldohreule und Schleiereule.

Säugetiere

Huftiere

Man muss zwischen Rotwild und Rehwild unterscheiden. Rotwild bezeichnet den Hirsch und die Hirschkuh, während zur (weiblichen) Rehgeiss der Rehbock gehört. Die beliebte Zeichentrickfigur Bambi wird oft als Rehkitz bezeichnet, da Bambis Vater aber ein stattlicher Hirsch war, ist Bambi ein Hirschkalb. Aber das klingt natürlich nicht so niedlich wie »Rehkitz«!

Rotwild lebt bevorzugt in großen Waldflächen mit hohem Laubbaumanteil, in Mischwäldern mit offenen Flächen und in Auwäldern (entlang Flüssen). Es äst hauptsächlich abends und frühmorgens. Hirsche und Hirschkühe leben getrennt voneinander, aber gesellig in Rudeln. Alte Hirsche werden zu Einzelgängern.

Rehwild bevorzugt Mischwälder mit reicher Strauchflora und vielen Lichtungen; in dichten, geschlossenen Wäldern fehlt es. Rehwild kann wie das Rotwild sehr gut riechen und hören, aber nicht so gut sehen (vor allem, wenn sich der Gegenstand nicht bewegt).

Rotwild und Rehwild haben einen reichen Speiseplan: Gräser, Kräuter, Blätter, Triebe, Blüten, Pilze, Beeren, Samen, Obst, Eicheln, Kastanien, einige Getreidesorten – und leider auch die Sämlinge von Bäumen!

Schwarzwild klingt zwar so, als wäre es irgendwie mit Rotwild verwandt, ist es aber nicht! Gemeint ist nämlich das Wildschwein, das die Bezeichnung »Allesfresser« verdient wie kein anderes

Rehkitz

Tier. Mit der charakteristischen scheibenförmigen Nasenplatte kann es im Boden wühlen und Raupen, Würmer, Larven, Wurzeln und Pilze (auch die berühmten Trüffel) ausfindig machen. Zudem verschlingt es auch Mäuse und Reste von Wildaas, und besonders Bachen mit ihren Frischlingen (= Jungen) fressen außerdem gern Kitze, Jungkaninchen und junge Hasen.

Schwarzwild bevorzugt große Laubwälder, besonders solche mit reicher Eichen- und Buchenmast (d. h. Eicheln und Bucheckern). Es ist vorwiegend nachtaktiv und kann dabei jede Nacht viele Kilometer zurücklegen. Das männliche Wildschwein, der Keiler, kann dem Menschen gefährlich werden.

Keiler

Frischlinge

Eichhörnchen in der Eibe

Alles in allem: Das Wildschwein veranstaltet eine ganz schöne Sauerei im Wald! Aber das ist auch gut so, denn es lockert den Boden auf, was ihn langfristig sauerstoffreich und fruchtbar erhält. In dem umgebrochenen Boden können herabfallende Samen besser keimen, ein neuer Wald entsteht!

Nagetiere

Von der Wildsau zum **Eichhörnchen** ist es wahrlich ein großer Sprung! Sozusagen vom Schlammbadsuhlen direkt in die hohen Wipfel der Bäume. Hier tummeln sich unsere verspielten kleinen Freunde. Der große, buschige Schwanz hilft ihnen, bei waghalsigen Manövern und großen Sprüngen zu steuern und immer das Gleichgewicht zu halten. Dank ihres federleichten Gewichtes (200 bis 400 Gramm) können sie auch auf sehr dünne Zweige springen. Stammabwärts klettern sie immer mit dem Kopf nach unten.

Eichhörnchen (auch Eichkätzchen, Eichkater) gehören zu den Allesfressern. Ihre Nahrung besteht vorwiegend aus Beeren, Nüssen und anderen Früchten und Samen. Außerdem Knospen, Baumrinde, Blüten, Flechten, Pilze, Beeren,

Insekten, Schnecken und Würmer. Die Nahrung wird beim Fressen in den Vorderpfoten gehalten. Ein einzelnes Tier kann die Samen von bis zu 100 Fichtenzapfen pro Tag verspeisen. Haselnüsse und Walnüsse öffnen Eichhörnchenzähne innerhalb weniger Sekunden!

Eichhörnchen sind tagaktiv. Zum Ruhen bauen sie hohlkugelförmige Nester, die Kobel genannt werden und die sie mit Haaren, Gräsern und Moos auspolstern. Bei schlechtem Wetter finden sich oft mehrere Tiere in einem Kobel, wobei das Ausgangsloch an der Wetterseite sorgfältig verstopft wird. Sie halten keinen echten Winterschlaf, aber in besonders strengen Kältephasen bleiben sie im Kobel (»Winterruhe«).

Eben weil sie keinen Winterschlaf halten, betreiben sie Vorratswirtschaft. In verschiedenen Ritzen, Löchern und Spalten verstecken sie Nüsse, Samen, Eicheln, Bucheckern und Kerne. So tragen sie zur Verbreitung vieler Pflanzen bei, denn viele dieser Verstecke werden nicht wieder aufgesucht. Der Volksmund sagt, Eichhörnchen seien vergesslich, aber sie haben einen derart ausgeprägten Geruchssinn, dass sie solche Verstecke aus großer Entfernung riechen können.

Mit 80 bis 95 cm Kopf-Rumpf-Länge ist der **Biber** das größte europäische Nagetier, und auch eines der größten der Erde. Dazu kommt noch sein etwa 30 cm langer Schwanz (Kelle genannt), der waagerecht abgeplattet und mit Schuppen besetzt ist. Dieser breite Schwanz dient ihm als Stütze und als Ruder. Er ist nämlich ein ausgezeichneter und wendiger Schwimmer. Und er kann bis zu 15 Minuten unter Wasser bleiben. Daher lebt er gern an stehenden oder langsam fließenden Gewässern, in Sümpfen oder Flußauen.

Noch typischer als sein Schwanz sind die großen, starken meißelartigen Nagezähne des Bibers, mit denen er sogar Bäume fällen kann! Das tut er manchmal, wenn er besonders dringend Zweige und Äste für seine Bauten braucht.

Der Biber ist nämlich ein ausgezeichneter Baumeister! Einzelne Biber bauen sich zwar auch gern einen Unterschlupf in steilen Uferböschungen, aber ganze Familien errichten die Biber-Burgen und Biber-Dämme. Diese werden aus Ästen und Zweigen verschiedener Dicke konstruiert und mit Schilf, anderen Pflanzenteilen und auch mit Schlamm abgedichtet. Eine Biber-Burg kann mehrere Meter hoch und auch breit sein. Die Eingänge liegen stets unter Wasser, die gemütlich ausgepolsterten Wohnkessel befinden sich über dem Wasserspiegel.

Der Biber ist ein Pflanzenfresser und ernährt sich von Kräutern, Schilfstengeln und anderen Wasserpflanzen. Zusätzlich lebt er von Rinde und Zweigen von Weichhölzern wie Birke, Erle, Pappel und Weide, die er als Winterfutter unter Wasser in seinem Bau einlagert.

Biber sind im allgemeinen sehr scheue Tiere und daher nachtaktiv. In vielen Ländern sind sie verschwunden, weil in den letzten hundert Jahren die meisten ihrer Lebensräume zerstört wurden. Seit den 1960er und 70er Jahren wurden sie aber in einigen Gebieten wieder eingebürgert (d. h. durch den Menschen z. B. aus Skandinavien gebracht und dann bei uns ausgesetzt). Jetzt kann man beobachten, wie sie in nur wenigen Jahren die Landschaft bereichern: Es entstehen neue Teiche und Marschen, die vielen Insekten, Fischen und Amphibienarten einen neuen Lebensraum bieten, dazu kommen Wasservögel und kleine Säugetiere, die besagte Insekten jagen.

Biberfamilie, Einzeltier und von Bibern gefällte Eichen

Waldmaus und Siebenschläfer

Mäuse sind nicht sehr beliebt bei Gärtnern und Bauern. Jeder weiß, warum: Sie knabbern einfach an allem! Aber nicht alles, was sie tun, braucht den Menschen zu ärgern: So sind Mäuse (wie auch Igel und Maulwurf) ausgesprochene Insektenfresser. Die Waldmaus frisst außerdem viele Samensorten, darunter auch Eicheln, Bucheckern und Nüsse. Da sie keinen Winterschlaf hält, sammelt sie auf Vorrat. In manchen Nestkammern hat man bis zu 4 kg Eicheln und 150 Gramm Lindensamen gefunden.

Zu den Nagern zählen auch die Bilche (= Schlafmäuse oder **Baumschläfer**). Sie heißen so, weil sie im Gegensatz zu den Mäusen einen Winterschlaf halten. Der bekannteste ist der Siebenschläfer. Im Frühjahr findet man ihn beim Verspeisen von Knospen und jungem Laub vor allem in Buchen, Lärchen und Fichten. Im Herbst tut er sich an Nüssen, Eicheln, Kastanien, Bucheckern, Obst und Beeren gütlich. Er verzehrt auch Insekten in großen Mengen.

Raubtiere

Kleinbären werden zu den Raubtieren gezählt, sind aber Allesfresser. Ihr bekanntester Vertreter, der **Waschbär**, stammt aus Nordamerika, gilt aber inzwischen auch als einheimisch in Mitteleuropa. Im 20. Jahrhundert sind nämlich Tiere aus Pelztierfarmen und -gehegen entkommen und haben sich in Wäldern angesiedelt. In Deutschland kommen Waschbären vor allem in Hessen und Nordrhein-Westfalen sowie Brandenburg vor. Als Lebensraum bevorzugen sie Misch- und Laubwälder, am liebsten mit hohem Eichenanteil.

Die Großbären oder Echten Bären leben in einer Vielzahl von Lebensräumen. Ihr Nahrungsspektrum reicht von Früchten und anderen Pflanzenteilen, Insekten und deren Larven, Fischen und kleinen Wirbeltieren bis hin zu Tieren von der Größe eines Hirsches. Außerdem plündern Bären gern Bienenstöcke, was durch die Kinderbuchfigur Puh Bär allgemein bekannt ist.

Der **Braunbär** (in den USA Grizzly genannt) ist eines der größten Landraubtiere der Erde. Er tötet auch große Tiere wie Hirsche und Vieh, sogar Elche und Rentiere. Er kann zum »Nahrungskonkurrenten« des Menschen werden; das hat ihm in vielen Gegenden die Ausrottung eingebracht. Aber eben weil

87

Braunbär

Baummarder

Rotfuchs

er Hirschen und Rehen gefährlich werden kann (und diese das wissen!), halten sie sich fern, wenn ein Bär im Revier ist. Das freut die Jungbäume und die Förster!

Zu den Mardern zählen Iltis und Wiesel wie auch Dachs und Fischotter. Der **Baummarder** lebt in größeren zusammenhängenden Waldgebieten. Im Gebirge ist er bis zur Baumgrenze anzutreffen. Er lagert in hohlen Bäumen, Schwarzspechthöhlen, Eichhörnchenkobeln, Greifvogelhorsten und Krähennestern. Baummarder sind Einzelgänger. Sie jagen zwar auch am Tag, aber am liebsten vor Sonnenuntergang. Und zwar in den Wipfeln, von Baum zu Baum springend. Sie sind so klettergewandt, dass sie sogar Eichhörnchen nachstellen können. Auch Rehkitze, Wildkaninchen, Vögel und deren Eier, Ratten und

Mäuse gehören zu ihrer Beute. Vervollständigt wird ihr Speiseplan durch Obst wie Kirschen und Pflaumen, Beeren wie Heidel- und Himbeeren, Bucheckern und größere Insekten.

Auch der **Dachs** (»Grimbart«) geht allein auf Nahrungssuche, lebt aber sonst in großen Familienverbänden. Seine Nahrung sucht er am Boden. Sie besteht aus so ziemlich allem Freßbaren, was man sich denken kann. Der Dachs ist ein guter Baumeister. Sein Bau besteht aus einem verzweigten Röhrensystem mit Luftschächten und mehreren Ausgängen. Dort leben mit dem Dachs meist noch andere Tiere, z. B. der Rotfuchs, der dann in den oberen Etagen wohnt, während die Dachsfamilie sich tiefer aufhält. Der Dachs hält Winterschlaf und ist deswegen im Herbst besonders behäbig, wenn er sich Winterspeck angefressen hat. Während des Winterschlafes kommt er einige Male aus dem Bau, um sich zu entleeren. Manchmal auch, um einen kurzen Spaziergang zu machen.

Der **Rotfuchs** (»Reineke Fuchs«) ist zwar biologisch eher mit dem Hunden verwandt, hat aber aufgrund seiner Spezialisierung auf die Jagd nach kleinen Nagetieren ein ähnliches Jagdverhalten wie Katzen. Dazu gehören langsames

Dachs

Luchs

Anschleichen und der »Mäusesprung«. Auch kann er besser klettern als die meisten seiner eigentlichen Verwandten (Hunde, Wölfe).

Der dämmerungs- und nachtaktive Fuchs wohnt eigentlich im Wald und jagt in Wiesen und Feldern. In den letzten Jahren wird aber verstärkt beobachtet, dass sich Füchse auch in den Städten und Vorstädten ausbreiten. Das wurde ja eigentlich auch Zeit, dass dem »schlauen Fuchs« auffällt, dass die Stadt viele Vorteile für ihn bringt: ein reiches Nahrungsangebot (z. B. Komposthaufen und Essensreste in Mülltonnen, Früchte, Mäuse und Kaninchen), sichere Rückzugsplätze

Wildkatze

(Schuppen, Holzstapel, Friedhöfe und Parks) und vor allem – keine großflächige Bejagung!!!

Die **Wildkatze** war für den Großteil des 20. Jahrhunderts verschwunden, taucht aber in den letzten Jahren in verschiedenen Regionen wieder auf, und zwar von selbst (d. h. nicht durch den Menschen ausgesetzt)! Sie jagt fast ausschließlich Mäuse, frisst gelegentlich aber auch brütende Vögel, Wildkaninchen oder Insekten.

Auch der **Luchs** gehört zu den Katzen, ist deutlich größer als die Wildkatze, das Fell ist meist rötlicher, und außerdem hat er nur einen Stummelschwanz. Er kam früher in ganz Europa in großen urwüchsigen Wäldern vor. Aber mit den Urwäldern verschwand auch der sehr scheue Luchs. Nun breitet er sich aber durch Aussetzen und durch natürliche Zuwanderung langsam wieder aus. Er ist ein Nachtjäger, dem von der Maus bis zum Rotwildkalb alles recht ist. Er tötet die Beutetiere durch einen Biss in den Hals, kleinere werden durch Genickbiss getötet.

Wolf

Der **Wolf** lebt gesellig im Rudel. Das Wolfsrudel besteht in der Regel aus einem Elternpaar, den Jungwölfen sowie den Jungwölfen des Vorjahres, die den Eltern bei der Aufzucht der Kleinen helfen. Es handelt sich also um eine Familie. Die Elterntiere sind grundsätzlich dominant gegenüber ihrem Nachwuchs, darum gibt es auch keine Kämpfe um die Rangordnung. Die Berichte über solche Kämpfe und ein dadurch ermitteltes »Alpha-Tier«, dem sich alle hierarchisch unterordnen, entstanden durch Wölfe in Gefangenschaft. Sie sind nicht auf die Wölfe in Freiheit übertragbar.

Wölfe sind ausdauernde Läufer. Ein einzelner Wolf läuft über 20 km am Tag. Bei schlechtem Nahrungsangebot kann sein Revier Hunderte von Quadratkilometern groß sein. Der Wolf lebt hauptsächlich von der Jagd auf größere Huftiere: Hirsch, Reh, Elch, Wildschwein und auch Haustiere wie Rinder oder Schafe. Vitamine und Spurenelemente erhält er durch zusätzliche pflanzliche Nahrung wie Beeren, Wildobst, Hagebutten sowie Blätter von Gräsern. Jungwölfe verzehren auch Insekten.

Bei Polarwölfen in Alaska konnte man beobachten, dass das Rudel gar nicht die meiste Zeit mit Jagen verbringt, wie man geglaubt hatte, sondern mit Ausruhen und Spielen!

Dennoch hat wohl kein anderes Tier beim Menschen derart intensive und widersprüchliche Reaktionen ausgelöst wie der Wolf. Zum einen ist die Sympathie für ihn so groß, dass der Mensch vor vielen tausend Jahren den scheuen Wolf an sich gewöhnte, ihn schließlich zähmte und aus ihm die vielen Hunderassen züchtete, die wir heute kennen!

Andererseits löst der Wolf beim Menschen eine unheimliche Angst aus. Auch andere »Raubtiere« (wie Steinmarder oder Fuchs) rauben des Menschen Hühner oder Schafe. Und die Geschichten, dass Wölfe Menschen angreifen, entbehren meist jeglicher Grundlage. Daran kann es also nicht liegen. Eher ist es wohl seine große Intelligenz und das Zusammenspiel bei der gemeinsamen Jagd, die dem Menschen nicht geheuer sind. Jedenfalls machte sich ab dem Mittelalter ein regelrechter Wolfshass breit. Daher war der Wolf seit dem 19. Jahrhundert in ganz Westeuropa fast vollständig ausgerottet.

Seit den 1990er Jahren sind aber immer wieder Wölfe aus den Karpaten über die polnische Grenze nach Deutschland eingewandert. Eine solche Familie ließ sich auf einem alten Truppenübungsplatz in der Lausitz nieder und brachte im Jahr 2000 den ersten in Deutschland in freier Wildbahn geborenen Welpen zur Welt. Das hatte es seit 150 Jahren nicht mehr gegeben!

Inzwischen gibt es schätzungsweise wieder 50 bis 60 frei lebende Wölfe in Deutschland. Man kann hoffen, dass der Wolf bei weiterem erfolgreichen Schutz in Deutschland wieder dauerhaft ansässig wird. Das ist ganz besonders wichtig für den Wald, denn wie kein anderer hält der Wolf die Bevölkerungsdichte von Hirsch und Reh auf einem für den Wald verträglichem Maß. Daher gilt er als der Freund des Waldes. Eine Spruchweisheit aus den Karpaten sagt »Wo der Wolf geht, wächst der Wald«.

Das »Säugetier« mit dem größten Einfluss auf den Wald ist jedoch der **Mensch** (auch »Faulpelz«, »Nimmersatt«, »Dummer Esel« im Gegensatz zu den – sehr klugen! – Echten Eseln). Dabei fing auch er ganz unscheinbar als Waldbewohner an!

Nach einer weit verbreiteten Lehre, der Evolutionstheorie, haben Menschen und Menschenaffen gemeinsame Vorfahren, die in den Baumwipfeln lebten und sich von deren Früchten ernährten. Später wagten sie sich auf die offene Steppe hinaus, wo sie den aufrechten Gang annahmen, der so typisch für unsere Art ist. Weitere Charakteristika des Menschen sind die geschickte Hand sowie die übergroß gewordenen vorderen Lappen des Gehirns, die zu einer einmaligen steilen Stirn führen, die fast senkrecht ist.

Hirn und Hand ermöglichen dem Menschen den Gebrauch von Werkzeugen und machen ihn einerseits zum größten Erfinder und Baumeister der Erde. Andererseits lassen sie die Menschen glauben – vor allem die erwachsenen Exemplare! – dass sie unwahrscheinlich klug sind, was jedoch nur bei den wenigsten zutrifft.

Als Waldbewohner ist der Mensch eher harmlos. Er jagt und sammelt, wie andere Raubtiere auch. Er isst fast alles, wie andere Allesfresser auch (sein Verdauungstrakt ist am nächsten verwandt mit dem des Schweines). Und er *verändert seine Umwelt* – z. B. durch das Anlegen von Feldern, Bau von Brücken und Behausungen –, wie viele Tiere auch. Als Waldmensch lebt er meist gesellig in kleinen, überschaubaren Siedlungen. Zu seinen schönsten Erfindungen gehören Musik und Tanz, die oft auch eine wohltuende Wirkung auf Tiere und Pflanzen haben. Durch seinen Einfluss auf die Landschaft entstehen auch neue Lebensräume für viele Pflanzen- und Tierarten. Einige sind sogar

Mensch

Dorf der Kogi-Indianer (Kolumbien), die seit Jahrtausenden im Einklang mit ihrer Umwelt leben.

ausgesprochene »Kulturfolger«, deren Verbreitung durch den Menschen stark gefördert wurde – z. B. Buche und Holunder. Außerdem ist er das einzige Lebewesen, das bewusst Bäume und sogar ganze Wälder pflanzt.

So weit ist also alles »im grünen Bereich«.

Doch wie von einem unerkannten Virus befallen, begannen schon früh in der Geschichte einige menschliche Gruppenverbände ausgesprochen *gierig* zu werden. Sie wollten *mehr*, vor allem mehr Einfluss und Macht über andere. Mit brutaler Gewalt begannen solche Gruppen, sich die friedlichen Waldbewohner zum Untertan zu machen. Vom 15. bis zum 18. Jahrhundert gab es ganz besonders schlimme Ausbrüche dieses »Wahn-Sinns«, als Westeuropäer Amerika und Australien besiedelten und dabei die Ureinwohner zum großen Teil ermordeten. Aus Afrika holten sie sich dann »Sklaven«, um für sie die schweren Arbeiten zu verrichten.

In den letzten ein- bis zweihundert Jahren hat sich die Lage ein wenig beruhigt. Jedenfalls in mancher Hinsicht. Doch die Bevölkerungsdichte der Menschen hat so zugenommen, dass die Lebensräume vieler anderer Tiere und Pflanzen großflächig zerstört werden. Zusätzlich verursacht der Mensch, z. B. beim Bohren nach Erdöl, immer wieder große Vergiftungen der lebendigen Welt, die er »Umweltkatastrophen« nennt (fast, als wäre die »Umwelt« die Katastrophe!). Bezeichnend an diesem Denken ist, dass er überhaupt von »*Um*-welt« spricht und sich nicht mehr als *Teil des Ganzen* versteht, sondern nur als glorreicher Mittelpunkt, dem alles zu dienen hat. Diese Einstellung nennt man anthropozentrisch (von griechisch *anthropos*, »Mensch« und lateinisch *centrum*, »Mittelpunkt«).

Über die Beziehung von Mensch und Wald gibt es aber noch viele interessante Dinge zu berichten. Das wollen wir im nächsten Abschnitt tun.

MENSCH UND WALD

Die praktische Nutzung der Gaben der Bäume

Feuerholz

Waldbrände, die durch Blitze oder andere natürliche Ursachen entstehen, gibt es schon so lange wie die Vegetation selbst. Tiere fliehen vor dem Feuer, aber kommen alsbald zurück: kleine Säugetiere, um sich zu wärmen, Herdentiere, um die salzige Asche zu lecken, und Raubtiere, um in der Asche nach Beute zu suchen oder die lebenden Tiere zu jagen. So kamen wohl auch die Vorfahren des Menschen und stocherten in der Asche nach gekochten Nüssen und Samen und geröstetem Fleisch. Dies wird der *passive Gebrauch* des Feuers genannt.

Es wird vermutet, dass die frühen Menschen begannen, absichtlich den Feuern zu folgen, denn es bot viele Vorteile: Die Tiere, die die Asche aufsuchten, waren leichte Beute, und das Garen in der Asche machte viele Nahrungsmittel bekömmlicher.

Die Frühmenschen stocherten in der schwelenden Glut herum und irgendwann warfen sie kleine Zweige auf eine Flammenzunge. So lernten sie vor vielen hunderttausend Jahren, das Feuer zu beeinflussen und schließlich, es zu beherrschen! Erst lernten sie, es an Ort und Stelle zu erhalten. Und dann sogar, es mit nach Hause zu nehmen. Feuer spendete Licht und Wärme in der Dunkelheit und half bei verschiedenen Arbeiten (wie dem Spalten von Steinen). Die Flammen hielten gefährliche Tiere auf Abstand und der Rauch vertrieb lästige Insekten.

Feuer wurde zum Brennpunkt des Gruppenlebens. Denn nun konnte man auch abends Arbeiten ausführen, Spiele spielen und Rituale begehen. Die *aktive Nutzung* des Feuers hatte begonnen – und damit die Geschichte der Zivilisation!

Denn Feuer brachte viele Vorteile, stellte aber auch Anforderungen. Vor allem musste immer genug Feuerholz da sein, um es am Leben zu erhalten. Es musste vor Nässe geschützt und für den

Ob beim Dorffest, beim Zelten oder im Hochofen – ohne Feuer geht es nicht.

Oben: Ein Waldbrand ist furchterregend und lebensgefährlich!

Unten: Doch oft schadet das Feuer den Bäumen weniger, als wir denken. Es hilft ihnen sogar, denn der Boden ist nun von dichtem Unterholz befreit und Baumsamen in der Erde können keimen und ans Licht gelangen. Auch Feuer spielt eine Rolle in der ständigen Verjüngung der Natur.

Winter ausreichend eingelagert werden. *So lernte der frühe Mensch überhaupt, in die Zukunft zu denken und zu planen.*

Das Feuer war für die Menschen wie ein Motor, der die Entwicklung der Zivilisation vorantrieb. *Alle menschliche Kultur ist abhängig vom Gebrauch des Feuers. Und daher vom Feuerholz, das uns die Bäume geben.* Auch Kohle und Erdöl sind letztlich aus Bäumen (oder baumhohen Farnen) entstanden, die vor Millionen Jahren wuchsen.

Wo immer Menschen hinkamen, machten sie die Erfahrung, dass sie nur überleben konnten, weil die Bäume schon vor ihnen da waren.

Werkzeuge und Bauholz

Während der Mensch immer erfindungsreicher wurde, entdeckte er, dass sich fast alles aus Holz herstellen ließ. Zuerst waren es Jagdspeere und Pfeile und Bogen, dazu Stiele für Äste und Hämmer. Später waren es Holzräder und -wagen, Häuser und Scheunen, Brücken, Türme, Boote und Schiffe. *Die Archäologen sprechen zwar von »Steinzeit«, »Bronzezeit« und »Eisenzeit«, aber man sollte bedenken, dass dies jeweils nur neue Materialien waren, um HOLZ zu bearbeiten.* Man lebte ja nicht in Eisenhäusern oder schlief auf bronzenen Bettgestellen! So gut wie alles war aus Holz. Nur wenige erlesene Gegenstände waren aus Metall, z. B. Schwerter, Kochkessel oder Hufeisen. (Das änderte sich erst so richtig mit dem Beginn des Industriezeitalters im 19. Jahrhundert.)

Jagdbögen, Schiffe, Werkzeuge, Hausbau – überall braucht der Mensch Holz.

Durch gekonntes Flechten werden Korbwaren erzeugt.

Viele praktische Dinge

Bäume schenken uns auch noch viele andere praktische Dinge, von denen wir hier die wichtigsten aufzählen wollen.

Die **Korbflechterei** ist eine uralte Tätigkeit, die weit über 10.000 Jahre zurückreicht. Geflochten wird aus Ruten und Zweigen von Bäumen, aber auch aus bestimmten Schilf- und Grassorten (in Asien Bambus). Bei uns ist die wichtigste Baumgattung für das Flechten die Weide. Der Korbmacher schneidet einjährige Weidenschößlinge, die 1 bis 1,5 m lang sind. Die Rinde wird abgeschält und danach werden die Ruten möglichst schnell an Luft und Sonne getrocknet, um ihre helle Farbe zu behalten. Dann werden sie in Wasser eingelegt, was sie wieder weich und biegsam macht. Nun sind sie zum Flechten bereit. Beim Flechten wird zuerst der Boden des Korbes gefertigt, dann die Seitenwände. Andere Korbwaren sind Möbel, Teppichklopfer, Hunde- und Katzenkörbe. Auch die Körbe unter den Heißluftballons sind geflochten. Durch ihre hohe Elastizität zerbrechen sie nicht bei der Landung.

Seile und Taue bestehen heute in der Regel aus synthetischen Fasern. Früher wurden sie vor allem aus Hanf geflochten sowie aus dem Bast der Lindenbäume, der unter der Rinde der Bäume liegt. (→ Phloem S. 46)

Ein Wasserrad: Manche erneuerbare Energie-
quellen wurden bereits im Mittelalter genutzt!

Auch im Weinkeller darf Holz nicht fehlen.

Vom Baum auf den Esel auf den Lastwagen: Der feinste Kork wird für Flaschenstöp-
sel verwendet, gröberer Kork für Fliesen oder
als natürliches Isolationsmaterial.

Kork ist die feuerfeste äußere Borke der Korkeiche. Wenn ein Baum 25 Jahre alt ist, wird ihm zum ersten Male die Borke abgeschält, und ab dann alle neun Jahre wieder. Wenn das vorsichtig geschieht, macht es dem Baum nichts aus. Eine einzelne Korkeiche liefert jedesmal genug Kork für etwa 4000 Flaschenkorken. Korkeichen werden etwa 200 Jahre alt. Die größten Korkeichenwälder befinden sich im Süden Portugals und Spaniens. Sie bieten außerdem einen Lebensraum für unzählige andere Pflanzen, viele Vögel sowie 40 Säugetierarten, darunter den bedrohten Iberischen Luchs, von dem es gegenwärtig nur noch 150 Exemplare gibt.

Durch langsamens Verglühen (unter Luftabschluss bei bis zu 700 °C) von harzhaltigem Holz entsteht **Pech**. Dies ist eine schwarze, teerartige und sehr zähe Flüssigkeit, die man heute stattdessen aus Erdöl oder Kohle destilliert. Das verwendete Holz stammte früher meist von Nadelbäumen, der Buche und besonders auch der Birke. Es war wichtig sowohl zur Abdichtung von Schiffsrümpfen als auch von Holzgefäßen wie Eimern und Fässern. Es wurde auch zum Schmieren von Wagenachsen benutzt und für Pechfackeln und Brandpfeile.

Als **Terpentin** (auch Kiefernöl, Balsamöl) bezeichnet man die Harzausflüsse einiger Nadelbäume, vor allem

Zur Harzgewinnung werden die Bäume (hier: Kiefer) angeritzt und das langsam austretende Harz aufgefangen. Dass das hart gewordene Harz so prächtig glänzt wie Bernstein, ist kein Wunder, denn Bernstein ist ja Millionen Jahre altes, fossil gewordenes Baumharz.

Auch in anderen Teilen der Welt werden Bäume angezapft: Diese Vietnamesin (links) lebt vom Ertrag der Gummibäume. Ein Jäger auf Borneo (Mitte) sammelt Gift für seine Pfeile. In Kanada wird der Zucker-Ahorn angezapft (rechts); in nur vier Wochen kann ein Baum 50-100 Liter Saft liefern, der dann zum überall beliebten Ahornsirup eingekocht wird.

der Kiefer, mitunter auch der Tanne, Fichte und Lärche. Terpentin gewinnt man durch vorsichtige Ritzung der Bäume. Erst, wenn die ätherischen Öle sich verflüchtigt haben, bleibt das richtige Harz über. Terpentinöl wird durch Destillation aus dem Terpentin gewonnen. Es wird zur Herstellung von Lacken und Farben benutzt, aber auch für Salben und Seifen. Wichtig ist es auch in der Ölmalerei. Beim Destillieren von Terpentin bleibt als Rückstand das **Kolophonium** übrig, das Geiger und Cellisten zum Einreiben ihrer Bögen schätzen. Es wird auch in Siegellacken, Klebstoffen und zur Leimung von Papier eingesetzt.

Apropos **Papier**. Unser wichtigstes Material zum Schreiben und Bedrucken ist natürlich auch aus Holzfasern erzeugt. Die ältesten menschlichen Schriftzeugnisse und Bilder sind, wie du sicherlich weißt, ja Höhlenmalereien. Die alten Sumerer begannen vor etwa 5000 Jahren, Schriftzeichen in tönerne Täfelchen zu ritzen (»Keilschrift«). In Indien fand man das älteste Buch der Welt, es war auf Birkenrinde geschrieben. Die alten Ägypter dagegen schrieben auf Papyrus, den sie aus einer bei ihnen wachsenden Schilfpflanze herstellten. Aus dem griechischen Wort dafür, *pápyros*, stammt unser Wort Papier. Papier, wie wir es kennen, wurde zum ersten Mal um 200 v. Chr in China hergestellt. Im Europa des 13. Jahrhunderts beginnt dann die maschinelle Produktion von Papier.

Papier besteht hauptsächlich aus Zellstoff oder Cellulose. Das muss nicht immer von Bäumen sein. Als Papierrohstoff können auch Leinen, Hanf, Flachs, Reis oder sogar Seidenabfälle verwendet werden. Auch das Stroh von den Getreidearten Weizen und Roggen kann man benutzen. Aber zu 95 % wird Papier heutzutage aus Holz hergestellt. Aufgrund seiner langen Fasern ist das Holz von Fichte, Tanne, Kiefer und Lärche am besten geeignet. Aber auch Laubhölzer wie von der Buche, Pappel, Birke und dem Eukalyptus werden mitunter beigemischt.

Zur Papierherstellung werden Baumstämme erst einmal entrindet und in großen Schleifmaschinen zerrieben. Zum Glück können auch Sägespäne und Holzreste aus Sägewerken verwendet werden. Beim Zerreiben wird viel Wasser zugeführt, und im nächsten Schritt wird der Papierbrei stundenlang gekocht und dabei chemisch behandelt,

99

Papierrollen im Papierlager der Druckerei und auf einer Druckmaschine, auf der Bücher wie dieses gedruckt werden.

hauptsächlich um ihn zu reinigen und zu bleichen. Die gekochte Masse wird dann entwässert, indem sie auf ein breites Sieb gespritzt wird. Das meiste Wasser läuft schnell ab und die Papierstruktur formt sich. Anschließend wird das Papier durch Walzen gepresst und schließlich luftgetrocknet und in großen Rollen aufgewickelt.

Ohne Papier gäbe es natürlich auch keine **Bücher** (vergleiche die Buche, S. 138), und wir könnten nicht **lesen**. Den Mythen der Welt zufolge schenkten Bäume dem Menschen übrigens auch das Alphabet (➜ S. 199).

Aktivitäten im Nutzwald

Seit alter Zeit war der Wald auch wichtig für die **Tierfütterung**. Um frische Kräuter, Blätter und Zweige zu futtern, wurden viele Nutztiere, z. B. Ziegen und Kühe in den Wald getrieben. Das waren meist keine dichten Urwälder mehr, sondern lockere Baumbestände, die mit Lichtungen und Wiesen durchsetzt waren. Besonders im Mittelalter verbreitete sich die Schweinemast. Als »Mast« bezeichnete man die vielen Eicheln und Bucheckern, die von den Bäumen fielen. Daher wurden die Tiere im Herbst unter die Bäume getrieben. Das waren noch glückliche Schweine! Nicht solche, die wie heute Fertigfutter im engen Stall fressen müssen.

Um »Waldhonig« zu erhalten, stellt der Imker die Bienenkästen am Waldrand auf.

Die Geschichte der Imkerei, also der **Bienenhaltung**, begann ebenfalls im Wald. Zuerst suchte man nur Wildbienen, die in hohlen Bäumen lebten, und raubte dann ihren Honig. Doch daraus entwickelte sich schon vor vielen hundert Jahren die Bienenhaltung.

Ein heute fast ausgestorbenes Handwerk ist die **Köhlerei**, auch Waldköhlerei genannt. Hierbei werden bestimmte Holzarten – vorwiegend von der Eiche, Kastanie und Erle, in England auch der Buche – zu *Holzkohle* verglüht. Holzkohle brennt heißer als Holz und wurde

Ein Waldköhler bei der Arbeit

gebraucht, um aus Erzen die Metalle zu schmelzen (z. B. Eisen). Bis zum 16. Jahrhundert war die Grubenverkohlung üblich. Dabei schwelt das Holz langsam in etwa 1 m tiefen Gruben, die mit Gras und Erde bedeckt sind. Dieser Ofen wird »Meiler« genannt. Darin wird es sehr heiß, und der kochende Baumsaft entweicht als Dampf (siehe Foto). Nach einigen Tagen kann man den Meiler vorsichtig öffnen und die Holzkohle entnehmen. Ab dem 18. Jahrhundert wurde Holzkohle fast vollständig durch fossile Braun- oder Steinkohle ersetzt. Jedenfalls in Europa. In vielen Entwicklungsländern wird aber noch Holzkohle produziert.

Doch die verbreiteste menschliche Aktivität im Walde ist – leider – das **Fällen** von Bäumen. Denn es wird ja soooo viel Holz gebraucht!

Heutzutage gibt es natürlich allerlei moderne Maschinen dafür, und die Baumstämme werden dann von großen Lastwagen zu den Sägewerken gefahren, wo sie zu Balken, Dielen, Brettern usw. zurechtgeschnitten werden. Aber früher war das ganz anders. Da hatte man Pferde im Wald, die die einzelnen Stämme zu Pferde- oder Ochsenkarren zogen. In Hanglagen wurden auch Schlitten benutzt, in denen das Holz – möglichst kontrolliert – den Abhang herunterraste. Die Karren fuhren dann meist auf kürzestem Wege zu einem Fluß, auf dem man die Stämme zum nächstgrößeren Sammel- und Verladeort schwimmen lassen konnte. Auf den großen, ruhig fließenden Flüssen wurden riesige Mengen von Stämmen zu »Flößen« verbunden und zu den großen Sägewerken oder Papiermühlen gebracht. Oder in einen Hafen für den Export (z. B. den Rhein hinab nach Holland). Auf dem Rhein gab es die größten Flöße, sie bestanden aus 300 bis 500 Stämmen. Sie waren 50 m breit und 200-250 m lang und benötigten um die 500 Mann Besatzung zum Rudern und Steuern.

101

Damals und heute: Schlitterei und Flößerei, Motorsägenkurs und Fahrzeug zur »Holzernte«.

Mmh, wem schmeckt das nicht? Ein aromatischer Pfirsich, ein frischer Apfel, eine süße Birne oder dicke dunkelrote Kirschen?

Und dann all die Nüsse! Haselnüsse, Walnüsse, Mandeln, Cashewnüsse, geröstete Pistazien. Und dazu die passenden Eis- und Schokoladensorten, Pralinen und Mozartkugeln! Das Schlaraffenland muss wohl ein Wald sein!

Und der leckere Duft, der einem bei Straßenfesten vom Maronenstand in die Nase steigt, wo zuhauf Esskastanien geröstet werden!

Zur Erfrischung etwas Kokosmilch, gefällig? Oder lieber geraspeltes Kokosfleisch? Nein, im Moment doch lieber einen frischen Orangensaft. Und um die Weihnachtszeit Mandarinen oder Klementinen. Und hast du schon mal Apfel zusammen mit Haselnüssen gegessen?

Hast du schon mal frische Datteln gekostet? Oder frische Feigen?

Und alles reich an wertvollen Mineralien und Vitaminen. Furchtbar gesund eben. Das sehen sogar die Eltern gern, wenn man da knabbert.

Einige Rezepte für Baum-Spezialitäten

Ebereschen-Apfel-Mus

Für dieses leicht herb schmeckende Mus brauchst du:

• 500 g Vogelbeeren (entstielt und gründlich gewaschen!)
• $1/2$ l Wasser
• 500 g Apfelmus (am besten selbst gekocht!)
• 250 g Gelierzucker extra (am besten in Bio-Qualität)
• 2 Tütchen Vanille-Zucker (am besten in Bio-Qualität)
• Zimt (nach Geschmack)

Und so geht's:

• Die Vogelbeeren etwa 20-25 Minuten weich kochen und durch ein Sieb passieren oder durch eine »Flotte Lotte« drehen, damit die Fruchtkerne entfernt werden;
• Das Beerenmus mit Apfelmus, Gelierzucker, Vanille-Zucker und Zimt mischen und 3 Minuten sprudelnd aufkochen (Vorsicht vor heißen Spritzern!);
• Das heiße Mus in saubere Gläser einfüllen, sofort zuschrauben und 5 Minuten umgedreht stehen lassen.
• Das Mus schmeckt köstlich als Marmelade oder als Kompott mit etwas Sahne.

Apple Crumble (»Apfelkrümel«)

Du brauchst:

- 500 g Äpfel
- 100 g Butter
- 100 g Zucker
- 175 g Mehl
- Zimt (nach Geschmack)
- den Saft von 1 Zitrone

Und so geht's:

- Äpfel schälen, entkernen und in Spalten schneiden;
- Apfelspalten mit Zitronensaft beträufeln und in eine gefettete Auflaufform geben.
- Aus Butter, Zucker, Mehl und Zimt einen Streuselteig kneten und auf den Äpfeln krümelig verteilen.
- Bei 200 Grad im vorgeheizten Ofen etwa 30 Minuten backen.
- Warm mit Eis und Sahne oder mit Vanille-Sauce servieren.

Nuss-Marzipan

Du brauchst:

- 100 g fein gemahlene Haselnüsse
- 1 Eßlöffel cremigen Honig (nicht zu fest und nicht zu flüssig)

Und so geht's:

- Haselnüsse mit dem Honig mischen und mit der Hand gut durchkneten.
- Die Masse einige Stunden kühl stellen.
- Dann kannst du das Marzipan als Belag für einen Kuchen verwenden oder Pralinen daraus formen, die du mit heißer, flüssiger Schokolade überziehst und einer ganzen Nuss verzierst.

Getrocknete Apfelringe

So geht's:

- Äpfel in dünne Scheiben schneiden (quer zum Stiel), das Kerngehäuse ausstechen, die Apfelringe auf eine Schnur fädeln und einige Tage an der Sonne oder schonend bei etwa 50 Grad im Backofen trocknen.

Eine leckere Knabberei für zwischendurch!

Holunder-Limo (»Holundersekt«)

Du brauchst:

- 5 l Wasser
- 500 g Zucker
- 8 Holunderblütendolden (gut gewaschen!)
- 1 ungespritzte Zitrone, in Scheiben geschnitten
- 25 g Zitronen- oder Weinsteinsäure (aus der Apotheke)

Und so geht's:

- Wasser und Zucker aufkochen und anschließend abkühlen lassen.
- Alle Zutaten in ein großes Glasgefäß geben, mit einem Tuch zudecken und etwa 24 Stunden stehen lassen, bis die Flüssigkeit anfängt zu gären.
- Flüssigkeit durch ein feines Sieb oder ein Tuch in saubere Flaschen abfüllen und diese fest mit einem Schraubverschluss verschließen.

Der fertige Sekt kann so eine Weile kühl gelagert werden. Ihr könnt ihn natürlich auch sofort genießen!

Holunder-Küchlein

Du brauchst:

- gründlich gewaschene Holunderblütendolden
- Pfannkuchenteig aus $1/4$ l Milch, 250 g Mehl und 1 Ei

Und so geht's:

- Die Blütendolden in den flüssigen Teig eintunken.
- In heißem Fett in einer Pfanne oder einer Friteuse ausbacken.

Gute Besserung!
Welche Heilmittel stammen von Bäumen?

So alt wie die Kräuterkunde ist auch die Baumheilkunde. All die Blätter, Blüten, Früchte und Wurzeln der verschiedenen Arten haben ja verschiedene Inhaltsstoffe, die eine Wirkung auf unseren Körper haben. Einfach so essen (roh oder gekocht) kann man nicht alles. Viele Pflanzen sind unbekömmlich, manche Pflanzenteile sogar giftig. Aber als Medizin verwendet man ja nur kleine Mengen. Auf die Dosis kommt es an.

Manche Heilmittel werden innerlich angewandt (also geschluckt), andere werden äußerlich verwendet, z. B. Wundsalben. Zu den bekanntesten Heilmitteln von Bäumen zählen:

- Haarwasser aus **Birkensaft** fördert die Durchblutung der Kopfhaut.
- **Weidenrinde** wurde lange als Schmerzmittel eingesetzt, bis man das Aspirin erfand; fast derselbe Wirkstoff ist nämlich in der Weide enthalten, nach der er auch benannt wurde (Salicyl-Säure nach *Salix* = Weide).
- Tee aus Blättern und Blüten des **Weißdorn** stärkt das Herz.

- **Äpfel** fördern allgemein die Gesundheit.
- Saft oder Sirup aus **Holunderbeeren** beugt der Herbstgrippe vor.
- Tee aus **Holunderblüten** hilft bei Erkältungen.
- Tee aus Blättern und Blüten der **Linde** hilft bei Fieber.
- **Lindenholzasche** ist ein desinfizierendes Zahnpulver.
- Ein **Fichtennadelbad** stärkt und fördert die Durchblutung.
- Ein **Kiefernbad** stärkt das Nervensystem, das Inhalieren hilft bei Husten und Heiserkeit.
- **Eine Wacholderbeere** am Tag (frisch oder getrocknet) stärkt den Stoffwechsel und die Abwehrkräfte (Aber Vorsicht: zuviele davon können Nasenbluten verursachen!).
- **Orangen** enthalten Vitamin C und beugen daher Erkältungen vor. Aber die **Beeren der Eberesche** enthalten viel mehr Vitamin C! Da sie aber roh eher unbekömmlich sind, macht man am besten Marmelade aus ihnen.

Grundrezept für heilende Tees

Für die Zubereitung von Tee sind Blüten, Blätter, Früchte oder auch die Rinde von Bäumen geeignet.

So kannst du beispielsweise Tee aus Apfelschalen, jungen Birken- oder Walnussblättern, Holunderblüten oder jungen Fichtennadeln selbst herstellen.

Für 1 l Tee benötigst du etwa 4 Eßlöffel frische oder 2 Eßlöffel getrocknete Pflanzenteile, für eine Tasse Tee etwa 2 Teelöffel frische oder 1 Teelöffel getrocknete Pflanzenteile.

Die Pflanzenteile übergießt du mit kochendem Wasser und lässt das Ganze zugedeckt 5-10 Minuten ziehen. Nach dem Absieben ist dein Tee fertig.

Fichtennadelöl

• Junge Fichtennadeln in einem Gefäß zerdrücken, mit Oliven- oder Mandelöl übergießen und 3 Wochen an einem sonnigen Platz ziehen lassen.
• Absieben und als Körperöl oder als Aroma-Öl in einer Duftlampe oder im Badewasser benutzen.

Holundersaft

So geht's:

• Die Dolden mit den Holunderbeeren gründlich waschen, die Beeren von den Stielen streifen, in einem Topf mit Wasser bedecken und gar kochen.
• Den Brei durch ein Sieb drücken oder mit einem sauberen Baumwolltuch ausdrücken, den aufgefangenen Saft im Verhältnis 10 : 1 mit Zucker mischen (z. B. 1 l Saft : 100 g Zucker) und aufkochen.
• Den Saft noch heiß in saubere Flaschen abfüllen (Vorsicht: nur langsam befüllen

Antimücken-Mittel

Zerriebene Walsnussblätter in einer Glasschale aufgestellt verbreiten einen herben, bitteren Duft, der Insekten fern hält.

Du kannst auch ein Mücken abwehrendes Hautöl herstellen. Dazu legst du Walnussblätter oder einige der dicken grünen Fruchtschalen in ein Glas, übergießt sie mit Olivenöl und stellst das Glas 3 Wochen lang an einen sonnigen Platz. Danach das Öl absieben und in kleine Fläschchen füllen – fertig ist der Mückenschutz!

Fichtennadelbad

Du brauchst:
• 2 Hände voll junger Fichtennadeln
• 1 l heißes Wasser
Und so geht's:
• die Fichtennadeln mit dem heißen Wasser überbrühen und etwa 15 Minuten ziehen lassen, abgießen und ins Badewasser geben

Ein Fichtennadelbad wirkt belebend.

und die Flaschen auf ein nasses Tuch stellen, damit das Glas nicht zerspringt!) und sofort verschließen.
• Am besten zieht ihr bei dieser Aktion ein altes Hemd oder einen Kittel über – mit Holundersaft kann man sich hervorragend bekleckern.

Heißer Holundersaft – bei Bedarf mit Honig gesüßt – ist ein gutes Heilmittel bei Erkältungen.

Und mil Apfelsaft oder Früchtetee verdünnt, kannst du einen leckeren heißen Punsch zubereiten, der den ganzen Körper wunderbar durchwärmt.

Das tut gut!
Ausstrahlung und Heilkraft von Bäumen

Das weiß jeder: Im Wald fühlt man sich erfrischt und erholt! In Ländern wie Deutschland oder Österreich hat der Gesetzgeber deswegen einige Wälder als »Erholungswälder« ausgewiesen. Das klingt vielleicht ein bißchen doof – eine Straße heißt ja auch nicht »Fahrstraße« – ist aber ganz praktisch. In solchen Wäldern werden dann nämlich weder Tierjagden noch Kahlschläge veranstaltet. Es ist ruhig und friedlich. Nur zu dumm, wenn man dann beim Herumpreschen mit dem Mountain Bike die Erwachsenen verärgert! Da muss man fix aufpassen!

Auch in Krankenhäusern weiß man inzwischen, dass Patienten, die grüne Bäume vor dem Krankenzimmer haben, viel schneller gesunden als solche, die auf eine Steinwüste blicken müssen. Ist es nicht tröstlich, wenn eine Brise in einen Laubbaum fährt, er sich leicht wiegt und dabei ein sanftes Rauschen erklingt?

Bäume tun uns einfach gut, in jeder Lebenslage. Wenn du einmal traurig oder deprimiert bist, oder wütend und verärgert, geh einmal für eine halbe Stunde in das nächste Wäldchen und schau, was passiert …

Was Bäume den Menschen bedeuten

Schöne Dinge

Bäume haben schon immer die Fantasie und den Schönheitssinn des Menschen angeregt. Und praktischerweise liefern sie auch gleich die Materialien zum Basteln, Malen und Handwerken! – Das kannst du auch! Siehe den Abschnitt Kreatives Gestalten ab S. 17.

Auch die Fertigung von **Möbeln** war einmal ein kunstreiches Handwerk, bevor das Zeitalter der Fertigmöbel und Preßspanplatten begann. Allerdings konnten sich auch damals nur reiche Leute solche Prachtmöbel aus liebevoll verarbeiteten Hölzern leisten.

Alte Kunsthandwerke sind z. B. das **Drechseln** und das **Schnitzen**. Zum Drechseln braucht man aber eine Drehbank. Stuhlbeine, Streben für Treppengeländer, Schreibstifte, aber auch Knöpfe sind bekannte Produkte des Drechslers. Schnitzen dagegen kann jeder, der zumindest ein brauchbares Schnitzmesser hat (➜ S. 20).

Heutzutage haben viele Künstler das Material Holz wiederentdeckt. Eine Auswahl der Arbeiten eines **Holzbildhauers** siehst du auf Seite 24. Vielleicht regen sie ja auch dich an, etwas Eigenes zu erschaffen?

Bäume kommen natürlich auch in der **Kunstmalerei** vor. Und die Farben, die ab dem späten Mittelalter benutzt wurden, waren übrigens ohne Baumharz sowie Terpentinöl von Kiefer oder Lärche gar nicht denkbar. Es gibt beeindruckende Baumgemälde (z. B. von John Constable, Caspar David Friedrich und Ludwig Richter), die wir hier aber nicht zeigen können. Falls dich das interessiert, halte einfach in Kunstbüchern und Museumsausstellungen Ausschau. Oder im Internet.

Auch die **Gebrauchsgrafik** ist natürlich eine Kunstform. Und die Grafik-Designer, die z. B. diese Briefmarken gestaltet haben, hatten bestimmt Spaß bei ihrer Arbeit.

Kannst du erkennen, aus welchen Ländern diese Briefmarken sind?
(Tipp: Sie befinden sich alle in Europa oder Asien.)
Und kannst du erkennen, um welche Baumart es sich handelt? (Es ist auf all diesen Marken dieselbe. Wenn du Teil 3 gelesen hast, erkennst du sie bestimmt!)
Auflösung auf Seite 205.

Schöne Klänge

Die ältesten Musikinstrumente, die sich bis heute erhalten haben, sind Flöten aus Tier- oder Vogelknochen. Flöten aus Schilf, Bambus und Holz gab es vielleicht schon genauso lange, aber diese Materialien zerfallen leichter im Boden und hinterlassen oft überhaupt keine Überreste. Jedenfalls sind die ältesten Musikinstrumente der Welt fünf Eibenholzpfeifen, die wahrscheinlich zu einer Art kleiner Orgel gehörten. Sie wurden in Irland gefunden und sind etwa 4100 Jahre alt. Damit gehören sie in die Bronzezeit.

Andere Hölzer, die unsere Vorfahren für den Instrumentenbau benutzten, stammen von der Eiche und der Weide (z. B. in einer mittelalterlichen Harfe, ebenfalls aus Irland). Die Angelsachsen benutzten auch gern Ahornholz für ihre Harfen und Leiern. Der wohl berühmteste Geigenbauer der Welt, Antonio Stradivari (geb. um 1648, gest. 1737) legte Wert auf dichtes, langsam gewachsenes Fichtenholz aus höheren Berglagen in den Alpen. Am liebsten war es ihm, wenn ein umgestürzter Stamm eine Zeit lang in einem Flußbett gewässert worden war. Auch das kann nämlich die Klangeigenschaften des Holzes verbessern.

Weitere einheimische Hölzer, die in Europa und Nordamerika viel zum Bau von Musikinstrumenten verwendet werden, stammen von Birke und Esche, weil sie so schön biegsam sind (gut für Rundungen), Nadelbäumen wie Fichte, Tanne und Douglasie (gut für Klangdecken) sowie von Kirschbaum, Walnuss oder Birne (wegen ihrer schönen warmen Farben oder ihrer Maserung). Auch Ulmenholz war sehr beliebt, ist aber wegen des weltweiten Ulmensterbens (→ S. 194) kaum noch erhältlich.

In den letzten Jahrzehnten hat sich ein intensiver weltweiter Handel mit Musikinstrumenten bzw. deren Rohmaterialien entwickelt. Viele der dafür gefragten Bäume sind schon längst selten geworden. Von den 200 Baumarten, deren Holz für Musikinstrumente benutzt wird, stehen 70 auf der Liste der gefährdeten Arten!

Hier zählen wir auf, welche – meist exotischen – Baumarten für welche musikalischen Zwecke besonders begehrt sind :

Hier wird geübt:
E-Bass, Blockflöte,
spanische Gitarre,
Klavier und Geige

Der 13-jährige Waisenjunge Thierry in Burundi hat seine Liebe zur Musik entdeckt. Sie gibt ihm viel Trost und neue Lebensfreude.

Diese Waisenkindern in Brasilien lernen, Musikinstrumente zu bauen. Das Holz dafür stammt aus nachhaltigem Anbau (FSC).

● **Koa** ist ein wunderschöner Baum, den es nur auf Hawaii gibt. Auch er ist gefährdet, denn zu lange wurde sein Holz zum Auskleiden ganzer Bankhäuser und Luxusschiffe verwendet. Die alten Hawaiianer benutzen ihn lediglich zum Bauen ihrer Kanus. Außerdem ist es Tradition, sein Holz für Ukulelen (die kleinen, typisch hawaiianischen Saiteninstumente) zu verwenden.

● Aus dem Holz des **Afrikanischen Schwarzholz-Baumes** (*Dalbergia melanoxylon*), der in seiner Heimat (Tansania) **Mpingo** heißt, werden Millionen von Klarinetten, Oboen und Klaviertasten hergestellt. Weil er selten geworden ist, gehört sein Holz zu den teuersten der

Der Wald wird knapp!

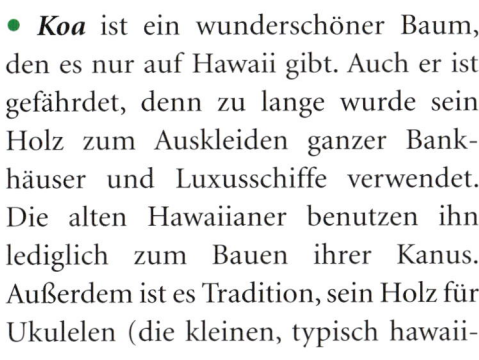

Wie man am Beispiel des Koa sieht, ist es nicht etwa die Schuld der Musiker und Instrumentenbauer, dass diese Bäume selten geworden sind und viele als ernsthaft bedroht gelten. Ihr Holz wurde und wird ja auch für viele andere Zwecke eingesetzt!

Es leuchtet doch jedem Kind ein, dass wenn man viele Kekse isst, die Dose irgendwann leer sein wird, wenn man keine neuen Kekse nachfüllt. Und wenn man Möhren aus dem Gemüsegarten holen will, hat man hoffentlich genug für ein Jahr, aber für das nächste Jahr muss man wieder *nachpflanzen*.

Und eben das haben die »schlauen« Erwachsenen für viele Jahrhunderte übersehen! Dem Wald Zeit geben, nachzuwachsen? Wozu denn?! Er ist doch groß genug, dachte man. Es hat keinen gekümmert. Man

lebte von der Hand in den Mund. Oder besser: vom Wald ins Portemonnaie! Denn es wurde viel, viel Geld verdient. Und Geld ist für manche Menschen leider wichtiger als alles andere.

Doch es gibt auch andere Leute. Menschen, die sich um das Wohl aller Lebewesen kümmern. Und zum Glück gibt es Kinder, die den Erwachsenen mitunter sagen können, wo es lang geht! In Tansania z. B. haben in den letzten Jahren 15.000 Kinder und Erwachsene 600.000 neue Bäume gepflanzt. Davon sind 30.000 Mpingos, damit es auch weiterhin Klarinetten und die vielen anderen Musikinstrumente geben kann! In Tansania nennt man diesen Baum auch liebevoll den »Baum der Musik«.

Mehr darüber, *wie Kinder in aller Welt den Wald retten*, findest du auf S. 124-127.

Welt: Zur Zeit werden bis zu 20.000 US-Dollar für einen Kubikmeter bezahlt.

• Zu den größten und eindrucksvollsten tropischen Bäumen gehören die Vertreter der Gattung **Mahagoni** *(Swietenia)*. Sie sind in Mittel- und Südamerika zuhause. Ihr Holz hat ganz exzellente Klangeigenschaften und wird daher für verschiedenste Instrumente benutzt, z. B. für die Klangstäbe von Marimbaphonen.

• Aus dem beliebten, sehr dichten und harten, schwarzen **Ebenholz** *(Diospyros)* werden immer noch die schwarzen Klaviertasten gemacht. Jedenfalls für die teureren Flügel, billige Klaviere (und Synthesizer) haben Kunststofftasten.

• Die Gattung **Rosenholz** *(Dalbergia)* umfasst etwa 100 Arten, die in Mittel- und Südamerika, Afrika, Indien und Südostasien wachsen. Für Gitarrengriffbretter wie auch die dunklen Teile von Geigen und Bratschen (Wirbel, Griffbrett, Kinnhalter) wird oft Rosenholz anstelle von Ebenholz verwendet. Auch Blockflöten sind aus Rosenholz, wenn sie nicht aus Mpingo oder europäischem Ahornholz gemacht sind.

Trotz moderner Farbstoffe werden immer noch viele Pau Brazil-Bäume wegen ihres Farbstoffs bedrängt.

• **Pernambuco** oder **Pau Brazil** *(Caesalpinia echinata)* ist ein Baum aus dem brasilianischen Regenwald. Er wurde fast ausgerottet, weil er seit dem Mittelalter einen roten Farbstoff für die Europäer liefern musste, um Ostereier und Zahncreme zu färben. Auch für Schminke (Rouge) wurde er benutzt. Seit 1875 kann man diesen Farbstoff zum Glück synthetisch herstellen, und der Baum hätte sich erholen können. Aber genau zu dem Zeitpunkt entdeckte man, dass er das allerbeste Holz für Geigenbögen liefert!

Nun sind Geigenbögen ja eigentlich nicht sehr groß und schwer. Aber dummerweise wird bei der Fertigung sehr viel Holz verschwendet: Drei Viertel des Holzes gehen bereits verloren, wenn man aus den Stämmen die Bogenrohlinge sägt. Und wenn aus dem Rohling der eigentliche Bogen geschnitzt wird, werden noch einmal drei Viertel des Holzes zu Abfall. So kommt es, dass man für einen einzigen Bogen 1 kg Holz braucht. Weltweit werden jährlich 200 Kubikmeter dieses Holzes gehandelt.

Freude und Dankbarkeit

Der feierliche Ernst alter Bäume hat schon immer die Menschen zu großen Gefühlen und besinnlichen Worten bewegt. So mancher kommt irgendwann einmal ins Betrachten, schaut die Bäume an und erkennt, wie viel sie uns schenken! Dann fühlt man einfach eine große *Freude und Dankbarkeit*. Wie schön, dass es solche großen, starken Freunde gibt, die uns das Leben nicht

Viele Dichter und Denker Europas wurden durch den Wald zu tiefen Gedanken angeregt. Hier sind ein paar Beispiele (vergleiche auch S. 40 und 41).

Die Seele wird vom Pflastertreten krumm.
Mit Bäumen kann man wie mit Brüdern reden
und tauscht bei ihnen seine Seele um.
Die Wälder schweigen. Doch sie sind nicht
  stumm.
Und wer auch kommen mag, sie hören jeden.
Erich Kästner (1899-1974),
deutscher Schriftsteller

»Auf dem Lande ist es, als würde jeder Baum ›Heilig! Heilig!‹ zu mir sagen. Wer kann jemals die Verzückung der Wälder ausdrücken?«
Ludwig van Beethoven (1770-1827),
deutscher Komponist

Warum gibt es Bäume, unter denen
ich nie schreiten kann,
ohne dass große und melodiöse Gedanken
sich auf mich herabsenken?
Walt Whitman (1819-1892),
amerikanischer Dichter

»Es ist nicht so sehr wegen seiner Schönheit, dass der Wald das Herz des Menschen ergreift, sondern wegen jenem subtilen Etwas, jener Qualität der Luft, jener Ausstrahlung der alten Bäume, die auf so wundervolle Weise einen abgekämpften Geist verwandelt und erfrischt.«
Robert Louis Stevenson (1850-1894),
schottischer Schriftsteller (»Die Schatzinsel«)

»Wir haben nichts zu fürchten und viel zu lernen von den Bäumen.«
Marcel Proust (1871-1922),
französischer Schriftsteller

nur erleichtern und bei so vielem helfen, sondern es uns überhaupt erst ermöglichen.

Die Indianer Nordamerikas betrachten – und achten! – Bäume daher als Brüder und Schwestern. Sie sehen eine enge Verwandtschaft und Freundschaft zwischen Bäumen und Menschen. Sie sprechen von »den Stehenden und den Gehenden«. Die »Stehenden«, das sind die fest im Boden verwurzelten Bäume. Und die »Gehenden« – das sind wir, die Menschen mit Beinen. (Dazu gibt es auch eine Geschichte aus Europa, → S. 41.)

Der Sonnentanz – Der Baum der Hingabe

Bei allen Völkern der Erde gibt es verschiedene Feiern und Zeremonien, mit denen die Menschen ihre Freude und Dankbarkeit der Natur gegenüber ausdrücken. Da ist z. B. der »Sonnentanz«, den viele Indianer in Nordamerika jeden Sommer ausführen. Dazu wird eine junge **Karolina-Pappel** ausgewählt, und zwar schon ein Jahr zuvor! Das ganze Jahr über wird dieser Baum immer wieder besucht, man spricht dort Gebete und opfert der Natur Tabak und Gebetsbänder. Erst, wenn das Jahr abgelaufen ist, bittet man die Pappel um Verzeihung, dass man ihr nun das Leben nimmt. Sie wird über dem Boden abgesägt und zum Festplatz gebracht. Der englische Name des Baumes, *Cottonwood*, bedeutet übrigens »Baumwoll-Baum«. Denn wie bei uns fliegen die Pappelsamen im Frühjahr mit luftiger Wolle verpackt durch die Luft.

Karolina-Pappel

Birken im Frühling

Die junge Karolina-Pappel wird in der Mitte des Festplatzes aufgestellt, indem sie fest im Boden verankert wird. Die unteren Äste werden abgeschnitten, damit man um den Baum tanzen kann. Am Fuße des Baumes wird ein Altar errichtet. Darauf befinden sich Symbole für die vier Elemente und die vier Himmelsrichtungen, weil man auch ihnen dankbar ist, dass sie unser Leben möglich machen. Die vier Elemente geben uns Nahrung (Element Erde), zu Trinken (Element Wasser), zu Atmen (Element Luft) und Wärme und Freude (Element Feuer). Die Himmelsrichtungen schicken gütige Winde und fruchtbaren Regen. Die Tänzer haben sich durch Gebete, Fasten und Reinigungszeremonien auf den Sonnentanz vorbereitet.

Zum Dank an alle Lebewesen, die Natur, die uns mit allem versorgt, und den Großen Geist, der auch den Menschen geschaffen hat, tanzen die Indianer nun vier volle Tage zu Trommelmusik um diesen Baum. Wer es besonders ernst meint, bindet ein Seil an den Baum. Am anderen Ende dieses Seiles ist eine Adlerklaue befestigt, die sich der Tänzer durch die Haut seiner Brust bohrt. Nun kann er nicht anders als den ganzen Tag durchzutanzen! Und das tut er als Gebet zum Wohle aller Menschen und aller anderen Lebewesen.

Uff! Das ist aber nur etwas für ganz willensstarke Menschen! Da klingen die europäischen Bräuche nach mehr Spaß:

Der Baum der Fröhlichkeit

In Europa gibt es – zumindest in ländlichen Gegenden – bis heute zur selben Jahreszeit die Maienfeste. Und in ihrem Zentrum steht oft der »Maibaum«, meist eine **Birke**. Hier wird ein Dorffest mit Musik und Tanz abgehalten, um den Winter zu verabschieden und den Frühling zu begrüßen.

In Russland ging man dazu nach altem Brauch in den Wald und schmückte eine junge Birke mit Blumengirlanden und kleidete sie in farbenfrohe Frauenkleider. Nach einem Lebensmittelopfer für den Baum hielt man selbst ein Festmahl. Danach schnitt man die Birke und trug sie, Jubellieder singend, zum Dorf. Aber nicht zu einem Tanzplatz wie beim Sonnentanz der Indianer, sondern ins eigene Haus! Dort bekam sie einen Ehrenplatz und galt für zwei Tage als »hochverehrter Gast«. Freunde und Verwandte kamen, um ihr im Spiel einen

Tanzlinde in Peesten (Oberfranken)

Besuch abzustatten (ja, damals verstanden die Erwachsenen noch etwas vom Spielen!). Nach zwei Tagen wurde der Baum dann in die Natur zurückgebracht.

In Deutschland haben viele Orte noch eine alte »Dorflinde«, die früher auch als Tanzlinde im Zentrum fröhlicher Dorffeste stand. Solche Bräuche starben erst im letzten Jahrhundert aus: wegen der Wirren des Zweiten Weltkrieges, wegen der Landflucht (Menschen ziehen in die Städte) und der Verbreitung des Fernsehens.

Der heilige Hain

Jedoch: Junge Bäume abzusägen, um der Natur Dank zu sagen, ist natürlich ein gewisser Widerspruch. So sind die zwei eben erwähnten Beispiele auch die Ausnahmen. Die allermeisten Bräuche, um sich bei der Natur zu bedanken, haben mit einem sogenannten »heiligen Hain« zu tun. Ein Hain ist ein kleines Wäldchen oder eine innerhalb eines großen Waldes stehende Baumgruppe, die eventuell mit einem Erdwall oder einer Hecke (z. B. aus Weißdornbüschen) eingehegt ist. »Heilig« bedeutet hier, dass der Hain »heil« und unversehrt bleiben soll. Das heißt, niemand darf da

Feuerholz sammeln, geschweige denn, einen Ast absägen! Die Bäume und alle anderen Pflanzen dürfen wachsen, wie es ihnen gefällt! Und so richtig, richtig alt werden, wie es ihrer Art entspricht.

In manchen Hainen darf man z. B. nicht einmal Gegenstände aus Metall mitnehmen, damit die Bäume sich nicht erschrecken aus Angst vor einer Säge oder Axt. Und Tiere und Vögel genießen das »Gastrecht« des heiligen Ortes und dürfen ebenfalls nicht belästigt werden.

Heilige Haine und *einzelne* »heilige Bäume« gibt es noch in vielen Ländern, z. B. in Sibirien, Indien und vielerorts in Afrika, Süd- und Mittelamerika sowie in Mexiko und Kanada. In den USA waren die Rituale der Indianer mehr als 150 Jahre verboten; erst seit den 1980er Jahren haben die Indianer wieder mehr Freiheit in der Ausübung ihrer Bräuche!

Auch in Europa gab es früher sehr viele heilige Haine. Vielleicht hast du schon von den keltischen Druiden gehört? Sie sind recht berühmt für ihre Hochachtung vor Bäumen und ihre heiligen Haine. Aber solche Haine gab es auch bei den Germanen, den Slawen, den alten Römern und Etruskern, den Ureinwohnern Spaniens im Westen Europas und den alten Griechen im Osten. Wir finden sie heute jedoch nicht mehr, weil die christlichen Missionare bei der Ausbreitung des Christentums ihre Kirchen gern auf diese alten heiligen Plätzen bauten – auf dem freien Platz, wo sich die Menschen bis dahin im Hain versammelt hatten. Nun beteten sie nicht mehr unter dem Blätterdach, sondern unter einem Holzdach.

Und selbst Jahrhunderte später, als man nicht nur Kirchen, sondern riesige Kathedralen aus Stein baute, versuchte man noch, den Wald zu imitieren: Die großen Säulen der Kathedralen sehen aus wie uralte Baumstämme, und mitunter sind sie mit in Stein gemeißelten Wein- oder Efeuranken verziert. Man hat draußen um die Kirchen natürlich auch wieder Bäume gepflanzt, aber sie waren längst nicht mehr so wichtig wie früher. In Frankreich und besonders in England und Wales gibt es aber noch uralte Eiben, die viel älter sind als die alten Kirchenmauern!

Neben Festbräuchen für die ganze Gemeinschaft gab und gibt es immer auch persönliche Ausdrucksformen der Dankbarkeit. Und noch bis vor etwa einhundert Jahren gab es in Schweden und Dänemark viele Bauernhöfe mit einem sogenannten *varträd*, einem

Der Weltenbaum oder: Auch der Mensch ist ein Teil der Natur!

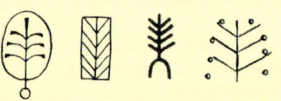

In der Steinzeit ritzte man das Symbol des Weltenbaumes als einfachen Stamm mit aufstrebenden Ästen. Oder auch mit drei Ästen und drei Wurzeln.

Vor etwa 5000 Jahren kam ein mehr abstraktes Symbol auf: Die drei Äste und drei Wurzeln formten nun eine Art Stern mit sechs Blättern. Dazwischen sieht man manchmal Früchte.

Auch verdoppelte man die Sechs zur Zwölf. Damit erinnert das Symbol an die zwölf Tierkreiszeichen. Es will sagen: Der Baum des Lebens umfasst das ganze Himmelsrund.

Seit ur-ur-uralter Zeit sahen die Menschen die lebendige Welt (die »Biosphäre« unseres Planeten) als einen riesigen Baum. Das ist natürlich nur ein Gleichnis, ein Symbol. Denn mit ihren Augen sahen sie, was du und ich auch sehen: Landschaft, blauen Himmel, Wolken, Sonne, Mond und Sterne. Aber mit ihrem geistigen Auge sahen und tief in ihrem Herzen verstanden sie –, **dass alles Lebendige miteinander in Beziehung steht und voneinander abhängt.** Wie die Zellen in einem Organismus Organe bilden, die zum Wohle des ganzen Körpers zusammenarbeiten, so sind Menschen, Tiere und Pflanzen wie Zellen in größeren Organen der Erde. Und der Wald, die Meere, die Winde des

Die mittelalterlichen Kathedralen wurden den ehrfurchtgebietenden Hainen nachempfunden.

114

»Schutzbaum«. In ihm, glaubte man, lebte der Schutzengel von Haus und Hof. Oft war es eine Linde oder ein Holunder. Unter dem Baum stand eine Schale, und jeden Morgen brachte man dem guten Geist im Baum ein Trankopfer, d. h. man goss Milch oder Wasser oder Bier in die Schale. Das tranken dann zwar Tiere tagsüber, aber die unsichtbaren Wesen der Natur spüren durch solche Handlungen unsere Zuneigung.

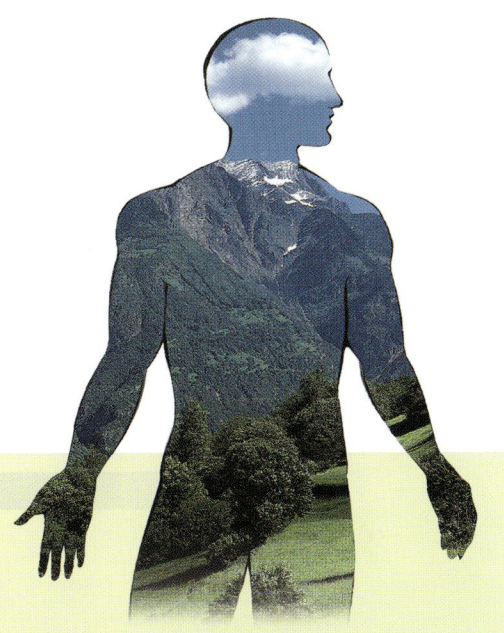

Himmels, die Gesteine im Erdboden – sie alle wirken zusammen, damit das »Paradies« entsteht: die Erde mit all ihrer Vielfalt des Lebens.

Weil ein Baum Himmel und Erde verbindet und weil alle Teile des Baumes zusammengehören, wurde der Baum ein Symbol für die lebendige Welt. Von der du und ich und wir alle ein Teil sind. Darum hat der Weltenbaum in der Bibel – nach den alten hebräischen Schriften – einen besonders schönen Namen: der **Baum des Lebens**.

Wie sehr wir Menschen mit der Welt vernetzt sind, zeigen auch die Gedanken eines nordamerikanischen Indianers. Denke einmal über diese seine Worte nach:

Ich kann meine Augen verlieren,
und dennoch leben.
Ich kann meine Ohren verlieren,
und dennoch leben.
Ich kann meinen Mund, meine Arme oder Beine
verlieren, und dennoch leben.

Aber wenn ich die Erde verliere, sterbe ich.
Wenn ich die Luft verliere, sterbe ich.
Wenn ich das Wasser verliere, sterbe ich.
Wenn ich die Sonne verliere, sterbe ich.

Was ist mein wahrer Körper?

Hinduistische Baumtempel in Nepal

Heiliger Hain in Sulawesi, Indonesien

Die Suche nach der ewigen Wahrheit

Japanische Buddha-Statue aus geweihtem Eibenholz

Christentum: Der Baum der Liebe

Die Erscheinung von Engeln in Bäumen hat im Christentum eine lange Tradition. Jesus betete unter einem alten Olivenbaum und es erschien ihm »ein Engel des Herrn«. Dieser tröstete ihn und sprach ihm Mut zu für seine schwere, bevorstehende Aufgabe der Kreuzigung. Oft hatte Jesus diesen Ort, den heiligen Olivenhain von Gethsemane nahe Jerusalem, besucht. Dort hatte er seine Jünger gelehrt. Jesus bezeichnete sich zudem in einem Gleichnis als Weinstock, an dem alle Christen Frucht bringen können – Früchte der Nächstenliebe.

Auch Abraham, der Urvater der christlichen, jüdischen und islamischen Religion, war ein Gelehrter des Haines. Im Hain von Mamre war auch ihm ein Engel erschienen, der ihm seine Aufgabe und Berufung verkündete. Und dem ersten Anführer des israelitischen Volkes im Alten Testament, nämlich Moses, war ebenfalls ein Engel des Herrn in einem kleinen Wüstenbaum erschienen, dem »brennenden Busch«. Den Propheten Jesaja wies Gott an, dass er in einem Hain verehrt werden wolle: »Die Pracht des Libanon [die Zeder!] soll zu dir kommen, Kiefer, Tanne und Buchsbaum miteinander, um mein Heiligtum zu schmücken.« (Jesaja 60.13).

Hinduismus: Der Baum des Universums

Nach den alten heiligen Schriften Indiens, den *Veden*, ist das Universum wie ein riesiger Baum, der unsterblich ist. Alle Lebewesen der Erde sind Früchte an diesem Baum. Alles Wissen der Welt ist enthalten in den »Blättern« *(Veden)* dieses Baumes. Ihr Studium lehrt die tiefsten Wahrheiten.

Buddhismus: Der Baum der Erleuchtung

Ein anderer großer Religionsgründer, Buddha, meditierte lange unter einem heiligen Feigenbaum der Hindu-Tradition in Indien. Nachdem er das »vollkommene Verstehen« erlangt hatte, nannte man den Baum *Bodhi-Baum*, den »Baum der Erleuchtung«. Selbstverständlich werden seither im Buddhismus alle Bäume dieser Art (die Botanik nennt sie *Ficus religiosa*) mit Respekt und Dankbarkeit behandelt.

Judentum und Islam: Der Baum des Lichtes

Nach uralten Lehren über den Weltenbaum (➜ S. 114) schenkt dieser den Menschen nicht nur Leben und Nahrung, sondern auch ein *geistiges* Licht (ähnlich dem Baum der Erleuchtung im Buddhismus). Daraus entwickelte sich im alten Judentum die *Menora*, der

Links: Die Araukarie im Hochland Argentiniens ist den einheimischen Pehuenche-Indianern heilig. Sie ernähren sich von den herabfallenden Früchten, aber fügen dem Baum niemals Schaden zu.
Rechts: Dieser heilige Baum steht in Indien am Geburtsort Buddhas.

Seit ihrer Kindheit wollte Lisann aus Hamburg eine Indienreise machen. Als sie 20 wurde, war es endlich soweit! Hier sehen wir sie in dem heiligen Bodhi-Baum, in dem Buddha selbst meditiert hatte.

siebenarmige Kerzenhalter. Die Menora symbolisiert das Licht Gottes, das für die Menschen scheint.

Im Islam ist das ähnlich: Im Koran (Kap. 24.35) wird Allah »das Licht der Himmel und der Erde« genannt. »Sein Licht mag verglichen werden« mit einer Leuchte, die mit dem Öl eines überirdischen Olivenbaumes gespeist wird. Ansonsten kommen Bäume im Koran selbst nicht weiter vor. Aber in der islamischen Tradition durchaus. Besonders an den Pilgerwegen nach Mekka befinden sich im Nahen Osten viele heilige Quellen und heilige Haine. Verbreitet ist auch der Glaube, dass nach unserem Tode alles, womit wir im Leben in Berührung kamen, für oder gegen uns »Zeugnis ablegen« wird. Also werden auch die Bäume aussagen, ob wir sie gut und fair behandelt haben oder nicht. Und im Islam wie im Judentum und Christentum steht der Baum des Lebens in der Mitte des Paradieses.

So sollte die Religion eigentlich dabei helfen, dass der Mensch die Erde und all ihre Bewohner achtsam und fürsorglich behandelt. Viele Menschen tun das auch. Aber leider ganz und gar nicht alle! Sie verhalten sich eher wie Elefanten im Porzellanladen.

Du weißt ja nun, für wie viele Dinge der Mensch Bäume braucht – und meint, sie massenhaft fällen zu müssen! Das Problem ist, dass es inzwischen so viele Menschen gibt und sich menschliche Siedlungen und Städte sowie die Landwirtschaft so stark ausgebreitet haben, dass man überall den Wald zurückgedrängt hat. Und weiterhin zurückdrängt.

Von der Zerstörung der Wälder weltweit handelt – leider! – das nächste Kapitel.

Der jüdische Chanukka-Leuchter entwickelte sich aus der Menora.

Die Zerstörung der Wälder

Die größten Waldzerstörungen geschehen dort, wo es überhaupt noch große zusammenhängende Wälder gibt – nämlich in **Brasilien und den anderen tropischen Ländern in Südamerika** (Venezuela, Kolumbien, Equador, Peru, Bolivien, Paraguay u. a.), in **Südostasien** (v. a. Indonesien) sowie dem **Tropengürtel Afrikas** (Tansania, Kongo, Gabun, Angola, Zambia u. a.). Aber auch weit im Norden geschieht Raubbau, nämlich im **borealen Nadelwald von Rußland (Sibirien), Kanada und Alaska.***

Auf der einen Seite stehen die Regierungen dieser Staaten und die großen Firmen, die mit dem Holz viel Geld verdienen. Auf der anderen Seite stehen die Bewohner einer Waldgegend sowie die

---

* In den USA gibt es nur noch 4% des ursprünglichen Urwaldes! Im dicht besiedelten Europa sind die Urwälder bereits vor einem halben Jahrtausend gefällt worden.

Umweltschützer, die sagen »Nun macht mal etwas langsamer! Genug ist genug! Versteht ihr nicht, dass unser aller Wohl von der *Gesundheit* des Waldes abhängt?!«

So kommt es zu heftigen *Interessenkonflikten.* Ein Interessenkonflikt entsteht immer dann, wenn mindestens zwei Leute (oder Gruppen) nicht dasselbe wollen und ihre Wünsche nicht so ohne weiteres miteinander vereinbar sind. Das kennen wir alle. Du willst noch etwas aufbleiben, aber deine Eltern wollen dich ins Bett stecken. Du willst mit einem Freund ins Kino, aber er will lieber Schwimmen gehen. Eins von beiden geht nur zur Zeit! Und manchmal sind die Folgen sogar unwiderruflich: Du willst sehen, wie die Wellen eure Sandburg erfassen werden, dein Freund will sie lieber jetzt schon zertrampeln.

Zertrampeln ist übrigens ein gutes, wenn auch tragisches Stichwort. Zehntausende von Rindern trampeln z. B. in Südamerika auf jungen Weiden herum,

die bis vor wenigen Jahren noch dichter Regenwald waren. In wenigen Jahren werden diese Weiden verdorrt sein. Dann muss wieder weiterer Wald für die Rinderzucht gefällt werden.

Die Interessenkonflikte bei der Zerstörung des Regenwalds lassen sich in etwa so zusammenfassen:

• Große, mächtige **Holzfirmen** wollen den Wald zu Geld machen.

• Noch größere **Ölfirmen** haben hier und da vielleicht sogar Öl im Boden gefunden, lassen die Holzfirma abholzen und beginnen dann, ihre Bohrtürme und riesigen petrochemischen Anlagen zu errichten. Öl-Lecks und überflüssige Chemikalien vergiften dann den Boden und die Flüsse.

• Die **Rinderhalter** (die in Südamerika ebenfalls zu den mächtigsten Personen eines Landes gehören) wollen ihren Betrieb vergrößern, um noch mehr Geld zu verdienen. Und da es dennoch nicht genug Weiden für all die Rinder gibt (und in manchen Ländern zudem Heu

als Winterfutter gebraucht wird), muss noch mehr Wald fallen für absolut riesige Sojaplantagen.

• Wo der Wald eigentlich geschützt ist, lassen sich **Regierungsbeamte** allzu oft bestechen. Das ist besonders in Südostasien ein Problem. Die Beamten verdienen zu wenig und freuen sich über diese heimliche, verbotene Gehaltsaufbesserung. Nun können sie bessere Nahrungsmittel und ein paar Luxusgüter für ihre Familien kaufen.

• Anderswo sind es **arme Bauern**, die wirklich ums Überleben kämpfen. Sie müssen dann und wann ein Stückchen Regenwald roden und durch Feuer bereinigen, um ihre Feldfrüchte anbauen zu können. Weil sie kein Geld für Dünger haben, sind ihre alten Felder nach ein paar Jahren ausgelaugt. Das Problem hierbei ist nicht der einzelne Bauer, sondern die Überbevölkerung: Wo es Tausende oder Zehntausende tun, wird auch dieser Faktor zu einem ernsthaften Problem.

● *Drogenhändler* brauchen ebenfalls viele Anbauflächen für Kokapflanzen. Weil bestehende Felder immer wieder von Regierungsflugzeugen zerstört werden, schicken die Drogenbosse inzwischen bewaffnete Banden in den Dschungel, die die Indios und Einheimischen aus ihren Dörfern vertreiben und oft auch ermorden!!! Dann wird der Wald gerodet und abgebrannt, Koka gepflanzt und am Rande unter Zeltdächern Chemielabore eingerichtet, um aus dem Roh-Koka die Droge Kokain zu erzeugen. *Das solltest du auf keinen Fall vergessen: Kokain und Heroin sind völlig uncool und mit dem Blut vieler Unschuldiger erkauft!*

Auf der anderen Seite stehen die, die das Nachsehen haben:

● *Uralte Bäume* müssen ihr Leben lassen.

● Auch alle anderen *Pflanzen*, die unter, an, neben, in oder auf den Bäumen leben, werden zerstört.

● Unzählige *Insektenarten*, seltene *Vogelarten* und alle *Tiere* verlieren ebenfalls ihren Lebensraum und ihre Nahrungsquellen.

● Die *Indianerstämme*, die noch im Einklang mit der Natur leben, haben immer weniger Territorium zum Jagen und Sammeln. Ohne Wald werden sie in armseligen Slums in den Vorstädten enden.

● In den Regenwäldern werden immer wieder seltene Pflanzen mit seltenen Inhaltsstoffen entdeckt. Viele neue Medikamente und Therapien lassen sich daraus entwickeln. Wenn der Regenwald schwindet, sinken auch die Chancen, neue Medizin für die Zukunft zu finden. Viele *kranke Menschen in aller Welt* werden darunter leiden müssen.

● Die Regenwälder werden auch als die »grünen Lungen der Erde« bezeichnet, weil sie natürlich sehr viel Kohlendioxid binden und sehr viel Sauerstoff produzieren. Aber sie tun noch viel mehr: Ihr Einfluß auf das *Wettergeschehen in einzelnen Ländern* und das *Klima der Erde* ist riesig. *Ohne den Regenwald wird ganz Südamerika in kurzer Zeit zu einer Wüste werden wie die Sahara! Das wird auch zum Austrocknen der Kornkammer der USA führen und zu schlimmen Wetteränderungen in Europa.*

Das Verrückte an uns Menschen ist, dass eigentlich *jeder* einzelne Mensch, der die obige Liste sieht, zustimmt, dass die Wälder der Erde geschützt werden müssen! Aber auch jeder einzelne Mensch, der gerade am Roden ist, wird sagen »Das muss ja nicht gerade bei mir anfangen! Ich muss meine Familie ernähren und jetzt diesen Baum fällen!« Und es ist der Menschheit bis jetzt nicht gelungen, eine Instanz zu bilden, die die guten Vorhaben (des Waldschutzes und Artenschutzes) auch wirklich *durchsetzen* kann. Immer gibt es solche, die nicht mitspielen! So gibt es in Afrika ja z. B. auch die illegalen Jäger von Elfenbein – obwohl Elefanten eigentlich schon recht gut gesetzlich geschützt sind.

>Und dann stehen wir vor so einem Friedhof der Bäume. Kahlschlag. Baumstümpfe wie Grabsteine ohne Inschrift klagen an, die Botschaft von Zerstörung und Tod liegt dumpf und schwer in der Luft. Hier hat ein Massaker stattgefunden, wir stehen mitten auf einem Schlachtfeld, die Leichen, die gefällten Bäume sind schon weggeschafft.«

Dagny und Imre Kerner, Journalisten

Wir alle kennen dieses Gefühl, wenn wir einen gefällten Baum sehen. Aber nicht alle Menschen können zu diesen Gefühlen auch stehen. Vor allem diejenigen, die mit dem Fällen von Bäumen Geld verdienen, bezeichnen das gern als »Gefühlsduselei« und nennen Baumfreunde abfällig »Träumer« oder »Romantiker«, die »nicht realistisch« seien.

In Wirklichkeit ist es genau umgekehrt! Denn wenn man alle »Dienste«, die ein Baum ausübt – Luftreinigung, Filterung von Industrieabgasen (→ S. 51), Bindung von Kohlenstoff und Schwermetallen, Erhaltung des Grundwasserspiegels, Filterung des Trinkwassers, Verhinderung von Bodenerosion und Überschwemmungen, Ernährung von Vögeln, Tieren und vieles andere mehr – **in Geld umrechnet, ist ein lebender Baum 2.000mal mehr wert als sein Holzpreis!** Und die »Arbeit« aller Bäume in einem Land wie Deutschland entspricht mehr als dem Doppelten des Bruttosozialproduktes, d. h. der Arbeit aller Menschen im Land. Also, ihr Baumbeseitiger, wer ist hier wohl »nicht realistisch«?!?

Auch hat es überhaupt nichts mit »Gefühlsduselei« zu tun, wenn der Mensch seinem *Gespür für das, was gut und richtig ist*, folgt.

In diesem Zusammenhang sei an den großen Zoologen und Nobelpreisträger (1973) Konrad Lorenz erinnert, der sagte, dass jeder normale Mensch ursprünglich so beschaffen ist, dass er »Harmonien erfassen und als Werte empfinden« kann. Und dass die Natur uns die Fähigkeit gab, »das Schöne und das Gute zu erkennen«. So kann der Mensch gesunde und intakte Lebensräume in ihrer Harmonie und Schönheit erkennen und achten. Nur *dadurch kann er sich selbst in die Harmonie des Ganzen einfügen*. Andernfalls zerstört er seine »Umwelt« und damit seine eigene Lebensgrundlage und sich selbst!

Diese Fähigkeit bedarf aber einer eingehenden Schulung und Übung, um sich voll zu entwickeln. Wird sie nicht

Palmöl und »Biodiesel«

Es war eigentlich eine gute Idee! Das Erdöl wird knapp, und viel Giftstoffe produziert es auch, also wollte man endlich auf eine »sauberere« Energieform umsteigen. Öl aus Pflanzen scheint da sehr geeignet.

Das wäre ja auch gut und schön, wenn alles mit dem alten Fett von Pommes-Frites-Buden ginge. Aber die Wirtschaft braucht leider viel mehr Öl, als Imbißbuden liefern können. »Kein Problem!«, rief da jemand, »Es gibt doch genug Ölpalm-Plantagen! Da können wir wie üblich Öl für Margarine und Seife produzieren *und* auch für Treibstoffe!«

Gesagt, getan. Schnell unterschrieben Politiker in Europa und Amerika Verträge, und zur Zeit werden dem Tankstellenbenzin in Deutschland bereits um die 5 % Pflanzenöl beigemischt. Dieser Anteil soll in den kommenden Jahren noch stark erhöht werden.

Aber das Anlegen neuer Palmenplantagen hat dazu geführt, dass allein in Indonesien *mehrere Millionen Hektar* Regenwald durch Brandrodung vernichtet wurden. Daran hatte keiner gedacht! Und nun stehen die Verträge und es soll mehr und mehr Palmöl produziert werden. Die Entwaldung auf den Inseln Sumatra und Borneo bedroht auch

Diese Kinder sind traurig: Auch ihre letzten Bäume werden noch gefällt. Dabei ist ihr kleines Dorf auf Borneo bereits von Palmöl-plantagen umgeben, die bis zu 100 km lang und 70 km breit sind!

ganz konkret die Existenz der dort lebenden Orang-Utans!

Wenn du etwas zur **Rettung der Orang-Utans** beitragen möchtest, kannst du (mit deinen Eltern) mal auf die Website des Vereins »Rettet den Regenwald« gehen: **www.regenwald.org**

Orang-Utan im Regenwald

Dieses Orang-Baby hat Glück im Unglück: Sein Heimatwald wurde zwar vernichtet, aber Umweltschützer werden ein neues Zuhause in Freiheit für es finden.

Kleiner Orang-Utan in Gefangenschaft

Ein kleines Mädchen mit dem Feuerholz für ihre Familie

Viele Gegenden wurden zur Wüste, weil die Wälder total zerstört wurden.

Je schlimmer die Entwaldung einer Gegend, desto länger wird der Weg zum Holzsammeln. Dieser Junge hat zum Glück einen Esel.

Auch so ein Geniestreich! Man hat die Paranussbäume unter Naturschutz gestellt, darum wurden sie bei dieser Rodung stehen gelassen. Aber die Bienen, die sie bestäuben, können ohne eine bestimmte Orchideenart im Regenwald nicht leben. So bleiben diese Bäume nun unfruchtbar.

gefördert, indem ein junger Mensch genügend mit den Schönheiten der Natur und der menschlichen Kunst in Berührung gebracht wird, verkümmert sie wie ein nicht genutzter Muskel. »Dies ist deshalb so ernst,« sagt Konrad Lorenz, weil »der Sinn für Ästhetik und Ethik, für das Schöne und für das Gute, im Grunde eines sind. Der verstädterte Mensch leidet daher allzu häufig an echter Wertblindheit.«

»Es ist im Interesse des Überlebens der ganzen Menschheit notwendig, in jedem Menschen den Sinn für Harmonien und die Achtung vor ihren Gesetzen wieder zu erwecken.«

Alles in allem: Die Lage ist ernst! Das muss man leider so sagen.

Aber es gibt auch gute Nachrichten!

In ihrem langen Leben hat sich die Erde immer mal wieder von Katastrophen erholen müssen, z. B. von großen Vulkanausbrüchen oder Meteoriteneinschlägen. Die ***Selbstheilungskräfte der Natur*** sind größer, als wir uns das vorstellen können. (➜ Kasten S. 127)

Und viele Menschen sind verantwortungsbewusst und tun was sie können zum Erhalt der Vielfalt glücklicher Pflanzen und Tiere. Und erreichen auch etwas!

Davon handelt unser letztes Kapitel.

Junge Baumschützer und -pflanzer in Litauen (1), Georgien (2), Japan (3),...

Kinder pflanzen Bäume!

Ja, man kann nicht immer auf die Erwachsenen warten! Wo kämen wir denn da hin?! Bis die mal so in die Hufe kommen! Aber ein paar ganz fitte Gesellen gibt es doch unter ihnen. Zum Beispiel diejenigen, die Baumpflanztage für Kinder organisieren. Irgendjemand muss ja schließlich den Papierkram machen, für die jungen Setzlinge bezahlen und einen guten Koch finden, der allen Beteiligten ein leckeres Süppchen zusammenbrauen kann. Und manchmal gibt's auch Spiele oder Musik nach getaner Pflanzarbeit!

Wir hörten ja schon von den Kindern in Tansania, die 600.000 Bäume gepflanzt haben, darunter viele Mpingo, den »Baum der Musik« (→ S. 109). Und das ist längst nicht alles! **Inzwischen gibt es überall auf der Welt solche Aktionen und Gruppen.** Zum Beispiel Kids4Trees in den USA (www.kids4trees.org), Yéle Vert in Haiti (www.yele.org) und natürlich Plant-for-the-Planet (siehe Kasten).

Denn ohne Bäume geht es nicht

Ohne Holz kommen wir nicht zurecht, ohne Bäume aber auch nicht! Wäre die Erde ohne Bäume, würde auch der Mensch bald aussterben. Was also tun???

Die Antwort liegt in einem relativ neuen Wort für eine uralte Sache: **Nachhaltigkeit.** Damit ist gemeint, dass man nicht so wirtschaften soll, als gäbe es kein Morgen. Sondern dass man vorausplant und auch an die Zukunft denkt. Hatten das nicht schon die Menschen der Steinzeit von den Eichhörnchen gelernt? Offenbar wurde es wieder vergessen!

Nachhaltigkeit in Bezug auf Wald heißt: **Man darf nur nehmen, was man wieder nachpflanzt.** Und richtig alte Bäume sollte man gar nicht anrühren, denn sie sind unwiederbringlich, weil sie Jahrhunderte oder gar Jahrtausende lang gewachsen sind.

Die letzten Urwälder sind so wenige geworden, dass sie wirklich in Frieden gelassen werden sollten! Und die Flächen mit jüngeren Wäldern muss man eben so bewirtschaften, dass immer wieder Bäume nachwachsen können. Wenn das doch nur alle begreifen würden! Aber Erwachsene sind manchmal eben echt schwer von Begriff!

...England (4), Kolumbien (5 und 6),...

Plant-for-the-Planet

Plant-for-the-Planet wurde 2007 von dem damals neunjährigen Felix Finkbeiner ins Leben gerufen, nachdem er vor seiner Schulklasse ein Referat zum Thema Klimawandel gehalten hatte. Felix' erste Vision war, dass die Kinder der Welt in jedem Land 1 Million Bäume pflanzen könnten.

In Riesenschritten entwickelte sich Plant-for-the-Planet zu einer weltweiten Bewegung, die in viereinhalb Jahren, bis Ende 2011, über 3,8 Millionen Bäume gepflanzt hatte!

Ein (weiterer) historischer Tag war der 7. Dezember 2011. An diesem Tag übergab die UNEP (die Umwelt-Organisation der UNO) die »Billion Tree Campaign« in die Verantwortung der Plant-for-the-Planet-Kinder. Nun passen Kinder auf, dass die Erwachsenen auch weiterhin Bäume pflanzen!

Außerdem bilden in den Plant-for-the-Planet-Akademien Kinder andere Kinder zu »Botschaftern für Klimagerechtigkeit« aus. 2012 sollen weltweit 30.000 junge Klimabotschafter dazukommen, bis 2020 sollen es 1 Million sein. Die Teilnahme an den Akademien ist kostenlos. Falls du Interesse hast, schau dich einfach um bei:

www.plant-for-the-planet.org

...Deutschland (7),...

Aktionsposter mit Felix Finkbeiner und dem Schauspieler Harrison Ford (»Indiana Jones«)

...den USA (8), Haiti (9),...

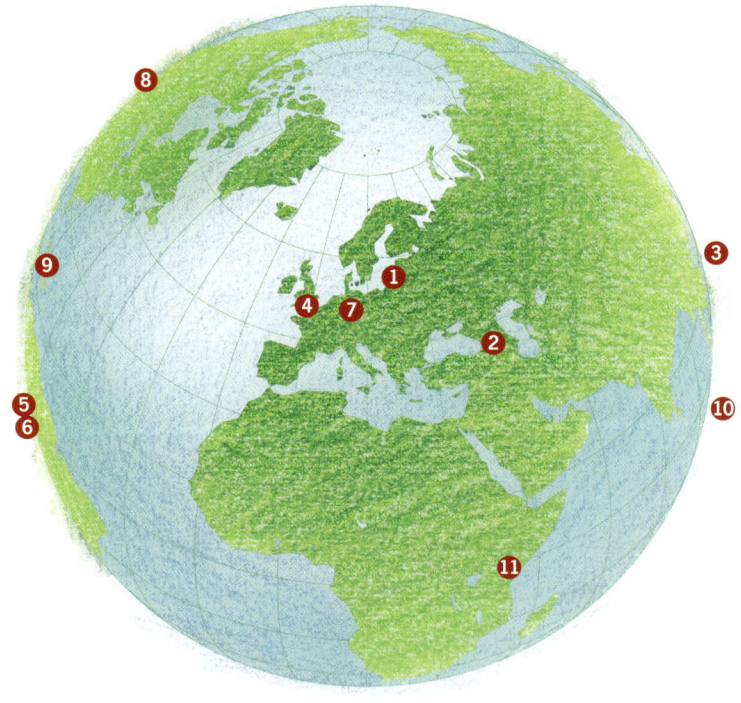

Auch der Leopard
kann wieder guten Mutes in
die Zukunft schauen. Der Erhalt seines
Lebensraumes hat neue Verbündete gefunden!

Papageien wie dieser
Hyazinth-Ara freuen sich wieder!
Dank Kinderhänden kommt der Wald zurück!

...Indonesien (10) und Tansania (11). Und es gibt viele, viele mehr...

Stetiger Wandel

Nichts bleibt gleich, alles ist im Fluss und ändert sich ständig. Das ist ja auch gut so, oder? Stell dir eine deiner Lieblingsbeschäftigungen vor, vielleicht auf dem Sofa sitzen und mit deinem besten Freund oder deiner besten Freundin euren Lieblingsfilm ansehen. Mit einem leckeren Schokoladeneis in der Hand. – Aber würdest du wollen, dass das *immer* so bleibt? Immer und ewig dort sitzen? Das wäre ja wie Gefängnis!

Darum ist es gut, dass sich das Leben ständig entwickelt und verändert.

So ist das natürlich auch im Wald. Kein Baum bleibt derselbe. Jeden Tag, jede Stunde, ja jede Minute ist schon wieder etwas anders!

Und so ist das auch mit der Erde als Ganzem, dem Planeten, auf dem wir leben und von dem wir ein Teil sind. *Die Erde wandelt sich ständig.* Und sie ist sehr intelligent aufgebaut: Sie kann sich nach großen Katastrophen selbst regenerieren. Sie kann ihre Wunden heilen, z. B. nach großen Vulkanausbrüchen oder Orkanen. Sie kann das Wetter und das Klima ändern, so dass auf lange Sicht immer alles im Gleichgewicht bleibt. Und dass das Leben weitergehen kann.

Wir brauchen uns keinerlei Sorgen zu machen. Die Erde wird nicht sterben. Und auch wir sind auf der Erde »in guten Händen«!

*Aber gleichzeitig zählen auch die Taten und Gedanken **jedes einzelnen** von uns! Jede einzelne Tat, die aus Liebe und Mitgefühl geschieht, ist ein Licht im Dunkeln und hilft, die Waagschalen wieder ins Gleichgewicht zu bringen – damit alle Lebewesen glücklich leben können!*

BAUMWELT 3.

Kleines Lexikon der Bäume

Von den unzähligen Baumarten, die es in der ganzen Welt gibt, stellen wir hier lediglich 38 der für Mitteleuropa wichtigsten vor. → Mehr Baumarten auf www.baumwelt.net

27 von ihnen sind »einheimische« Bäume, d. h. sie haben sich ohne Zutun des Menschen – und schon lange vor ihm! – in Mitteleuropa angesiedelt. Weitere sechs Baumgattungen wurden vom Menschen eingeführt (aus Amerika oder Asien) und haben sich seither »naturalisiert«, d. h. sie wachsen und vermehren sich ohne weitere Hilfe des Menschen. Und zusätzlich stellen wir fünf Bäume vor, die hier überhaupt nicht wachsen, weil sie ein wärmeres Klima brauchen, die uns aber wohlbekannte Früchte für den Speisetisch liefern.

Die Beschreibungen und Fotos in diesem kleinen Lexikon werden dir helfen, Bäume zu erkennen oder dich einfach an sie zu erinnern (»Ach, *so* sehen Eschen aus! Klar, die kenne ich doch!«). Aber ein richtiges, systematisches Bestimmungsbuch ist unser Lexikon nicht. Solch eines findest du in einem guten Buchladen.

Es ist ohnehin nicht unbedingt das Wichtigste, alles über einen Baum zu *wissen*. Viel wichtiger ist es, dass wir ein gutes und freundschaftliches Gefühl für die Bäume entwickeln.

Ahorn

BESCHREIBUNG

Ahorne sind sommergrüne Bäume oder Sträucher, die man in Feldern, Hecken und Parks, aber natürlich auch in Mischwäldern findet. Die meisten Arten sind leicht erkennbar an ihren schönen **sternförmigen Blättern**. Diese haben abgerundete Spitzen beim Feldahorn, sind sonst aber spitz (daher auch der lateinische Name *Acer*, das bedeutet »spitz«). Und besonders spitz und elegant sind die Blätter bei vielen japanischen Arten.

Die kleinen, aber hübschen Blüten öffnen sich im Frühjahr zugleich mit den Blättern. Sie werden von Insekten bestäubt. Die Samen haben **aerodynamische Flügel**, mit deren Hilfe sie durch die Luft fliegen können und sich dabei

Botanischer Steckbrief
Familie: Ahorngewächse
Gattung: Ahorne *(Acer)*, mehr als 100 Arten
Natürliches Vorkommen: Nordamerika, Europa, Klein- und Ost-Asien
Wichtigste Arten bei uns: Spitzahorn, Bergahorn, Feldahorn

um die eigene Achse drehen, als wären sie kleine Hubschrauber. Dadurch sinken die Samen langsamer und können sich so weiter verbreiten, als wenn sie direkt zu Boden fallen würden.

GESCHENKE FÜR DIE MENSCHEN

Das süßeste Geschenk ist der **Ahornsirup**. Er stammt vom Zuckerahorn, der schon von den Indianern im Nordosten Nordamerikas angezapft wurde. Durch vorsichtiges Anbohren des Stammes kann ein Teil des Saftes abgenommen werden, ohne dass der Baum Schaden nimmt. Nach zwei Wochen sind 30 bis 50 Liter Saft ausgetreten, die dann zu gerade mal einem Liter Sirup eingekocht werden. Reiner Ahornsirup ist kostbar, er enthält viele Vitamine und Mineralien. Aber Achtung! Im Handel gibt es auch minderwertige Produkte, die mit anderen Zusätzen verschnitten sind. Bitte unbedingt auf die Inhaltsangabe achten.

Das feinmaserige Holz eignet sich für hochwertige Erzeugnisse wie Möbel oder Musikinstrumente. Kinder schnitzten sich früher Pfeifen aus diesem Holz. Außerdem kann man sich Ahornsamen gut auf die Nase kleben!

Feldahorn im Herbst

Bergahorn

In der Heilkunde wurde Ahornrinde und -blätter seit alters her wegen ihrer **kühlenden und abschwellenden** Eigenschaften eingesetzt, z. B. bei Fieber, Augenentzündungen, Insektenstichen oder einfach bei müden Füssen.

Blüte des Spitzahorn

Im Herbst sind es die Ahornbäume, die **besonders farbenprächtig** sind und unser Bedauern mildern, dass der Sommer zu Ende geht. Eine Legende der Salteaux-Indianer in Kanada erzählt, wie die Großmutter des Schöpfergottes einst von bösen Geistern in der Dunkelheit bedrängt wurde und durch die glühenden Herbstblätter des Ahorns gerettet wurde. Der Schöpfer (bei diesem Indianerstamm heißt er Nanahboozhoo) war daraufhin so erfreut und dankbar, dass er beschloss, unter den Ahornbäumen zu leben. Als eines Tages Menschen vorbeikamen und ihn fragten, wie man Ahornsaft sammeln kann, zeigte er ihnen, wie man dabei den Baum so wenig wie möglich verletzt.

Anregungen zum Basteln mit bunten Ahornblättern findest du auf S. 18.

Apfel

BESCHREIBUNG

Der Kultur-Apfel ist ein **Zuchtbaum**, der bereits vor tausenden von Jahren aus wilden Arten wie dem Holz-Apfel gezüchtet wurde.

Apfelbäume sind mittelgroße, sommergrüne Bäume, die **fünfzählige, weiße** bis leicht **rosafarbene** Blüten haben. Sie blühen früh im Jahr, was die Bienen freut, die sie bestäuben und ihre ersten Pollen sammeln können. Die Blätter sind **oval bis elliptisch** und haben **leicht**

Botanischer Steckbrief
Familie: Rosengewächse
Gattung: Äpfel *(Malus)*, etwa 25 Arten
Natürliches Vorkommen: Europa und Asien
Wichtigste Art: Kultur-Apfel. Bereits im Jahre 1880 kannte man 20.000 Sorten!

gesägte Ränder. Sie sind etwas weicher und samtiger als die der verwandten Birne.

GESCHENKE FÜR DIE MENSCHEN

Äpfel sind **sehr gesund** und werden überall auf der Welt als **Nahrung sowie als Heilmittel** geschätzt. Sie enthalten viele Vitamine und Mineralstoffe (z. B. Kalium und Eisen), die besonders unter der Schale vorkommen. Äpfel fördern die Verdauung und die Entgiftung des Körpers und sind besonders gut für den Darm, die Leber und das Hirn.

Bei Durchfall bringt geriebener Apfel Hilfe (dreimal täglich gegessen). Geriebener Apfel, etwas an der Luft oxidiert (d. h. er wird etwas bräunlich), ist auch das Bekömmlichste, was man nach einer Magenverstimmung wieder essen kann. Wer dagegen eher an Verstopfung leidet, sollte gebratene oder gebackene Äpfel probieren. Gebratene Äpfel sind auch gut bei Heiserkeit. Apfelschalentee wiederum regt Blase und Niere an, entspannt die Nerven und wirkt fiebersenkend (→ Rezept für Heiltees, S. 105).

Da wundert man sich nicht mehr über das englische Sprichwort *An apple a day keeps the doctor away!* (»Ein Apfel am Tag hält den Arzt fern«).

So kommt es, dass der Apfelbaum **im Altertum Muttergottheiten** wie der griechischen Demeter und der germanischen Frigga geweiht war. Ansonsten kommt der Apfel in vielen **Liebes- und Hochzeitsbräuchen** vor, woran ja noch

die »Liebesäpfel« auf dem Jahrmarkt erinnern. In Deutschland gab es z. B. eine Sitte, nach der ein Junge heimlich Liebesworte auf einen Apfel schrieb und diesen dann seiner Angebeteten zu essen gab, damit sie sich auch in ihn verliebe. Über diesen Brauch macht sich ein altes italienisches Märchen lustig, das erzählt, wie solch ein Apfel einem Schwein vor die Nase kam! Nachdem es ihn gefressen hatte, wich es nicht mehr von der Seite des jungen Mannes und folgte ihm überall hin.

Doch die Geschichte im Alten Testament, nach der Eva dem Adam einen **Apfel im Paradies** gab, **stimmt so nicht** ganz. Der hebräische Urtext spricht hier lediglich von einer »Frucht«, nennt aber keine Baumart. Erst im 5. Jahrhundert wurde zum ersten Mal behauptet, dass es ein Apfel gewesen sei – von einem Theologen, der in Südfrankreich in einem Apfelanbaugebiet lebte.

Birke

BESCHREIBUNG

Birken stellen nur geringe Ansprüche an Boden und Klima und gedeihen auf **trockenen wie nassen Böden**, z. B. in Heidegebieten, auf Dünen oder Moor. Aber sie brauchen sehr **viel Licht** und wachsen daher am besten in offenem Land.

Birken sind schnell wachsende, sommergrüne Bäume. Die **Rinde ist meist hell bis weiß**, aber diese Glattrinde platzt mit der Zeit zunehmend ab und entblößt tiefere Schichten der Rinde, die dunkler, mitunter fast schwarz sind. Alle Birken werden windbestäubt. Die Blütenstände heißen Kätzchen. Die männlichen **Blütenstände sind hängend**, die weiblichen **aufgerichtet**. Im Herbst

Hängebirken im Frühling

Botanischer Steckbrief
Familie: Birkengewächse
Gattung: Birken *(Betula)*, etwa 60 Arten
Natürliches Vorkommen: Europa, Nordamerika, Asien bis Japan
Wichtigste Arten: Weissbirke (auch Sand- oder Hängebirke), Moorbirke

gehen die vielen kleinen geflügelten Samen auf ihre Reise.

Die Knospen und Samen der Birke **ernähren viele Vögel**, z. B. den Birkenzeisig und das Birkhuhn. Die Birke bietet einen Lebensraum für Pilze, Flechten und Moose, aber auch für Insekten (Dutzende Arten von Schmetterlingsraupen!) und Säugetiere.

GESCHENKE FÜR DIE MENSCHEN

Im hohen Norden, wo es nicht viele Baumarten gibt (Finnland, Russland/ Sibirien, Alaska und Kanada) fertigten die Menschen früher Schuhe aus Birkenrinde, Kanus, Tipi-Abdeckungen oder Dachschindeln, Eimer sowie Behälter für Lebensmittel. Abgedichtet wurden diese dann mit Birkenpech (→ S. 97).

In der Heilkunde haben Birkenblätter und Birkensaft (aus dem angeritzten Stamm) viele gute Eigenschaften, vor allem sind sie **entzündungswidrig und harntreibend**, was den Körper reinigt und Niere, Galle und Harnblase gut tut. Die Blätter enthalten auch Vitamin C. Sie können als Tee getrunken werden oder man mischt einige junge Blätter im Frühjahr dem Salat bei. Der Saft ist zuckerhaltig und kann direkt getrunken werden. Oder man benutzt ihn als

Drei unterschiedliche Rindenbilder von Hängebirken

Birken-Haarwasser, welches die Kopf-haut erfrischt und belebt. (Aber Achtung: **Bitte nicht selbst die Birken anritzen!** Das kann zu Infektionen am Baum führen, wenn man es nicht sachgemäß

Blütenstände der Hängebirke

macht. Andererseits aber auch nicht Haarwasser aus der Drogerie trinken, denn das enthält wahrscheinlich andere Zusätze!)

Die Birke strahlt viel **Leichtigkeit und Freude** aus, weswegen die Menschen auch viele freudvolle Bräuche um diesen Baum erfanden. Dazu gehören der Tanz um den **Maienbaum** und die »Jubelbirke« in Russland (→ S. 112). Bei den alten Germanen hieß die Birke *berkana* und und war ein **Symbol für Schutz und Mütterlichkeit**. Daher entwickelte sich der Brauch, ein Stück Birkenholz beim Kinderbett aufzuhängen oder das ganze Bett daraus zu fertigen. Bei vielen alten Völkern war die Birke der **Göttin der Liebe** geweiht (Frigga, Venus). So grazil die Birke auch wirken mag, sie verkörpert die mächtigste Kraft der Welt: die der Liebe und Fürsorge.

Birne

BESCHREIBUNG

Birnbäume sind mittelgroße, sommergrüne Bäume. Sie sind höher und etwas schlanker als Apfelbäume. Wie bei allen Rosengewächsen haben ihre **Blüten fünf Kronblätter**. Sie sind **weiß bis rosa** und erscheinen im April vor oder mit den Blättern. Sie werden von **Insekten** bestäubt, vor allem von **Bienen**. Die Birne ist eine sogenannte »Kernfrucht«. Ihr Fruchtfleisch enthält einige verholzte Zellen.

Heute gibt es über 3.000 Birnensorten. Die bekanntesten sind Williamsbirne und Conference. (Die Glühbirne ist natürlich keine Birnenart, wurde aber nach diesen Früchten benannt, weil sie genauso geformt ist.)

Botanischer Steckbrief
Familie: Rosengewächse
Gattung: Birnen *(Pyrus)*, etwa 20 Arten
Natürliches Vorkommen: Eurasien und Nordafrika
Wichtigste Art: Kultur-Birne

GESCHENKE FÜR DIE MENSCHEN

Birnen enthalten **weniger Säure als Äpfel** aber genauso viel Fruchtzucker, daher schmecken sie so süß. Außerdem sind sie **gut verdaulich und nahrhaft**. Sie sind reich an Ballaststoffen, Vitaminen (v. a. A, B und C), Mineralien und Spurenelementen (Kalium, Eisen, Magnesium und Kalzium). Medizinisch haben sie eine **kühlende** Wirkung, was hilfreich ist bei inneren Entzündungen. Durch ihren hohen Gehalt an Eisen und

Wildbirne

Phosphor sind sie auch gut für den **Kreislauf** und das **Nervensystem**.

Birnenholz fand früher Verwendung zum Drechseln und zur Herstellung von Essbesteck, aber auch von Musikinstrumenten wie Flöten.

Im alten Griechenland war die Birne der Göttin Hera geweiht, der Gemahlin

Alter Birnbaum im Frühjahr

des Zeus. Sie war die Schutzherrin von Ehe und Geburt. Ihre Standbilder und Statuen wurden oft aus Birnbaumholz gefertigt.

Die Kultur-Birne ist ein langlebiger Baum. Deshalb eignete sie sich besonders für den alten Brauch, bei der Geburt eines Kindes einen Birnbaum als **persönlichen** »**Lebensbaum**« zu pflanzen. In manchen Gegenden wurde hingegen ein Apfelbaum für einen Jungen und ein Birnbaum für ein Mädchen gepflanzt.

Als Symbol bedeutet die Birne **Gesundheit und Glück**.

Briefmarke aus Moldavien

Buche

BESCHREIBUNG

Buchen gehören zu den wichtigsten und am weitesten verbreiteten Bäumen in der gemäßigten Klima-Zone. Es sind sommergrüne Bäume, die leicht an ihrer **glatten silbergrauen Rinde** erkannt werden können. Deren abgestorbenen äußeren Schichten blättern nicht in großen Schuppen oder Streifen ab wie bei den anderen Bäumen, sondern zerfallen praktisch zu feinem Staub. Dadurch ist die Rinde immer glatt.

Buchen werden bis zu 30 Meter hoch und haben **im Freistand eine große, breite Krone.** Im dichten Wald können sie sogar noch höher werden. Ihr Alter ist jedoch eher begrenzt, sie werden fast nie älter als 300 Jahre.

Typisch für die Buche sind auch die **parallelen Blattaderpaare** auf beiden Seiten der Mittelachse des Blattes. Aber am bekanntesten sind sicherlich die Früchte, die Bucheckern. Das sind **dreikantige Nüsse** in einer **stacheligen Hülle.**

Der umgangssprachlich als »Buche« bezeichnete Baum ist die Rotbuche, so benannt wegen einer leicht rötlichen

Botanischer Steckbrief
Familie: Buchengewächse
Gattung: Buchen (*Fagus*), etwa 10 Arten
Natürliches Vorkommen: Europa, Amerika, Asien
Wichtigste Art bei uns: Rotbuche

Färbung des Holzes. Der Baum mit den richtig dunkelroten Blättern ist die Blutbuche oder Purpurbuche, die eine Unterart der Rotbuche ist.

GESCHENKE FÜR DIE MENSCHEN

Die Buche bietet **Nahrung für viele Wesen**. Schon die Blätter enthalten Stärke, viele Mineralien und Proteine. Rinder, Ziegen und Schafe wachsen prächtig, wenn sie sie fressen. Menschen können ein paar junge Blätter in Frühlingssalate oder Suppen tun. Aber am nahrhaftesten sind natürlich die Bucheckern! Im Mittelalter trieben die Menschen im Herbst ihre Tiere (v. a. Schweine) in den Wald, um sie mit Bucheckern und Eicheln zu »mästen«. Und ganz früher haben Menschen die Bucheckern sogar geröstet und zu Brot oder Gebäck verarbeitet. Daher der lateinische Name *Fagus*, er kommt vom griechischen Wort für »essen«.

Der deutsche Name hat sich aus demselben Ursprung entwickelt und dann später etwas ganz anderem den Namen gegeben: dem Buch! Schon die alten Germanen ritzten ihre **Runen auf Buchenstäbe**. Im Mittelalter waren dann nicht nur die Schreibtischchen der Mönche aus Buchenholz, sondern als Alternative zur Schriftrolle begannen

sie, dünne **Tafeln aus Buchenholz** zu einem »Buch« zusammenzubinden. Und schließlich wurden bei der Erfindung des Buchdrucks im 15. Jahrhundert die ersten »**Buch-Staben**« aus Buchenholz geschnitten.

So schenkte die Buche dem Menschen nicht nur etwas zu essen, sondern auch geistige Nahrung. Denn Bücher enthalten ja viel Wissen und geistige Anregung für uns.

Dattelpalme

BESCHREIBUNG

Palmen sind botanisch gesehen keine echten Bäume. Sie haben kein echtes Holz und auch ihr ganzer Aufbau unterscheidet sich von dem der Bäume. Während Bäume nämlich zeitlebens ein Dickenwachstum der Stämme aufweisen, wird der Stamm von Palmen nicht mehr dicker. Jedes Jahr wachsen **oben neue Palmenwedel**, die alten, unteren Wedel sterben ab und hinterlassen beim Abfallen Narben, die dem ganzen Palmenstamm seine typische Oberfläche verleihen.

Die Dattelpalme ist die **älteste Kulturpflanze der Welt**. Sie wurde bereits vor 6000 Jahren im Vorderen Orient angepflanzt. Sie kann bis zu 30 m hoch werden. Ihre **großen Blätter sind gefiedert**

Unreife Datteln

Botanischer Steckbrief
Familie: Palmengewächse
Gattung: Dattelpalmen *(Phoenix)*, etwa 14 Arten
Natürliches Vorkommen: tropische und subtropische Zone Afrikas und Asiens
Wichtigste Art: Echte Dattelpalme

und eine einzige Fieder kann bis zu 45 cm lang sein. Die Früchte, die Datteln, enthalten einen großen langen Samen inmitten des **süßen, essbaren Fruchtfleisches**.

Die Dattelpalme ist auch ein typischer Baum in den **Wüsten-Oasen**.

GESCHENKE FÜR DIE MENSCHEN

Datteln werden das »Brot der Sahara« genannt. Seit jeher haben sie unzählige Menschen ernährt, nicht nur in Nordafrika, sondern auch im Nahen Osten und in Asien. Heute werden Datteln in diesen Gebieten angebaut und in die ganze Welt exportiert. Datteln sind **sehr nahrhaft und sehr süß**. Sie stärken das Herz und die Verdauung.

In vielen alten Kulturen war die Dattelpalme ein **heiliger Baum**. Nach uralter Tradition hielten die alten Israeliten **wichtige Versammlungen** unter Palmen ab (ähnlich wie die alten Germanen unter Linden, vergl. S. 113), und berühmte Persönlichkeiten wurden unter solchen Bäumen bestattet. Die Palme war ein **Symbol für Recht und Gerechtigkeit**, aber natürlich auch für **Fruchtbarkeit und Überfluss**.

Bei seinem Einzug in Jerusalem wurde Jesus, auf einem Esel reitend, mit

Palmenwedeln begrüßt. Daraus entstand der christliche Brauch, am **Palmsonntag** die Kirche mit Palmenwedeln zu schmücken. In nördlichen Ländern nimmt man dafür andere Bäume, in England z. B. Eibenzweige, in Deutschland Weidenzweige mit Kätzchen.

Auch in der **arabischen Tradition** ist die Dattelpalme ein heiliger Baum. Nach einer Legende hatte Allah sie am selben Tag wie den Menschen geschaffen und aus demselben Klumpen Lehm! Nach dem Koran gebar Maria Jesus unter einer Palme, die ihr ihre Früchte schenkte. Die erste Moschee in Medina war aus Palmensäulen errichtet. Und der engste Gefährte des Propheten Mohammed erließ ein Gebot »**Du sollst Palmen nicht zerstören**«.

Eine schattige Dattelpalmen-Oase

Dattelpalmen-Plantage in Marroko

Douglasie

BESCHREIBUNG

Auch in Europa gab es einst Douglasien, bevor sie in der letzten Eiszeit ausstarben. Seit etwa 120 Jahren aber werden sie angepflanzt – und auch hier können sie bis zu stolzen 60 m hoch wachsen! In ihrer Heimat, den Rocky Mountains im Westen Amerikas, können sie sogar doppelt so hoch werden. Solche Bäume haben dann einen Stammdurchmesser von 4 m!

Die Douglasie ist ein **immergrüner** Baum. Sie hat eine **schlanke, kegelförmige Krone.** Die **grünen bis blaugrünen Nadeln** stehen **einzeln** an den Ästen, sie sind **weich und stumpf.** Wenn man sie zerreibt, verströmen sie einen angenehmen **aromatischen Duft.**

Die Douglasie ist **einhäusig** (hat also männliche und weibliche Blüten zusammen auf *einem* Baum). Sie wird vom Wind bestäubt. Die an den Zweigen **hängenden Zapfen** werden 4-10 cm lang und fallen nach der Reife *als Ganzes* ab, wie bei unserer Fichte.

GESCHENKE FÜR DIE MENSCHEN

In Europa ist die Douglasie zum wichtigsten nicht-einheimischen Baum

geworden, der wegen seines Holzes angebaut wird. Daraus macht man Furnierholz für Parkett und Möbel, Fenster, Türen, Dachstühle, Schiffsmasten und viele andere Dinge.

Die »Holzproduktionsforste« in Europa geben jedoch kaum einen Eindruck davon, wie dieser Baum wirklich ist. Dazu müsste man schon zum Cathedral Grove (»Kathedralen-Hain«) reisen, der als eines der »Sieben Wunder Kanadas« gilt. Cathedral Grove ist das **letzte Überbleibsel eines Urwaldes,** der jahrtausendelang von den Ureinwohnern gehütet wurde (→ Bild S. 114 rechts). Dort stehen riesige, uralte Douglasien

Botanischer Steckbrief
Familie: Kieferngewächse
Gattung: Douglasien *(Pseudotsuga)*, etwa sechs Arten
Natürliches Vorkommen: Nordamerika
Wichtigste Art: Douglasie (auch Douglasfichte, Douglaskiefer)

Reifer Zapfen

und dazwischen Thujen, die eine unvergessliche Atmosphäre verbreiten. Solche Wälder bieten einen Lebensraum für unzählige Vögel und seltene Eulenarten, und sie helfen Rehen,

Junge Zapfen

Elchen und Stachelschweinen, im langen Winter nicht zu verhungern.

Mehr denn je kämpfen Indianerstämme wie die Kwakiutl, Bella Coola und Quatsino um den **Schutz dieses einzigartigen Regenwaldes**. Er überlebte einen großen Waldbrand vor 350 Jahren, aber die Ankunft der Europäer vor etwa 160 Jahren erwies sich als weitaus zerstörerischer. Erst in den Jahren 2003 und 2008 fällten die Holzfirmen wieder sehr viele große Bäume, die Indianer sprechen von »Massakern«.

Es gibt aber auch Hoffnung: Die Indianerstämme – die in Nordamerika *First Nations* heißen (»Erste Nationen«, weil sie *zuerst* da waren) – haben sich zusammengetan und erwirken langsam eine Anerkennung ihrer Landrechte. Das wird automatisch auch die alten Bäume schützen! Und sie erhalten Hilfe z. B. von Kanadas größter Bürgerinitiative, dem *Wilderness Committee*.

Eberesche

BESCHREIBUNG

Ebereschen (oft auch »Vogelbeeren« genannt) sind sommergrüne Sträucher oder Bäume mit **gefiederten Blättern** und zusammengesetzten Blüten, bei denen 200 bis 300 kleine weiße Blüten in sogenannten »Rispen« zusammenstehen. Bestäubt werden sie von Käfern, Fliegen und Bienen. Im August und September reifen die **orangefarbenen bis feuerroten Früchte** heran, die in dichten Bündeln zusammenhängen.

Wenn man genau hinschaut, sehen diese Beeren wie kleine Äpfel aus. Sie ziehen viele Vögel (Amseln, Drosseln, Rotkehlchen und Stare) an, die die Beeren genüsslich verspeisen und hernach die Samen verbreiten. Besonders wichtig sind die Vogelbeeren jedoch für Vögel wie Rotdrossel und Seidenschwanz, die, aus Skandinavien kommend, bei uns überwintern und etwas Leckeres zu fressen brauchen. Verschiedene Tiere tun sich ebenfalls an den Beeren gütlich: Fuchs und Dachs, Siebenschläfer und Mäuse. Reh und Rothirsch wiederum fressen Blätter, Triebe und Knospen.

Die Eberesche wächst als mehrstämmiger oder einstämmiger kleiner Baum bis **etwa 12 m hoch**. Sie hat sehr geringe Ansprüche an den Boden und kommt daher an vielen unwirtlichen Standorten vor – **auch in großen Höhen** bis etwa 1000 m.

Vogelbeer-Baum auf einem Felsblock in den schottischen Highlands

Botanischer Steckbrief

Familie: Rosengewächse
Gattung: Mehlbeeren, auch Vogelbeeren (*Sorbus*), etwa 85 Arten
Natürliches Vorkommen: die kühle gemäßigte Zone der Nordhalbkugel
Wichtigste Art: Eberesche (auch Vogelbeere)

Reife Beeren im Wald

GESCHENKE FÜR DIE MENSCHEN

Dass die **Früchte** der Eberesche giftig seien, ist ein Gerücht. Sie enthalten jedoch Parasorbinsäure, die dem Magen **nicht sehr bekömmlich** ist. Durch Kochen wird diese Säure zu Sorbinsäure, die gut verträglich ist. Daher werden die Vitamin-C-haltigen Beeren zu Marmelade, Kompott oder Gelee verarbeitet (→ Rezept S. 102).

Die Früchte sind allgemein **blutreinigend** und **stärken das Immunsystem**. Sie enthalten außerdem den Zuckeraustauschstoff Sorbit, den man früher für Zuckerkranke daraus gewonnen hat (heute wird er industriell hergestellt). In der **Naturheilkunde** werden Mittel aus der Eberesche auch bei Husten und Heiserkeit, Zahnfleischbluten und Verdauungsbeschwerden eingesetzt.

Die Eberesche wurde seit alters her als **Schutzbaum** verehrt. Man sagte ihr magische Kräfte nach, die Haus und Hof beschützten, und deshalb pflanzte man sie auch nah am Haus. In Irland war sie der Baum der Göttin Brigid, der Schutzherrin des Handwerks, der Dichter und Sänger. Daher gilt sie in keltischer Überlieferung als der »**Baum der Eingebung**«. Bei den Iren heißt sie auch *fid na ndruad*, »Baum der Zauberer«.

Ebereschenbeeren sehen aus wie Mini-Äpfel.

145

Edelkastanie

BESCHREIBUNG

Kastanien sind sommergrüne Bäume, die man gut an ihren **großen, länglichen Blättern** mit den deutlich **gezähnten Rändern** erkennen kann. Es sind langlebige, große Bäume, die auch trockene Wetterphasen gut überstehen können. Das müssen sie auch, denn am meisten verbreitet sind sie in Südeuropa, Nordafrika und anderen warmen Gebieten.

Alle Kastanienbäume sind einhäusig, d. h. sie haben männliche und weibliche Blüten auf einem Baum. Die **Nussfrüchte** sind groß und braun und sitzen meist zu dritt in einem **stacheligen, runden Fruchtbecher**.

GESCHENKE FÜR DIE MENSCHEN

Das widerstandsfähige Holz ist hochwertig. Aber deswegen werden Kastanien nicht angepflanzt, denn wo sie wachsen, gedeihen auch Eichen gut. Die Blätter dienten **früher zum Einwickeln von Nahrungsmitteln**, bis man vor einigen Jahrzehnten umweltschädigende Plastikverpackungen dafür zu benutzen begann.

Nur manche Käsesorten (Weichkäse) werden immer noch in Kastanienblätter gewickelt, weil diese den Reifeprozess günstig beeinflussen.

Die leckeren Kastanien (Maronen) enthalten deutlich weniger Fett als andere Nüsse und sind daher besser verdaulich. Sie sind reich an Vitamin B und C und vielen Mineralien. Man kann

Botanischer Steckbrief
Familie: Buchengewächse
Gattung: Kastanien *(Castanea)*, etwa 12 Arten
Natürliches Vorkommen: gemäßigte nördliche Zone
Wichtigste Art: Edelkastanie (Esskastanie)

Der zweitälteste Kastanienbaum der Welt steht in Norditalien.

sie natürlich **geröstet essen** (auf dem Jahrmarkt oder zuhause!), oder auch mahlen und **beim Brotbacken verwenden**. Die Tsalagi-Indianer (Cherokee) und Irokesen in Amerika machen daraus z. B. auch Kuchen, Soßen, Suppen und Heißgetränke.

Auch als Heilmittel dient die Edelkastanie. Ihre Blätter werden wegen ihrer krampflösenden Wirkung für **Hustentee** verwendet. Wegen ihrer antibakteriellen Eigenschaften benutzte man sie früher auch zur **Wundbehandlung**.

Die **alten Griechen schätzten die Kastanienbäume** sehr und weihten sie ihrem höchsten Gott Zeus. Der Name des Baumes leitet sich von der Stadt Castanis im alten Griechenland ab, wo diese Baumart damals besonders häufig vorkam.

In der christlichen Symbolik stehen Kastanien für **Güte**. Ein beliebter Brauch in Frankreich ist es, Heiligenbilder an Kastanienbäumen anzubringen.

Eibe

BESCHREIBUNG

Die Eibe ist die **älteste Baumgattung Europas**. Sie existiert seit dem Jura, dem Zeitalter der Dinosaurier, und ist einer der interessantesten Bäume der Welt. So hat sie seit jeher die Forscher verwirrt, weil sie zwar **Nadeln** trägt, aber statt Zapfen (wie die anderen Nadelbäume) hat sie **rote, fleischige Früchte**. Tatsächlich nimmt sie eine Sonderstellung zwischen Nadelbäumen und Laubbäumen ein und lässt sich nicht eindeutig zuordnen.

Die Eibe ist eine **immergrüne** Baumart, die zweihäusig ist, d. h. männliche und weibliche Einzelbäume hervorbringt. Die Bestäubung geschieht durch den Wind, aber viele Insekten nutzen das frühe Pollen-Nahrungsangebot, denn die Eibe **blüht sehr früh im Jahr** (oft schon im März). Die knallroten Früchte werden von vielen Vogelarten (z. B. Stare, Drosseln, Amseln) verspeist, die die Samen weit verbreiten. Auch Füchse und Dachse mögen die roten Früchte gern. Die Eibenfrüchte sind sehr süß, aber etwas schleimig. Sie können auch von Menschen gegessen werden, doch

Botanischer Steckbrief
Familie: Eibengewächse
Gattung: Eibe *(Taxus)*, 1 Art (mit 9 Unter-Arten)
Natürliches Vorkommen: gemäßigte Zone der Nordhalbkugel, teilweise auch Subtropen

muss man **unbedingt den Kern ausspucken**, denn dieser ist giftig.

Alles an der Eibe außer dem roten Fruchtfleisch ist giftig. Früher hat man aus dem Gift der Eibe **Pfeilgift** hergestellt, und nach ihrer Eroberung durch die Römer vor 2.000 Jahren haben sich stolze keltische Krieger mit Eibengift das Leben genommen.

GESCHENKE FÜR DIE MENSCHEN

Wie kein anderer Baum kennt und beherrscht die Eibe die Geheimnisse des Lebens. Keine andere Baumart in Europa kann so alt werden wie Eiben (es gibt Eiben, deren Alter auf **2.000 Jahre** und mehr geschätzt wird; die ältesten Eichen dagegen sind kaum über 600 Jahre alt; und nur eine einzige Linde in Deutschland ist wirklich eintausendjährig).

Aber nicht nur das. Wenn andere Bäume alt und hohl werden, sterben sie langsam ab. Eiben aber können innen in ihrem hohlen Stamm eine sogenannte Innenwurzel wachsen lassen, die sich im Boden verankert und dann ganz langsam zu einem **neuen Baumstamm heranwächst** – während der alte,

alte Stammhülle
Innenwurzel / Innenstamm

Uralte Eibe in Südengland: Vor einhundert Jahren traf man sich zum Tee am gedeckten Tischlein im hohlen Stamm. Jetzt ist davon nur noch die Tür übrig. Und der Baum, zum Glück!

hohle Stamm um sie herum immer dünner wird und Stück für Stück wegbricht (siehe Bild unten links). Am Ende hat sich der Baum vollständig verjüngt und sieht auch aus wie ein junger Baum. So kann die Eibe den Tod überwinden und **praktisch ewig leben**.

Dies hat schon die Menschen in der Steinzeit so tief beeindruckt, dass sie **diesen Baum verehrt** haben wie keinen sonst. Als ältestes und weisestes Lebewesen der Erde wollte man die Eibe besonders bei den wichtigsten Stationen des menschlichen Lebens dabeihaben: bei der Geburt und beim Sterben. Die Eibe wurde sozusagen zum **Wächter der Schwelle** zwischen Diesseits und Jenseits. Sie sollte die Schwangeren und die Babys behüten und andererseits den Seelen der Verstorbenen den richtigen Weg ins Jenseits weisen. Darum wurden Menschen unter Eiben begraben und auch heute noch stehen Eiben auf vielen Friedhöfen.

Aber wie das in der Natur so ist, werden natürlich nicht alle einzelnen Eiben uralt. Viele sterben vorher, vielleicht durch Krankheit oder weil ein Blitz oder Felsbrocken oder ein anderer Baum sie umreißt. Dann benutzte man auch das Holz dieses Baumes, das **außergewöhnlich hart und dauerhaft** ist. Bei Nässe fault es nicht, sondern wird noch härter. Daher sind einige der Paläste in Venedig auf riesigen Eibensäulen im Wasser errichtet. Auch Löffel, Suppenschüsseln und Schneidebretter wurden früher aus Eibenholz gefertigt. Das Holz ist ja ebenfalls leicht giftig, doch das ist auch vorteilhaft und hygienisch, weil es Bakterien abtötet.

Somit war die Eibe von Anfang der Menschheitsgeschichte an in fast allen Lebensbereichen **sehr wichtig**. Wie keine andere Baumart galt sie als der Baum des Lebens bzw. als der Weltenbaum (→ S. 114).

Eiche

BESCHREIBUNG

Eichen sind **sommergrüne** Laubbäume, es gibt aber auch **immergrüne** Arten wie die Steineiche, die in Südeuropa und Irland gedeiht. »Unsere« Eichen erkennen wir leicht an der typischen **unregelmäßig rund gelappten** Blattform. Es sind **große, langlebige** Bäume, die im Freien **breite Kronen** entwickeln.

Die beiden Haupt-Eichenarten bei uns unterscheiden sich wie folgt: Bei der **Stieleiche** stehen die **Eicheln** einzeln oder zu mehreren **an einem schlanken Stiel**. Dafür sind die Blätter sehr kurz gestielt. Bei der **Traubeneiche** ist es genau umgekehrt: Sie haben **ungestielte Eicheln**, aber langstielige Blätter.

Die Blüten der Eichen sind nur unscheinbar und **blassgrün**. Die Früchte

dagegen, die Eicheln in ihren kleinen Bechern, kennt jeder! Viele Tiere lieben diese Nahrung, ob Schweine, Rinder oder Eichhörnchen.

Erwähnenswert sind auch die in Spanien und Portugal wachsenden **Korkeichen** mit ihrer **feuerfesten Rinde**, dem Kork. Dieser kann alle neun Jahre vorsichtig geerntet werden. Ein einzelner Baum liefert dann etwa 4.000 Flaschenkorken (→ S. 97).

GESCHENKE FÜR DIE MENSCHEN

Auch Menschen benutzen **gemahlene Eicheln** im Speiseplan. In der schweren Zeit nach dem Krieg hat man in Deutschland aus geröstetem Eichelmehl einen bitteren Kaffee (Muckefuck) gebraut, und verschiedene Indianerstämme in Amerika mischen traditionell ihrem Brot etwas Eichelmehl bei.

Die Eiche ist ein so kraftstrotzender Baum, dass sie ebendies auch schon immer für alle symbolisiert hat: **Kraft und Stärke**. Damit wollten die Leute schon immer gern angeben. Daher nennt man die Eiche in der keltischen Überlieferung den Baum der Jäger und Krieger. Und auch in Wappen und den Symbolen der Länder findet man sie

Bei der Stieleiche stehen die Eicheln an langen Stielen.

häufig. In Deutschland wird sie oft auch stolz die »deutsche« Eiche genannt, in England ist es die »englische« Eiche und in Frankreich die »französische«. Jeder will sie für sich beanspruchen. Und weil

Eiche auf einem alten Stich

ihr Holz so stark ist, hat man es auch schon immer für Kriegsgeräte verwendet, bis die Waffen langsam alle aus Metall gemacht wurden. Das vielleicht größte kriegerische Wettrennen der Geschichte geschah nach der Entdeckung Amerikas. Da wollten alle westeuropäischen Länder miterobern und lieferten sich furchtbare Seeschlachten. Die **Kriegsschiffe** waren zum größten Teil aus Eichenholz und seither liegen die einstigen großen Eichenwälder Englands auf dem Meeresgrund.

Dabei ist die Eiche selbst ein sehr gutmütiger und fürsorglicher Baum: Keine andere Baumart in Europa bietet so vielen Tieren, Vögeln, Insekten und Spinnen **Futter und Lebensraum** wie die Eiche. Und außerdem gilt sie auch als der »Baum der Dichter«. Wenn du mal vor einer Prüfung oder etwas anderem Aufregendem Kraft tanken musst, setzt du dich am besten an eine Eiche zum **Kraftsammeln**.

Erle

BESCHREIBUNG

Die Erle ist ein sommergrüner Baum, der **eng mit dem Wasser zusammenlebt** und den man häufig an Seen und Flüssen und in Feuchtgebieten findet. Als Einzelbaum kann sie ganz knorrig werden, während sie im Bestand schlank aufschießt und dennoch recht alt werden kann. Ihr lichtdurchlässiges Laubdach ermöglicht einen reichen Unterwuchs, der wiederum viele Insekten und Wasservögel anlockt sowie den Fischotter, den Dachs, Frösche und Fische.

Die Wurzeln der Erle greifen **tief in den feuchten Boden.** Am Ufer von Bächen und Flüssen, Teichen und Seen halten sie den Boden zusammen und schützen davor, vom Wasser abgeschwemmt

zu werden (»Erosion«). An sumpfigen Orten festigen, belüften und entwässern die Erlenwurzeln das Erdreich und **wirken einer Vermoorung entgegen.** Wo es dennoch zu sumpfig wird, tritt die Moorbirke an ihre Stelle.

Die **hängenden weiblichen Kätzchen** sehen denen der verwandten Birke ähnlich. Sie verholzen während der Samenreife zu **kleinen rundlichen Zapfen,** ähnlich denen der Nadelbäume. Diese Zapfen bleiben den Winter über am Baum, aber die kleinen **geflügelten Samen** wehen daraus fort oder fallen in den Fluss, der sie fortträgt, bis sie irgendwo weiter flussabwärts hängen bleiben und dort eine neue Erle wachsen kann.

Junge Zapfen

Blütenstände neben alten Zapfen

GESCHENKE FÜR DIE MENSCHEN

Früher benutzte man die Gaben der Erle auf vielfältige Weise: die Rinde zum **Gerben** von Leder, die Blätter zum **Färben** von Stoffen, das Holz zur Herstellung von **Holzkohle** (➔ S. 100). Als Bauholz eignet es sich nicht, da es sehr viel Eiweiß enthält, was Holzwürmer anzieht. Aber es ist **beständig gegen Dauernässe** und wurde für Wasserpumpen, Schleusen und Gebäudefundamente benutzt.

In der **Heilkunde** verwendet man Erlenzubereitungen aus Blättern und Rinde gegen **Entzündungen, Rheuma und Durchfall**.

In der Überlieferung begegnen wir der »**Erlenfrau**« unter den Namen Else, Elsa und Elise. Sie ist ein Waldgeist, der Männer auf die Probe stellt. Legenden erzählen, wie sie Mannsbildern als wunderschöne Frau im wilden Wald erscheint, und wenn diese mit ihr schmusen wollen, verwandelt sie sich in

eine behaarte oder berindete Kreatur. Die Männer bekommen einen gehörigen Schrecken und laufen schreiend davon. Nur einer nicht: Wolfdietrich in der nach ihm benannten Sage. Er behandelt die Erlenfrau mit Respekt und schließlich nimmt sie ihn mit in ihre Zauberwelt. Dort entsteigt sie einem Jungbrunnen und macht ihn zu ihrem König.

Auch der berühmte deutsche Dichter Johann Wolfgang von Goethe veröffentlichte im Jahre 1782 eine Ballade vom **Erlkönig**. Die älteste Darstellung der Erlenfrau ist eine über 2.600 Jahre alte Erlenholzstatue aus Schottland.

Die Erle kann dir ein guter Freund sein, wenn du einmal traurig und bedrückt bist. Dann setze dich zu einer Erle ans Flussufer, lehne dich an sie und lausche auf das Plätschern des Wassers. Die Erle wird dir helfen, deinen Kummer, deine Enttäuschung und deinen **Schmerz langsam loszulassen** und mit dem Wasser wegfließen zu lassen.

Erlenbruchwald

Esche

BESCHREIBUNG

Die Esche ist ein sommergrüner Baum, der bis zu 40 m hoch und über 300 Jahre alt werden kann. Sie gedeiht auf fast jedem Boden, verträgt Wind und sogar Umweltgifte, **braucht** aber eine **gute Wasserversorgung**.

Ihre Blätter sind **gefiedert und hell**. Sie bewegen sich leicht in der Brise und bei Sonnenschein glitzert die Krone der Esche in einem einzigartigen Lichtspiel der lichtdurchlässigen Blätter.

Im Winter erkennt man die Esche an den **dicken, samtig-schwarzen Knospen**. Eschen können **ein- oder zweigeschlechtlich** sein. Im Frühjahr zeigen sich die **kleinen Blüten**. Die befruchteten Blüten reifen zu **einseitig geflügelten**

Sehr alte Esche im Winter

Nüsschen, die je einen Samen enthalten. Die meisten von ihnen bleiben den Winter über am Baum und werden dann erst von den Frühjahrswinden verteilt.

Mit der Eberesche (S. 144) ist sie trotz des ähnlichen Namens nicht verwandt.

GESCHENKE FÜR DIE MENSCHEN

Die Esche ist nach der Buche und der Eiche der wichtigste Laubbaum für die **Forstwirtschaft** und auch für die **Landwirtschaft**. Bauern schätzen ihr Laub als **Blattfutter**, da es reich an Nährstoffen und für Rinder, Schafe, Ziegen wie auch Rotwild leicht zu kauen ist. Der Förster schätzt ihr Holz, das **sehr fest**, aber gleichzeitig **sehr biegsam** ist. Es eignet sich besonders für **Sportgeräte** wie Skier, Barren und Ruder. Früher stellten die Menschen auch Jagd- und Kampfspeere aus Eschenholz her.

Die Innenseite der Rinde war früher als **Wundheilmittel** bekannt. Als Erste-Hilfe-Mittel wird sie auf blutende Wunden aufgelegt; der frische Saft wirkt hierbei als Desinfektionsmittel. Die Blätter der Esche erfrischen, in die Schuhe gelegt, die **müden Füße** des Wanderers.

Im alten Griechenland galt die Esche als Tochter des alten Meeresgottes

Die gefiederten Eschenblätter im Frühling

Oceanos, die den Phoroneus gebar, einen Mann, der den Menschen das Feuer brachte. So drückte man aus, dass man sich im **Schutz der Esche sicher fühlte** vor den Unbillen des Feuers als auch des Meeres. Kleinen Kindern legte

Reife Eschensamen

man zum Schutz einen Eschenspan in die Wiege. Und noch im letzten Jahrhundert, als viele Iren nach Amerika auswanderten, nahmen sie als Talisman ein Stück Eschenholz mit auf die Seereise. In ihrer Überlieferung ist die Esche nämlich auch ein **Baum der Druiden**. Im benachbarten Wales ist sie der Baum von Gwydion, einem mächtigen Druiden und Zauberer, dem einfach alles gelang, was er sich vornahm.

Auch dir wird die Esche am meisten helfen, wenn du ganz konzentriert all deinen **Willen** zusammennehmen musst, um ein angestrebtes Ziel zu erreichen, und wenn es darum geht, **Mut** zu schöpfen gegen alle noch so einschüchternden Widerstände. *Alles ist möglich! Man muss nur wissen, wie!*

Feige

BESCHREIBUNG

Die Feigen sind eine große Gattung von Bäumen, Sträuchern und Kletterpflanzen. Manche Arten sind immergrün, andere werfen ihr Laub zum Winter ab. Feigen gedeihen in **warmem Klima**, können aber auch etwas Frost abbekommen. Nicht alle Feigen sind essbar.

Die Echte Feige ist ein **kleiner Baum** (bis 9 m hoch) mit **breiter Krone** und **dicken, stumpf gelappten Blättern**. Die Blätter sind auf der Oberseite **rau** und auf der Unterseite **flaumig**.

Das Merkwürdigste bei der Feige ist die **einzigartige Art der Bestäubung** der Blüten. Die Blüten befinden sich nämlich in einer krugförmigen Aushöhlung wie in einer kleinen Höhle. Dort kriecht eine spezielle seltene Wespenart hinein und legt ihre Eier. Die jungen Larven ernähren sich von Teilen des Blütenstandes. Wenn sie dann erwachsen geworden sind und davonfliegen, sind sie mit Blütenstaub bedeckt, den sie zu anderen Blüten tragen und diese somit bestäuben.

Die Feige, die wir sehen und essen können, ist eigentlich gar keine Frucht, sondern ein »Fruchtstand«. Dieser ist aus dem krugartigen Blütenstand hervorgegangen, der während der Reifezeit stark anschwillt. Die Höhlung im Inneren ist nun ausgefüllt mit süßem Fruchtfleisch. Die kleinen schwarzen Kernchen im Inneren, *das* sind die eigentlichen Früchte.

GESCHENKE FÜR DIE MENSCHEN

Kaum eine »Frucht« ist so süß und so nahrhaft wie die Feige! Seit jeher ist sie ein **wichtiger Bestandteil der menschlichen Ernährung**. Archäologen fanden 7.000 Jahre alte getrocknete Feigen in einer jungsteinzeitlichen Siedlung bei Gezer (Israel). Feigen enthalten viel Kalzium, Kalium, Phosphor und Eisen und können roh, getrocknet oder in verschiedensten Kuchen, Keksen, Marmeladen und anderen Süßspeisen genossen werden. Lecker sind sie immer!

Feigen helfen, das **Herz** zu regulieren und **Giftstoffe** aus dem Körper zu entfernen. Ein paar Feigen vor dem Schlafengehen gegessen, helfen gegen Verstopfung. Feigen **schenken sehr viel Energie**. Der Tee aus ihren Blättern

dagegen senkt den Blutzuckerspiegel, weshalb man ihn bei Zuckerkrankheit einsetzen kann.

Im Altertum war die reichlich tragende Feige ein **Sinnbild für Fruchtbarkeit.** Sie war auch ein Symbol für den erfolgreichen Übergang vom Zeitalter der Jäger und Sammler zu dem der sesshaften Bauern. Denn sie war **eine der ersten Baumarten, die kultiviert wurden.** Die Spartaner (ein altgriechischer Stamm) feierten einmal im Jahr ein Fest zu ihren Ehren. In Athen gab es einen heiligen Feigenhain, der der **Muttergöttin Demeter** geweiht war. Und auch in Rom gab es einen heiligen Feigenbaum, denn der Legende nach waren die beiden Gründer der Stadt, die **Zwillinge Romulus und Remus,** als Babys ausgesetzt und von einer Wölfin unter einem Feigenbaum gesäugt worden.

Fichte und Tanne

BESCHREIBUNG

Fichten und Tannen sind **zwei** Gattungen großer, immergrüner Nadelbäume. Die meisten haben eine **schlanke, kegelförmige Wuchsform** und einen einzigen Stamm. Die Äste vieler Nadelbäume hängen schräg nach unten, damit Schnee leicht an ihnen abrutschen kann. Hätten sie weit ausladende Äste, auf denen viel Schnee liegen bliebe, würden die Äste eher abbrechen.

Fichtennadeln sind etwas **steif und stechend**, stehen an **kurzen** Stielen und sind **heller als Tannennadeln.** Letztere sind **weich** und haben **zwei markante silberweiße Streifen auf der Unterseite.** Bei beiden Baumarten sind die Nadeln **spiralig** am Zweig angeordnet, aber bei der Tanne stehen sie im Schattenbereich **flach** an den beiden Seiten. Wenn eine Fichtennadel nach einigen Jahren abfällt, bleibt der Stiel am Zweig, wodurch die **Zweige rau** wie Raspeln sind. Bei Tannenzweigen fallen die Blattstiele mit ab, weswegen diese **Zweige glatt** sind.

Die Fichte bildet jedes Jahr einen neuen Astquirl am Stamm (der zentrale Stamm wächst höher nach oben und an der Vorjahrsspitze bildet sich ein neuer Ring von Seitenästen). Jedes Jahr im Juni wachsen zudem **neue Triebe** in hellem Grün **an den Zweigenden.**

Bei der Fichte stehen die **weiblichen Blüten** noch als aufrechte Zäpfchen am Baum, aber während der Reife **wenden sie sich** und als reife Zapfen *hängen* sie am Zweig. Einige der **geflügelten Samen**

Botanischer Steckbrief
Familie: Kieferngewächse
Gattung: Fichten *(Picea)*, etwa 35 Arten; Tannen *(Abies)*, etwa 50 Arten
Natürliches Vorkommen: gemäßigte Zone der Nordhalbkugel
Wichtigste Arten bei uns: Gewöhnliche Fichte (Rotfichte); Edeltanne (Weißtanne)

werden noch am Baum hängend entlassen, bevor der Zapfen als Ganzes abfällt.

Die Zapfen der Tannen dagegen *stehen immer aufrecht* am Zweig und entlassen alle Samen, die wie bei den

Weißtanne: Nadelzuwuchs, aufrechte Zapfen

Hängende Fichtenzapfen (Weißfichte)

Fichten mit dem Wind davonfliegen, bis am Ende der Zapfen als **leere, dünne Spindel** am Zweig zurückbleibt. Folglich kann man **keine Tannenzapfen am Boden** sammeln.

Tannen und Fichten sind **sehr wichtige Bäume** im borealen Nadelwaldgürtel der Erde (➜ S. 62).

GESCHENKE FÜR DIE MENSCHEN

Der botanische Name der Fichte leitet sich von dem lateinischen Wort für »Pech«, *pix*, ab. Denn aus sehr harzhaltigen Nadelbäumen wie diesen gewann man früher vier wichtige Substanzen: **Pech, Teer, Harz und Terpentin** (➜ S. 97-99). Nicht nur die Menschen in Europa und Asien, auch die Einwohner Nordamerikas brauchten Pech zum Abdichten ihrer Häuser und Kanus. Aus dem Holz machte man Bettrahmen, Spielzeug, Paddel, Zeltstangen, Hütten und Dächer.

Schon seit der Antike wurden Fichte und Tanne auch in der Heilkunde eingesetzt, besonders als Tannen- oder Fichtennadelbad (➜ S. 105).

Tanne und Eibe wurden ursprünglich auch als **Weihnachtsbaum** verwendet (man denke an das Lied »Oh Tannenbaum«). Heute sind die meisten Bäumchen, die zu Weihnachten auf dem Lande verkauft werden, Fichten oder Tannen. In städtischen Märkten findet man dagegen oft die **Nordmanntanne**, die viele wegen ihrer weichen Benadelung bevorzugen.

Für die Ureinwohner Sibiriens ist der **Weltenbaum eine riesige Fichte**, die die Unterwelt, die Menschenwelt und die Welt der Geister miteinander verbindet. Auch bei den Indianerstämmen Südkanadas ist die Fichte (nämlich die Sitka-Fichte) ein besonderer Baum: Er erinnert die Indianer daran, wie wichtig es ist, mit anderen Lebewesen (Tieren und Pflanzen) **zusammenzuarbeiten, mit Himmel und Erde in Verbindung** zu sein und **als Mensch bescheiden und demütig** zu bleiben.

159

Ginkgo

BESCHREIBUNG

Der Ginkgo ist der **einzige noch lebende Vertreter** einer ausgestorbenen Gruppe von Samenpflanzen. Daher wird er auch als »lebendes Fossil« bezeichnet. Vor 160 Millionen Jahren gab es Ginkgos auch in Europa, wie man aus Fossilienfunden weiß. Heute werden Ginkgos in aller Welt angepflanzt.

Der Ginkgo ist ein sommergrüner Baum, der bis zu 35 m hoch werden kann. Er ist **zweihäusig**. Ein gutes Erkennungsmerkmal sind seine einzigartigen **fächerförmigen Blätter**. Mit dem kleinen Spalt in ihrer Mitte haben sie die alten Chinesen an **Entenfüße** erinnert, und so nannte man diesen Baum in China tatsächlich auch Entenfußbaum. Sein Hauptname in China ist jedoch Gingko und bedeutet »Silber-Aprikose«.

Die **männlichen Blüten** sind kätzchenförmig. Die **weibliche** Blüte reift nach der Befruchtung zu einer **mirabellenartigen Frucht**, die in einer (**nicht essbaren!**) **fleischigen Hülle** einen weißen, **essbaren Samen** enthält.

GESCHENKE FÜR DIE MENSCHEN

Der Ginkgo ist ein **heiliger Baum in Ostasien**, wo er in taoistischen und

Früchte am Baum ... und auf dem Boden

Botanischer Steckbrief
Familie: Ginkgogewächse
Gattung: Ginkgo *(Ginkgo)*, eine Art
Natürliches Vorkommen: China
Einzige Art: Ginkgo

160

Das unverwechselbare »Entenfuß«-Blatt des Ginkgo

Ginkgo-Fossil

buddhistischen Tempeln gepflanzt wird. Buddhistische Mönche brachten den Ginkgo auch nach Korea und Japan. Die ältesten Bäume in den Tempeln Japans werden auf etwa 1.000 Jahre geschätzt.

Mindestens seit dem 2. Jahrhundert v. Chr. dienen die Samen als **Nahrungsquelle**. Sie werden gekocht oder geröstet und gelten als kostbare Delikatesse. Sie werden auch in **Heilmitteln** benutzt. Im Westen schätzt man sie zur Anregung des Kreislaufs und bei Gedächtnis- und Konzentrationsschwäche.

Als die USA am Ende des 2. Weltkriegs (1945) eine Atombombe auf die Stadt Hiroshima in Japan abwarfen, wurde alles Leben im Zentrum der Katastrophe ausgelöscht. Doch vier Ginkgo-Bäume, die an verschiedenen Plätzen standen, **überlebten die Explosion** und den Feuerschwall! Alle vier Ginkgos blühten sogar schon im folgenden Frühjahr wieder und gedeihen noch heute. Die **Wissenschaft konnte dies nicht erklären**, aber die Japaner feiern es als Wunder. Seither gilt der Ginkgo in Japan als **Zeichen der Hoffnung**, dass **eine Welt in Frieden** doch möglich sein wird. An allen vier Ginkgos stehen heute Tafeln mit Gebeten für den Frieden.

Ginkgo-Postkarten aus China

Hainbuche

BESCHREIBUNG

Hainbuchen sind sommergrüne Bäume mittlerer Größe. Sie kommen in Mischwäldern und in Parks vor und werden vor allem als Hecken gepflanzt, weil sie **langsam, aber schön dicht** wachsen.

Die Hain- oder Weißbuchen sind *nicht* **direkt mit den Buchen verwandt**, sondern gehören zu den Birkengewächsen. Die Hainbuche hat äußerlich aber einiges gemeinsam mit der Rotbuche: Die Rinde ist **silbergrau**, wenngleich bei der Hainbuche auch **gefurchter** und **nicht ganz so glatt**. Alte Hainbuchenstämme können richtig **knorrig** aussehen. Auch die Blätter sehen ähnlich aus wie bei der Rotbuche, sind aber bei der Hainbuche deutlich **gerippter** und haben einen **gezackten Rand**.

Die **kleinen Kätzchen** werden vom Wind bestäubt. Die Frucht ist eine **einsamige Nuss**, die mit einem **dreilappigen Flügel** versehen ist, der ihr – ähnlich wie bei Ahornsamen – beim Fliegen hilft. So werden die Samen weit verteilt.

GESCHENKE FÜR DIE MENSCHEN

Das langsam gewachsene Hainbuchenholz ist so hart, dass Zimmermannswerkzeuge schnell daran stumpf werden. Daher trägt es auch den Namen »Eisenholz«. Solch ein widerstandsfähiges Material war ideal für die Räder von Wind- und Wassermühlen und für Wagenachsen, später auch für Billardstöcke, Trommelschlägel und Klavierhämmer. **Holzkohle** (➜ S. 100) aus Hainbuchenholz verbrennt so heiß, dass man damit **sogar Eisen schmelzen** kann. Darum wurde es schon früh in der Schmiedekunst verwendet.

Der Name der Hain- oder Hagebuche kommt von *hag*, einem alten Wort für

162

Die Blätter sind deutlich gerippter als bei der Rotbuche

Junger Hainbuchenwald in Hanglage

Im Gegensatz zum glatten Stamm der Rotbuche ist die Borke der Hainbuche längsgefurcht.

Hecke, das auch »Einfriedung« bedeutet. Weil sie so gute Heckenpflanzen sind, hat man damit auch Festplätze und **geweihte Orte eingefriedet und geschützt**. Der botanische Name *Carpinus* stammt von einem keltischen Wort für Wald, *carr*. Und dieses wiederum ist verwandt mit dem Namen der Kar, einer **Weisheitsgöttin** aus Südeuropa.

Unter Hainbuchen können wir einen **kühlen Kopf** bewahren. Und sie stärken unsere **Entschlusskraft**, damit wir, wie die Göttin Kar, weise Entscheidungen treffen können, die für alle Beteiligten gut sind.

Laubengang in einem Schlosspark

Junge und reife Samen

Hasel

BESCHREIBUNG

Die Hasel wächst meist als Strauch bis 5 m Höhe, kann aber auch als Baum wachsen und doppelt so hoch werden. Sie ist sommergrün und hat **große Blätter** mit **doppelt gesägten Rändern**. Im Frühjahr erscheinen die Blüten vor den Blättern, die männlichen als **lange Kätzchen** und die weiblichen als **winzig kleine, rote Blüten**. Als Frühblüher (Februar/März) ist die Hasel ein **wichtiger Pollenlieferant** für Honigbienen. Es werden aber nur die männlichen Blüten angeflogen, weil die weiblichen weder duften noch Nektar anbieten. Doch das kümmert die Hasel nicht, denn die Bestäubung erfolgt ohnehin durch den Wind.

Oben: Die männlichen Kätzchen
Unten: Das sieht man selten! Eine Großaufnahme der weiblichen Blüte

Die Früchte sind die bekannten **Haselnüsse**. Sie sind in spezielle Blätter gehüllt und wachsen **in Büscheln** am Ende der Zweige. Sie werden von kleinen Säugetieren wie Eichhörnchen und Mäusen mit Vorliebe verspeist. Auch Vögel wie Kleiber und Häher erfreuen sich an ihnen.

Die Hasel hat ein **sehr verzweigtes Wurzelsystem**, das aus einer Pfahlwurzel und starken Seitenwurzeln besteht. Sie bildet aber auch **Stockausschläge**, d. h. an der Stammbasis entstehen Schösslinge, die schon im ersten Jahr mehrere Meter hoch werden können und sich im zweiten Jahr verzweigen. So entsteht die **Strauchform** der Hasel.

Die Hasel **braucht fruchtbaren Boden** und hat ein erstaunlich weites Verbreitungsgebiet: Man findet sie von den Orkney-Inseln im Norden Schottlands bis in die Türkei und im Kaukasusgebirge in Kleinasien, in Norwegen bis zum Polarkreis und genauso in den wärmsten Mittelmeerländern. Aber reifen tun die Haselnüsse am besten dort, wo es warm ist.

GESCHENKE FÜR DIE MENSCHEN

Haselnüsse enthalten viel Vitamin A, B und C, Kalium, Kalzium, Phosphor,

Die Hasel wirkt unscheinbar zur Blütezeit,...   ...aber birst vor Lebenskraft im Mai!

Magnesium und Eisen sowie Eiweiß und 60-70 % Öl. Schon seit der Jüngeren Steinzeit hat die Hasel der **Ernährung** des Menschen gedient. Seither haben wir Menschen gelernt, die Nüsse nicht nur roh zu essen, sondern daraus leckere Dinge herzustellen wie Kuchen und Kekse, Nougat, Krokant und Speiseeis (➔ S. 103).

Blätter und Rinde sind alte **Heilmittel**, weil sie u. a. **blutstillend und fiebersenkend** wirken. Die **biegsamen Haselruten** hingegen waren besonders im Mittelalter wichtig: beim Hausbau stellte

man Flechtwerkmauern her, indem man ein festes Gitterwerk aus Haselruten flocht und es dann beidseitig mit Lehm verputzte. Heute sieht man solche **geflochtenen Gitterwände** noch als Trennwände in Gärten und auf Terassen, natürlich ohne Lehmverputz. Haselholzkohle wiederum ergibt die besten **Kohlestifte zum Zeichnen**.

In den alten keltischen Mythen stehen neun Haselsträucher an der Urquelle der Weisheit. Das deutet darauf hin, dass die Hasel uns helfen kann, eine einfache Weisheit wieder neu zu entdecken und wie eine Quelle in unserem Leben sprudeln zu lassen: nämlich das **Wunder des gegenwärtigen Augenblicks** auszukosten und das **Zauberhafte** im Leben zu sehen. Dazu passt auch die bekannte Redensart »**eine harte Nuss knacken**«. Da gilt es, ein Rätsel zu lösen, ein Geheimnis aufzudecken und als Kern des Ganzen eine zunächst verborgene köstliche Wahrheit zu finden.

Holunder

BESCHREIBUNG

Der Holunder ist sommergrün und wächst als **Strauch oder kleiner Baum**. Die Blätter sind **gefiedert** und haben drei bis neun Fiederblättchen-Paare. Die **Rinde ist hellbraun**, die dickeren Äste haben eine **längsgefurchte, korkartige Borke**.

Wenn der Holunder im Juni blüht, ist er übersät mit **großen flachen Schirmrispen**, die aus vielen **kleinen weißgelblichen Blüten** bestehen. Sie haben einen frischen und fruchtigen Duft, der typisch und unverwechselbar ist. Die Blüten sind **fünfzählig**. Sie werden von vielen Arten kleiner Käfer und anderen geflügelten Insekten besucht.

Bereits im August beginnen die Beeren zu reifen. Anfangs sind sie rot, dann werden sie schwarz. Sie enthalten einen **burgunderroten Saft**, der auch die Stiele rot färbt (und deine Kleidung, wenn du nicht aufpasst!). Die Beeren und die darin enthaltenen Samen werden hauptsächlich durch Vögel wie Amseln, Drosseln und Stare verbreitet. Der Holunder gedeiht auf stickstoffreichem Boden, etwa in der Nähe von **Komposthaufen**, und

ist daher sehr häufig bei menschlichen Siedlungen anzutreffen.

GESCHENKE FÜR DIE MENSCHEN

Holunderbeeren enthalten viel Vitamin C und Kalium. Sie **stärken das Immunsystem und töten sogar Viren!** Du kannst mal einige wenige roh essen, wenn du willst, aber richtig bekömmlich werden sie erst durch kurzes Kochen. Im Herbst, wenn die ersten Grippewellen kommen, ist es besonders gut, **heißen Holunderbeersaft mit Honig** zu trinken, denn das beugt vor und hält gesund. Aber Achtung! Eltern finden das meist ganz furchtbar, weil sich ihre Lippen und besonders die Zunge ganz blau verfärben (➜ Rezept S. 105).

Und im Juni kann man die Blütendolden natürlich zu den bekannten **Holunderblüten-Pfannkuchen** verarbeiten (➜ Rezept S. 103).

> **Botanischer Steckbrief**
> *Familie:* Moschuskrautgewächse
> *Gattung:* Holunder *(Sambucus)*, etwa 20 Arten
> *Natürliches Vorkommen:* Europa, Kleinasien,
> *Wichtigste Art:* Schwarzer Holunder (Flieder, Holler)

Der Holunder ist ein ganz besonderer **Zauberbaum**! Wohl kein anderer Baum wurde seit jeher von den Menschen so geliebt. Und einen Holunder zu fällen oder ihm irgendwie Leid anzutun, war überall in Europa strikt verboten! Man empfand ihn als so wohltätig, dass man ihn als **Schutzbaum** am Haus pflanzte. Jeden Morgen brachte man **der** »**Holler-mutter**« **zum Dank** eine Schale voller Wasser, Milch oder Bier, oft mit einem Stückchen Kuchen oder Brot dabei. Erinnerst du dich an die gütige Frau Holle aus dem Märchen von Goldmarie und Pechmarie? Sie ist eine Erscheinung der Hollermutter. In Bayern war es die Göttin Perchtha oder Bertha, und in Irland hieß sie Brigid – all diese Namen bedeuten »die Leuchtende, Strahlende«, was uns natürlich an die schönen Blü-ten erinnert.

Übrigens: Im Inneren der Zweige befindet sich schaumstoffartiges Mark, das sich leicht mit einer Stricknadel oder einem Bohrer aushöhlen lässt. Aus den so entstandenen Röhren kannst du Teile für eine Kette oder sogar eine Flöte herstellen. Holunder wächst zwar sehr schnell, aber sei trotzdem behutsam, wenn du Zweige für deine Basteleien abschneidest.

Kiefer

BESCHREIBUNG

Kiefern sind große immergrüne Nadelbäume, die sehr weit verbreitet sind.
Junge Bäume haben meist eine **kegelförmige Gestalt**, wie sie typisch ist für
Nadelbäume. Im Alter wird die **Krone
buschig und oben abgeflacht**. Einzeln
stehende Kiefern können sogar ganz
ausgeprägte Gestalten annehmen, wie
man es sonst nur von Laubbäumen
kennt.

Unsere Waldkiefer hat eine typische
rötliche Rinde, die im Alter **tiefe Spalten**
bekommt und **in Schuppen abblättert**.
Ihre **blassgrünen** Nadeln sind viel länger
als die von Fichte und Tanne und stehen
immer zu zweit zusammen. Die **männlichen** Blüten sind **länglich und gelb**
und befinden sich an den Spitzen der
jungen Triebe. Die **weiblichen** Zapfen
sind eher **rundlich**, bis zu 8 cm lang und
stehen an kurzen Stielen. Sie sind als
Blüten rötlich, werden aber nach der
Befruchtung grün und biegen sich zum

Botanischer Steckbrief
Familie: Kieferngewächse
Gattung: Kiefern *(Pinus)*, über 90 Arten
Natürliches Vorkommen: nördliche
gemäßigte Zone
Wichtigste Arten bei uns: Waldkiefer
(= Gemeine Kiefer, Föhre), Bergkiefer
(Latsche)

Zweig hin. Sie reifen erst im Spätherbst
des zweiten Jahres. Dann sind sie **ver-
holzt** und von **dunkler graubrauner**
Färbung. Nach Freigabe der **geflügelten**
Samen fallen sie als Ganzes zu Boden.

Die Waldkiefer ist sehr duldsam
(»tolerant«) gegenüber vielen Böden und
Klimabedingungen. Ihre lange **Pfahlwurzel** hilft ihr, auch in obergründig
trockenen Böden Wasser zu finden. Man
findet sie an so unterschiedlichen Standorten wie Sandböden (auch an Meeres-
dünen, wo andere Bäume die salzige
Luft nicht vertragen! ➔ Abb. S. 69),
Mooren und felsigen Berghängen.

Übrigens: Nach schlimmen Stürmen
sieht man manchmal flächenweise um-
geworfene Kiefern. Das liegt nicht daran,
dass Kiefern nicht wüssten, wie man
sich sicher im Boden verankert, sondern
daran, dass der Mensch sie oft auf die
kargsten Sandböden pflanzt, wo eine
gute Verwurzelung einfach nicht möglich ist.

GESCHENKE FÜR DIE MENSCHEN

Ähnlich wie bei Fichte und Tanne sind
Heilmittel aus der Kiefer gut zum **Inha-
lieren** oder **Einreiben**, als Tee oder als
Vollbad bei Husten, Grippe, Bronchitis

Jungtriebe mit weiblichen (rot, obenauf) und
männlichen (ockergelb, unten) Blüten

und Asthma. Auch **stärken sie die Verdauung** und die **Vitalität**.

Da die Kiefer zu schnellem Wuchs angetrieben werden kann, ist sie **ein Liebling der Forstindustrie**. Kiefernholz findet man daher überall: in preiswerten Möbeln, Telefonmasten, Zäunen, als Bauholz selbst für Hochhäuser, als Kisten, Holzwolle und sogar als Klopapier. Die armen Kiefern! Dankt ihnen das noch jemand? Kaum ein bisschen gewachsen, werden sie schon zerstückelt und verkauft. Wenn man in den Kiefernpflanzungen doch wenigstens ab und zu mal einen Baum richtig alt werden ließe…

Dabei ist die Kiefer ein ganz starker Typ! Bei den Kelten galt sie als »**Baum der Krieger**«. Mutige schottische Recken ehrten sie, und viele schottische Clans erkoren sie zu ihrem Abzeichen (ihrem »Logo«). In Südeuropa war sie der Baum des Pan, des Gottes der Vegetation. Die Kiefer hat einen **starken Überlebenswillen**, sie lässt sich nicht einschüchtern von kargen Böden oder schlimmen Stürmen. Sie lehrt uns, allen **Gefahren und Problemen** zu **trotzen**, sich ihnen mutig entgegenzustellen, egal, wie stark der Ansturm auch sein mag.

Junger und…   …alter Zapfen

Kirsche

BESCHREIBUNG

Die Kirsche gehört – wie auch die Pflaume, die Aprikose und der Pfirsich – zu den Steinobstgewächsen. Sie alle bringen, wie der Name schon sagt, Obst mit einem Stein in der Mitte hervor.

Kirschbäume werden wegen ihrer **saftigen, süßen Früchte** rund um den Erdball angebaut. Die Süß- oder Vogelkirsche ist ein mittelgroßer Baum, der zum Winter sein Laub abwirft. Er stammt aus Eurasien, ist aber auch in Nordamerika heimisch geworden. Er hat eine **glatte, graue Rinde**, die mit dem Alter dunkelrote Färbung annimmt und – das ist recht selten unter Bäumen – sich in **waagerechten Streifen abschält**, die dünn sind wie Papier.

Die Blüten sind schön, auffällig und **weiß**, wie bei den meisten anderen Bäumen, die zu den Rosengewächsen gehören (vergleiche Apfel, Birne). Und weißt du, wie viele Blütenblätter sie haben? Die Früchte sind außen rot und glänzend und innen saftig und süß.

Botanischer Steckbrief
Familie: Rosengewächse
Gattung: Prunus, über 400 Arten
Natürliches Vorkommen: nördliche gemäßigte Zone
Wichtigste Art: Süsskirsche

Dieser Baum ist **wärmeliebend**, kommt in den Alpen aber immerhin bis 1700 m Höhe vor. Wir kennen ihn natürlich aus Gärten, aber er wächst auch im Freiland, wenn Vögel ihn dort gesät haben.

GESCHENKE FÜR DIE MENSCHEN

Nicht nur die Früchte, auch das **feinmaserige** Holz der Kirsche ist sehr beliebt, jedenfalls bei Tischlern. Es eignet sich für Möbel und Musikinstrumente (z. B. Holzblasinstrumente) und auch zum Drechseln und Schnitzen.

Natürlich erfreuen sich die Menschen überall auf der Welt an ihren Kirschbäumen, aber nirgends so sehr wie in Japan! Hier wartet das ganze Land auf die **Kirschblüte im Frühjahr**, die in Japan *sakura* heisst. Wenn sie im Süden des Landes begonnen hat, gibt es im Fernsehen eigens Nachrichten, die ähnlich unserer Wettervorhersage darüber berichten, wie viele Tage die Kirschblüte noch von jedem Gebiet entfernt ist. Wenn die »Kirschblütenfront« dann endlich gekommen ist, nehmen Millionen Japaner ihre Decken und Getränke und setzen sich für einen Tag oder wenigstens ein paar Stunden gesellig unter die Kirschbäume! Im Ueno-Park in Tokio stehen daher 1.000 von ihnen.

Und weil das schon viele Jahrhunderte Brauch ist, sind es auch die Japaner, die die schönsten Kirschbäume gezüchtet haben, die in aller Welt in Gärten und Parks gepflanzt werden – über 300 Sorten *sato sakura*, »blühender Kirschbäume«, gibt es bisher.

In den japanischen Mythen ist die Kirsche der Prinzessin Konohana Sakura Hime geweiht, deren Kinder die Ahnen aller Menschen sind. Für die Japaner symbolisiert die Kirsche **Reinheit und Tugend**. Wenn die Blütenblätter unverwelkt zu Boden fallen, sind sie ein Sinnbild, dass auch der Mensch bis zum Ende seines Lebens anmutig und vollkommen sein kann.

Die typischen Querstreifen der Rinde

Die typisch unwiderstehlichen Früchte!

Lärche

BESCHREIBUNG

Die Lärche nimmt eine Sonderstellung unter den immergrünen Nadelbäumen ein: sie **wirft jeden Herbst ihr Nadelkleid ab** wie die Laubbäume! Ihre Wuchsform ist nicht kegelförmig wie die vieler Fichten, sondern breiter und **unregelmäßig**. Die Nadeln stehen nicht am ganzen Zweig entlang verteilt, sondern in kleinen **Rosetten**. Besonders schön ist die Lärche im Frühjahr, wenn die jungen Nadeln noch ganz weich sind und in frischem Grün erstrahlen – ebenso im Herbst, wenn sich die Farbe des Baumes in sanfte Gelb- und Ockertöne verwandelt.

Lärchen werden **sehr alt**: 500 bis 600 Jahre sind normal, es gibt aber auch Bäume, die auf über 800 Jahre geschätzt werden. Dies gilt freilich nur für wilde, freie Bäume in den Bergen! Wenn die Lärche im Tiefland angebaut wird, um Holz zu produzieren, findet ihr Leben schon viel früher ein jähes Ende.

Mit ihrem **starken Wurzelsystem** ist sie für das raue Leben in den Bergen optimal geeignet. Kraftvoll drängen sich ihre Wurzelausläufer zwischen Felsbrocken und Gesteinsschichten. Und werden sie einmal verletzt (z. B. durch Geröll und Bergrutsche), werden die Wunden schnell mit Harz verschlossen, so dass es nicht zu Wurzelfäule kommt.

Die männlichen Zapfen sind **gelb**, die weiblichen **rosa bis dunkelrot, werden dann aber grün**. Die reifen Zapfen schließlich sind **holzig braun** und stehen **aufrecht** am Zweig. Die Samen darin reifen erst im darauffolgenden Frühjahr. Nachdem sie davongeflogen sind, bleiben die leeren Zapfen aber weiterhin am Baum, bis ihr Zweig einmal abfällt.

> **Botanischer Steckbrief**
> *Familie:* Kieferngewächse
> *Gattung:* Lärchen *(Larix)*, etwa 10 Arten
> *Natürliches Vorkommen:* kältere Regionen der nördlichen Halbkugel
> *Wichtigste Art:* Europäische Lärche

GESCHENKE FÜR DIE MENSCHEN

Das Holz der Lärche ist **fester und beständiger** als das von Fichte, Tanne und Kiefer. Es ist auch **relativ widerstandsfähig gegen Feuer und Wasser**. Daher war es schon im Römischen Reich begehrt zum Bau der Schiffsflotte.

In der **Heilkunde** ist die Lärche ebenfalls schon seit langem bekannt. Sie hilft bei Problemen mit der **Haut** und den **Atemwegen**. Ein Lärchennadelvollbad ist genauso wohltuend wie eines mit Fichten- oder Kiefernnadeln. Wenn man bei einer Bergwanderung einen Hustenreiz verspüren sollte, kann man auch mal ein klitzekleines Kügelchen Lärchenharz kauen.

Die Legenden um die Lärche stammen aus den Alpen, ihrem natürlichen Verbreitungsgebiet. Sie erzählen von den *Säligen* (den »Seeligen«) oder *Saligfräulein*, die als ein Volk von Feen und den Menschen sehr wohlgesonnen galten. Sie erschienen den Menschen immer wieder unter alten Lärchen, wo man sie ganz in Weiß und Silber gekleidet sitzen sah. Manchmal ließen sie einen wundervollen Gesang erklingen, der mitunter bis tief in die Täler hörbar war.

Die letzte heilige Lärche stand bis 1859 bei Naunders in Tirol.

Junger Zapfen (oben) und verholzter Zapfen

Linde

BESCHREIBUNG

Linden sind sommergrüne, große Laubbäume. Die Winterlinde ist in ganz Mitteleuropa und Russland heimisch, das Gebiet der Sommerlinde ist ähnlich, aber ein wenig weiter nach Süden verschoben. Die **Blätter der Winterlinde** sind deutlich **kleiner** als die der **Sommerlinde**. Beide Arten wurden gekreuzt; daraus ist die sogenannte **Holländische Linde** entstanden, die am häufigsten in Straßen und Parks angepflanzt wird.

Linden werden **viele hundert**, manche **sogar eintausend Jahre alt**. Die Wurzeln reichen **tief**. Die Blätter sind **herzförmig**. Die **duftenden, hellgelben Blüten** erscheinen in kleinen Büscheln. Sie haben ein langes, **lanzettförmiges Hochblatt**, das später dem Samen als Flügel dienen wird. Die Frucht ist ein kleines **rundes, samtig behaartes Nüsschen**. Das Blütenmeer der Linde ist eine ergiebige **Nektarquelle** für Bienen und Hummeln. Darum heißt die Linde in Amerika auch einfach *bee tree*, »Bienenbaum«.

Das sommerliche Laub wird von **Blattläusen** bewohnt. Das macht der Linde nichts und tut auch sonst niemandem weh. Aber Auto- und Fahrradfahrer, die ihr Gefährt unter einer Linde abstellen, werden nach einigen Stunden den Wagen und den Fahrradsattel klebrig vorfinden. Das kommt von dem sogenannten »Honigtau«, einem **Zuckersaft**, den die Läuse ausscheiden.

Botanischer Steckbrief
Familie: Malvengewächse
Gattung: Linden *(Tilia)*, etwa 40 Arten
Natürliches Vorkommen: nördliche gemäßigte Zone
Wichtigste Arten bei uns: Winterlinde, Sommerlinde

GESCHENKE FÜR DIE MENSCHEN

Die Phloemfasern der Linde sind besonders **zäh und biegsam**. Darum wurden sie früher von den Indianern in Amerika und auch von unseren Vorfahren in Europa gesammelt und zum **Flechten von Seilen und Tauen** verwendet.

Alles an der Linde kann zu **Heilzwecken** verwendet werden. Die **Linde** »lindert« **Fieber, Krämpfe und Entzündungen**. Tee aus Lindenblüten kannst du dafür leicht selbst zubereiten (➔ S. 105). Mit Honig gesüßt, ist er zudem ein schmackhaftes Getränk, das beruhigend wirkt und einen tiefen, erholsamen Schlaf fördert. Lindenholzasche ist ein desinfizierendes Zahnpulver, das auch das Zahnfleisch stärkt. Die Verbindung der Linde mit der Medizin ist so stark, dass man im alten Griechenland sagte, der legendäre Zentaur Chiron, der den Menschen die Heilkunst brachte, sei der Sohn der Linde gewesen.

Da das Holz dieses Baumes relativ **leicht und weich** und trotzdem **fest und flexibel** ist, arbeitet und reißt es kaum, wenn es durchgetrocknet ist. Deshalb wird es schon immer gerne zum Schnitzen und in der **Holzbildhauerei** verwendet. So sind in den christlichen Kirchen zahlreiche Madonnen- und Heiligenfiguren aus Lindenholz zu finden.

Bei den Germanen waren alte Linden ein **wichtiger Treffpunkt**, um Angelegenheiten der Gemeinschaft zu regeln. Hier wurde Gericht gehalten und oft »gelindere« Urteile gesprochen als an anderen Orten. Auf diese Tradition geht auch die bis heute bekannte **Dorflinde** zurück, die zu einem beliebten Treffpunkt und Mittelpunkt von Dorffesten wurde und die in zahlreichen Liedern und Gedichten besungen wird. Offenbar spürten die Menschen, dass man sich in der »lindernden« **Atmosphäre** dieses Baums besonders gut austauschen und Probleme und Konflikte lösen kann. Vielleicht findet auch ihr eine mächtige alte Linde als Versammlungsort für euch – zum fröhlichen Zusammensein ebenso wie zum Besprechen und Lösen von Problemen?

Mammutbaum

BESCHREIBUNG

Mammutbäume sind **riesige, immergrüne** Nadelbäume. Sie haben eine **sehr dicke, faserige Schicht** unter der rotbraunen Rinde, die **feuerbeständig** ist. So überstehen sie sogar Waldbrände – eine unabdingbare Voraussetzung, um uralt und riesengroß zu werden.

Der Riesen-Mammutbaum ist an den Westhängen der Sierra Nevada in Kalifornien zuhause. Den größten Vertreter haben die Amerikaner »General Sherman« genannt: Er ist 95 m hoch und hat einen Stammfuß-Durchmesser von 18 Metern! Sein Alter wird auf 2.700 Jahre geschätzt. Sein Gewicht beträgt etwa 1.200 Tonnen (zum Vergleich: ein Auto wiegt etwa eine Tonne). Die Belaubung besteht aus **schmalen, spitzen Schuppenblättern**, die **spiralförmig** um den Zweig angeordnet sind.

Mammutbäume sind **einhäusig**, mit getrennten männlichen und weiblichen Zapfen. Die Bestäubung geschieht durch den Wind. Die **Samen bleiben** auch nach der Reifung **noch lange im Zapfen am Baum**. Sie werden erst durch langsame Austrocknung des Zapfens entlassen oder durch die Hitze eines

Waldbrandes! Das ist sehr vorteilhaft, denn nach einem Waldbrand sind die Wachstumsbedingungen besonders gut: Durch die Asche der anderen Pflanzen ist der Boden gut mit Mineralien gedüngt, und Licht gibt es ebenfalls im Überfluss, weil kein Unterholz mehr da ist.

Der Küsten-Mammutbaum wird sogar noch höher als der Riesen-Mammutbaum, nämlich über 100 m. Aber sein Stamm wird nicht so stark und schwer. Der Küsten-Mammutbaum lebt im Regenwald in den Hügeln entlang der Küsten von Kalifornien und Oregon. Auch er hat **Schuppenblätter**, aber

Botanischer Steckbrief
Familie: Zypressengewächse
Gattung: Mammutbäume *(Sequoia und Sequoiadendron)*, 3 Arten
Natürliches Vorkommen: Westliche USA
Wichtigste Arten: Riesen-Mammutbaum, Küsten-Mammutbaum

zusätzlich noch eine **zweite** Blattform: An jungen Zweigen hat er 10-20 mm lange Nadeln.

Seit 1850 werden Mammutbäume auch in Parks in Deutschland gepflanzt.

GESCHENKE FÜR DIE MENSCHEN

Das Holz ist von ausgezeichneter Qualität. Doch die Ureinwohner haben diese Bäume immer so sehr geachtet, dass sie nur Fallholz benutzten und **nie einen lebenden Baum verletzten**. Mit Steinwerkzeugen und Feuer bearbeiteten sie Äste und kleinere Stämme, um Kanus

daraus zu machen. Als die Europäer mit Sägen, Äxten und Dynamit kamen, brauchten sie dennoch eine ganze Woche, um einen dieser Riesen zu fällen. Heute sind die Mammutbäume **vom Aussterben bedroht**. Die letzten Waldstückchen stehen zwar unter Naturschutz, aber trotzdem müssen Umweltschützer und Indianer sie immer wieder gegen die Interessen der Holzfirmen verteidigen.

Kein Wissenschaftler kann erklären, wann genau die Zapfen dieser Bäume sich öffnen, um die Samen zu entlassen. **Aber wenn eine Indianerin zu ihnen** *singt*, öffnen sich Dutzende von ihnen zugleich! Eine indianische Erzählerin lässt die Bäume sprechen: »Alles ist Teil des Wachsens im Gleichgewicht. Wir wachsen unten und oben im Gleichgewicht, und wir gleichen Innen und Außen aus. Wir wachsen auch im Gleichklang mit der Zeit. Wir halten Vergangenheit und Zukunft im Gleichgewicht durch das, was wir in der Gegenwart tun.«

Mandel

BESCHREIBUNG

Die Mandel, die wild in Gebüschen und auf sonnigen Hängen vorkommt, wird bereits seit 4.000 Jahren kultiviert! Sie ist ein sommergrüner **Baum oder Strauch** bis maximal 8 m Höhe. Sie hat **längliche, lanzettförmige Blätter** und blüht im März vor dem Blattaustrieb. Die große Zahl **schneeweißer bis rosafarbener Blüten** wird von Bienen bestäubt.

Die weiche und **flaumig-behaarte Hülle** der Frucht umschließt eine **harte Schale**, die wiederum den Kern schützt – die eigentliche Mandel. Sie ist von einem braunen Samenhäutchen umgeben, das sie vor dem Ranzigwerden schützt.

Im Gartenbau werden Zuchtformen der Mandel verwendet, die besonders schöne Blüten, nicht unbedingt Früchte tragen.

178

Botanischer Steckbrief
Familie: Steinobstgewächse
Gattung: *Prunus*, Untergattung Mandeln *(Amygdalus)*, etwa 40 Arten
Natürliches Vorkommen: Südwestasien (Israel, Iran, Irak, Türkei, Usbekistan)
Wichtigste Art: Gewöhnliche Mandel

GESCHENKE FÜR DIE MENSCHEN

Man unterscheidet zwischen **süßen** Mandeln und **bitteren** Mandeln. Die süßen haben eine **zimtbraune, raue Haut**. Man kann sie mitessen oder abziehen, was durch Überbrühen mit heißem Wasser erleichtert wird. Mandeln verwendet man für Mehlspeisen wie Kuchen und Gebäck, für Liköre und natürlich macht man daraus **Marzipan**. **Bittermandeln** dagegen kann man nicht roh essen, da sie ein **Blausäuregift** enthalten. Aus ihnen gewinnt man **Mandelöl**, ein kostbares Hautpflegemittel.

Mandeln enthalten neben Mandelöl viel Zucker, Vitamin B und E. Im botanischen Sinne sind es übrigens gar keine Nüsse, sondern Steinfrüchte. Sie enthalten auch mehr Kalzium, Magnesium und Kalium als Nüsse und sind reich an Folsäure, was gut ist für schwangere Frauen. Sie **senken den Cholesterinspiegel** und helfen, **Herz und Kreislauf** gesund zu halten. Außerdem stärken sie das **Nervensystem**. 10 - 20 Gramm Mandeln pro Tag sind eine gute Menge, um die Gesundheit zu erhalten.

Unter den alten Stämmen Israels galt die Mandel als Lebensbaum. Ihr alter jüdischer Name, amygdala, stammt von dem sumerischen Begriff für »Große

Mutter«, *ama da*. Diese Mutter ist die **Erde, unser Mutterplanet**; und die frühe Blüte der Mandel verkündete ihr Wiedererwachen in der Natur.

Der **Stab des Moses** soll aus dem Holz der Mandel gewesen sein. Dieser Stab galt als Gottesstab, mit dem er

wundersame Dinge bewirkt hat, die dem Volk zeigen sollte, dass er im Auftrag Gottes handelte. Diese Geschichten kannst du in der Bibel im Alten Testament im 4. und im 17. Kapitel des Buches Exodus nachlesen. Später waren die Stäbe der Priester sowie das Zepter der Könige Israels aus Mandelholz. Doch die wahre Bedeutung der Mandel hat nichts mit Macht und Herrschaft zu tun, sie kann vielmehr ein Zeichen für das Wirken einer göttlichen Kraft sein. Das drückt auch ihr alter aramäischer Name, *Luz*, aus, der »Licht« bedeutet und auf das **göttliche Licht** hinweist, das **aus einer anderen, geistigen Welt** zu uns herüber scheint. Aus dieser Tradition stammt auch der jüdische Kerzenleuchter (➜ Abbildung S. 117).

So ist die Mandel ein Gruß des Himmels an uns.

Olive

BESCHREIBUNG

Die Olive ist ein immergrüner, mittelgroßer Baum, dessen Stamm im Alter oft **knorrig** wird. Er **wächst langsam**, kann aber **Jahrhunderte alt** werden. Er mag es **warm** und braucht relativ wenig Wasser, kommt also gut mit dem Klima der Mittelmeerländer zurecht. Seit 6.000 Jahren wird er kultiviert, aber er kommt auch wild in Hartlaubmischwäldern vor. Dort wächst er meist zusammen mit Wilder Pistazie, Johannisbrotbaum, Stein-Eiche, Kermes-Eiche und Pinien.

Die **lanzettförmigen, ledrigen** Blätter des Olivenbaumes sind von **oben blassgrün** und von **unten silbrig**. Die duftenden, weißen Blüten sind **vierzählig**. Jeweils zehn bis vierzehn von ihnen bilden eine **Rispe**. Sie werden durch den Wind bestäubt.

Nach der Befruchtung der Blüte bildet sich eine **einsamige Steinfrucht**, die

Vor dem Abschlagen der Früchte werden große Netze auf dem Boden ausgelegt oder gar aufgespannt, damit die Oliven nicht aufplatzen.

Botanischer Steckbrief
Familie: Ölbaumgewächse
Gattung: Ölbäume *(Olea)*, etwa 20 Arten
Natürliches Vorkommen: Mittelmeergebiet, Naher Osten, Südafrika
Wichtigste Art: Echter Olivenbaum

Olive. Sie ist **grün** und wenn sie im Herbst reif geworden ist, ist sie **schwarz** oder zumindest dunkelbraun oder dunkelviolett.

GESCHENKE FÜR DIE MENSCHEN

Rohe Oliven sind bitter und werden erst nach mehrmaligem Einlegen in Wasser essbar. Schwarze Oliven sind **voll ausgereift**, grüne wurden **vorzeitig gepflückt**. Dabei handelt es sich um verschiedene Sorten – allein in Italien kennt man über 80. Manche Baumsorten eignen sich besser für schwarze, manche für grüne Oliven, manche für Öl. Die Oliven **für den Verzehr** werden **im Herbst geerntet**, diejenigen **zur Ölgewinnung im Winter**. Bei der Ernte werden die Früchte entweder abgeschlagen oder abgekämmt und sofort in großen Netzen aufgefangen, die auf dem Boden liegen. Danach legt man sie entweder in Salzlake ein oder bringt sie zur Ölpresse. Es gibt viele Qualitätsstufen des Öls, die höchste ist kalt gepresstes *(extra vergine)*. Das Öl wird **auch medizinisch** und zur Hautpflege verwendet, aber es ist **eines der besten Speiseöle**.

Die Liste der gesundheitsfördernden Eigenschaften ist lang und eindrucksvoll. Olivenöl ist reich an ungesättigten Fettsäuren und hat wenig Cholesterin,

Alte Olivenbäume

es wird daher bei Herzbeschwerden empfohlen.

In der Antike war der Olivenbaum von **herausragender Bedeutung.** Der Stadtstaat Athen (heute die Hauptstadt Griechenlands) verdankte diesem Baum den Großteil seines Wohlstands. Der alte Mutterbaum aller Athener Olivenbäume stand im Zentrum der Akropolis, der berühmten Tempelanlage, die man noch heute besichtigen kann. Dort brannte Tag und Nacht eine Lampe – gespeist mit Olivenöl! Die Göttin des Olivenbaumes, Athene, war auch die Schutzherrin der Stadt – und gab ihr offenbar ihren Namen. **Kein Olivenbaum durfte gefällt werden**, sie waren *moris*, das »Erbe der Götter«. Das Holz gestorbener Oliven benutzte man **lediglich für Götterstatuen**. Und in Salomos Tempel in Jerusalem waren die Türen zum Allerheiligsten aus diesem Holz gearbeitet und mit dem **Motiv des Lebensbaumes** verziert.

Das Öl war auch Grundlage für Salben zum Einreiben des Körpers, sowohl für die private Körperpflege als auch bei der **feierlichen Salbung und letzten Ölung** von Königen und Priestern. Der Begriff *Messias* für den Erlöser heißt wörtlich »**der Gesalbte**«, der die Seelen aus der Getrenntheit (dem Exil) in den Frieden der Einheit mit dem Göttlichen zurückführt. Genauso kommt unser Wort Christus von dem griechischen Wort *Christos*, welches ebenfalls »der Gesalbte« bedeutet. Jesus selbst begab sich nach dem Abendmahl zum Olivenhain von Gethsemane, wo er unter einem alten Baum betete. Oft hatte er seine Jünger an diesem Ort unterrichtet.

Aus all diesen Gründen war die Olive schon immer ein **Symbol des Friedens.**

Orange

BESCHREIBUNG

Die Heimat des Orangenbaumes wird im südöstlichen Himalayagebirge vermutet. Zu den **Zitrusfrüchten** gehören außerdem Zitrone, Limette, Mandarine und Pampelmuse (Grapefruit). Die Zitruspflanzen sind **immergrüne Bäume** oder große **Sträucher**. Die Blüten sind **weiß** und die **runden Früchte** sind grün, gelb oder – wie im Falle der Orange – orange (Tja, woher der Name dieser Farbe wohl kommt?!).

Die jungen Zweige von Orangenbäumen sind **grün und kantig** und haben **Dornen**. Die älteren Äste sind **rund**, ihre **Rinde ist dünn, grau und glatt**. Die **dunkelgrünen** Blätter sind **fest und ledrig**,

Botanischer Steckbrief
Familie: Rautengewächse
Gattung: Zitruspflanzen *(Citrus)*, etwa 15 Arten
Natürliches Vorkommen: Südostasien
Wichtigste Art: Orange (Apfelsine)

ihre Form ist **oval und zugespitzt**. Die intensiv **duftenden weißen Blüten** haben **vier oder fünf Kelchblätter** und stehen **einzeln oder in kleinen Gruppen** an den Ästen. Botanisch gesehen ist die Frucht eine Beere, die aus acht bis fünfzehn Segmenten mit saftigem Fruchtfleisch besteht. Das Ganze ist von einer dicken, ledrigen Schale umgeben. Sie enthält zahlreiche **Öldrüsen**, die einen **aromatischen Duft** verströmen. Weil die Schale mit den Segmenten verwachsen ist, lassen sich Orangen schwerer schälen als andere Zitrusfrüchte.

GESCHENKE FÜR DIE MENSCHEN

In **China und Indien** kennt man Orangen schon seit Jahrtausenden. Um das Jahr 100 v. Chr. gab es in China sogar einen »Orangen-Minister«, dessen einzige Aufgabe es war, dafür zu sorgen, dass es im Palast des Kaisers immer genug Orangen gab!

Die Europäer mussten etwas länger warten. Die Orange kam erst im **frühen Mittelalter** mit den Mauren nach Spanien. Dann verbreitete sie sich von **Spanien und Portugal** über ganz Europa. In deutscher Sprache hieß sie zuerst *Apfel-sine* = »chinesischer Apfel«, mitunter auch *Pomeranze* (von lateinisch *pomum* = Apfel und *arancia*, dem

Orangenblüte (stark vergrößert)

Bereits mit zwei Jahren lernte der kleine Quinn, dass Orangen nicht im Supermarktregal wachsen.

italienischen Namen der Frucht). Der Name *Orange* stammt ursprünglich aus dem Arabischen.

Doch bald war die Orange auch hier so beliebt, dass man sie selbst anbauen wollte. Doch dafür war das Wetter zu kalt! So erfand man an den Königshöfen die »**Orangerie**« – Anbauten an die Palastgebäude, die ganz aus Glaswänden bestehen, damit die Sonne schön hereinscheinen kann. Heute sprechen wir von Wintergärten oder Gewächshäusern.

Ein **Märchen aus Andalusien** (Spanien) erzählt, wie Maria und Josef mit Jesus an einem Orangenbaum vorbeikamen, der von einem Adler bewacht war. Maria bat den Baum um eine Frucht. Da ließ der Baum den Adler einschlafen und gab ihr gleich drei! Wie die Sonne allen ihr Licht schenkt, gibt auch der Orangenbaum seine leuchtenden Früchte einem jeden Menschen.

Pappel

BESCHREIBUNG

Pappeln sind sommergrüne Bäume, die **sehr schnell wachsen**; ihr Holz ist daher auch **sehr weich**. Die Rinde ist bei jungen Bäumen **glatt**, im Alter wird sie **korkig und tief gefurcht**. Pappelblätter sind **dreieckig oder herzförmig**, bei der Espe rundlich. Sie haben **lange Blattstiele**, was die Blätter auch bei nur leichtem Wind immer in Bewegung hält. So können sie mehr Wasser verdunsten. Das ist wichtig, denn mit ihrem großen Durst und schnellem Wachstum helfen Pappeln, Flussauen und Schwemmgebiete einigermaßen trocken zu halten.

Die Blüten erscheinen als **hängende Kätzchen** noch vor den Blättern. Sie

Botanischer Steckbrief
Familie: Weidengewächse
Gattung: Pappeln *(Populus)*, etwa 35 Arten
Natürliches Vorkommen: nördliche gemäßigte Zone
Wichtigste Arten bei uns: Schwarzpappel, Silberpappel, Espe (Zitterpappel)

werden vom Wind bestäubt. Die Frucht ist eine **kleine Kapsel**, die **zahlreiche Flugsamen** enthält. Die Samen sind von einem **dichten Flausch aus Haaren** umgeben, so dass sie wie weiße »Baumwoll«-Knäuel durch die Luft fliegen können.

Die Silberpappel ist in Südwesteuropa bis Zentralasien heimisch. Schwarzpappel und Espe dagegen stammen aus Nordeuropa. Die Schwarzpappel ist heute selten und in manchen Gebieten sogar gefährdet! Die Säulen- oder Pyramidenpappel wurde gezüchtet. Die schlanke, anmutige **Espe** wird nicht so hoch wie die anderen Arten. Sie ist ein **ausgesprochener Pionierbaum**, der karge Standorte (wie Steinhalden oder Wegränder) für andere Baum- und Pflanzenarten vorbereitet.

GESCHENKE FÜR DIE MENSCHEN

Die klebrigen Knospen der Pappeln enthalten viel ätherisches Öl und Harz, das man früher zum **Waschen von Wunden** oder auch zur Herstellung von **Wundsalbe** benutzt hat. Außerdem helfen Pappeln nicht nur bei der Entwässerung des Bodens in der Landschaft, sondern auch den **Entwässerungsorganen** in unserem Körper: Bei Problemen mit

Schwarzpappelblatt

Junges Espenlaub

Blase, Niere oder Prostata kann man täglich 2-3 Tassen Silberpappelknospentee trinken.

Pappelholz ist sehr schnell gewachsen und daher für viele Verwendungen zu weich. Im Mittelalter hat man es aber gern für Fußbodendielen in Fachwerkhäusern benutzt, weil es **schwer entzündlich** ist. Das langsame Abbrennen von Pappelholz können wir heute noch in **Streichhölzern** bewundern.

Bei den Indianern in Nordamerika ist die Karolina-Pappel der Baum des Lebens in der **Sonnentanz-Feier** (➔ S. 111).

Im griechischen Mythos ist Helios der Unsterbliche, der den Wagen der Sonne über den Himmel lenkt. Eines Tages versuchte sich sein Sohn an dieser Aufgabe, konnte aber die Pferde nicht unter Kontrolle behalten. So kam er um, und seine Schwestern weinten so sehr um ihn, dass sie zu Pappeln wurden. Daher dachte man in der Antike bei Pappeln an Tod und Trauer und pflanzte diese Bäume mitunter auch auf Friedhöfen. Aber die Weisheit der Geschichte ist ja, dass die Schwestern durch ihre Verwandlung **Erleichterung** empfanden! Denn Silberpappeln können gut mit Wasser umgehen, auch mit Tränen. Weil sie fast immer im Wind rauschen – wie das Meer – haben sie **etwas sehr Tröstendes**. Man steht eine Weile bei ihnen und bald ist alle Trübsal weggeblasen wie eine Wolke! **Neue Ideen** kommen mit dem Wind…

Das **Rauschen der Espe** wiederum wurde in früheren Zeiten als Botschaft und Weissagung der Götter, als **Orakel**, verstanden. Im alten Griechenland war die Zitterpappel dem mythischen Helden Herakles gewidmet. Es hieß, er hätte sich einen Kranz aus Espenlaub als Schutz für seine gefährliche Reise durch die Unterwelt gewunden. So konnte er **zuversichtlich und bei Laune** bleiben.

Denn die Blätter der Espe sind wie Tausende kleine Händchen, die einem fröhlich zuwinken. Zittern wie Espenlaub? Da hat sich jemand einen schlechten Scherz erlaubt! Espen zittern nicht, sie kichern! Hör einmal genau hin!

Platane

BESCHREIBUNG

Die Platane ist ein **langlebiger**, großer Baum, der zum Winter seine Blätter abwirft. Die Borke blättert jährlich in **großen, dünnen Platten** ab und weist dadurch ein typisches Mosaik auf, vorwiegend in weißlichen, grünlichen, braunen und violetten Farbtönen. Die **großen, sternförmigen Blätter** erinnern an manche Ahornarten (oder umgekehrt!).

Die Platane ist **einhäusig**. Ihre **kugeligen Blütenstände** sind entweder männlich (grünlich-gelb) oder weiblich (karminrot). Die Bestäubung geschieht durch den Wind. Die männlichen Blüten fallen alsbald ab; die weiblichen entwickeln sich zu etwa 3 cm großen, kurzstacheligen Kugeln, die mehrere Nüsschen (die Samen) enthalten und an einem **langen Stiel** baumeln.

GESCHENKE FÜR DIE MENSCHEN

Die Platane ist **sehr tolerant gegen Luftverschmutzung** und **verbessert die Stadtluft** mehr als andere Baumarten. Deshalb wird sie häufig in Städten überall in Europa gepflanzt. Im Mittelmeer-

raum und im Nahen Osten, ihrer Heimat, wird sie seit alters her als **schattenspendender** Baum geschätzt.

Im Altertum gab es viele **heilige Platanen**, die nicht nur an Dorfbrunnen ein glückliches, friedliches Leben führten, sondern auch in **Tempelhainen** der Götter und Göttinnen. So war es z. B. in Armenien, wo die Priester die Bewegungen der Platanenäste beobachteten und als Orakel deuteten.

Im alten Persien (heute Iran) war die Platane der **Schutzbaum der Könige**. Als der Perserkönig Xerxes im Jahre 480 v. Chr. mit seiner Armee ausrückte, um Griechenland zu erobern, kam er an einer besonders prachtvollen Platane vorbei. Er ließ sofort sein ganzes Heer halt machen, damit er dieser Platane

---

Botanischer Steckbrief
Familie: Platanengewächse
Gattung: Platanen *(Platanus)*, etwa 6 Arten
Natürliches Vorkommen: nördliche gemäßigte Zone
Wichtigste Art: Gemeine oder Ahornblättrige Platane

huldigen konnte. Er schmückte den Baum mit verschiedenen Opfergaben, darunter sogar Gold. Als er schließlich weiterziehen musste, bestimmte er einen Gärtner, der dort bleiben und sich zeitlebens um diesen Baum kümmern sollte.

Große, alte Platanen haben etwas so **Würdiges** an sich, dass sich einfach jeder unter ihnen wie ein König fühlt. Schau mal in die Blätter hinauf, bis ganz nach oben. Sieh, wie das Sonnenlicht in der »Krone« spielt, und wage es, zu träumen! Was würde dein Leben wirklich bereichern und ihm die Krone aufsetzen? Und als guter König: Wie kannst du die, die du liebst, noch glücklicher machen?

Die abblätternde Rinde der Platane erschafft immer wieder neue Muster!

Rosskastanie

BESCHREIBUNG

Die Rosskastanie ist ein **schnell wachsender**, sommergrüner Baum. Er hat eine **volle Krone** und kann bis zu 30 m hoch werden. Die Blätter sind **gefingert** und unverwechselbar. Die Blütenstände sind **Kerzen** aus **großen weißen, manchmal rosafarbenen Einzelblüten**. Die Rosskastanie wird von Insekten bestäubt, dabei erspart sie ihnen viel Arbeit: Wenn eine Blüte noch bestäubungsfähig ist und Nektar und Pollen bereithält, hat sie einen gelben Fleck. Wenn sie bestäubt ist, färbt sich der Fleck rot. Das signalisiert den Insekten, dass dort nichts mehr zu holen ist.

Die Früchte sind **große grüne Kugeln** mit **wehrhaften Stacheln** in alle Richtungen. Darin sitzen die **rotbraunen Kastanien**, die glänzen, als wären sie blankpoliert worden.

Alles an der Rosskastanie ist groß: die Kastanien – rund und schwer, die Winterknospen – prall und dick, die Blätter – riesig für einen europäischen Laubbaum, die Blütenstände – ungewöhnlich groß, die Pollenmenge – fast schon Weltrekord: 26.000 Pollenkörner pro

An einem fahlen Herbstmorgen suchen einige Damrehe nach herabgefallenen Kastanien.

Staubblatt, das macht 40 Millionen pro Blütenkerze!

GESCHENKE FÜR DIE MENSCHEN

Für Menschen sind Rosskastanien giftig. Trotz des ähnlichen Namens ist dieser Baum *nicht verwandt* mit der Edel- oder Esskastanie. Aber medizinisch kann man sie nutzen: Salben und Tinkturen aus Rosskastanien **regen die Durchblutung** an und sind **entzündungshemmend**, was z. B. bei Verstauchungen und Prellungen gut tut.

Ihre Fortpflanzung hat sich die Rosskastanie so »gedacht«: Die dicken stacheligen Samenkapseln springen auf, wenn sie zu Boden fallen, und der Samen kann keimen. Oder die Stacheln verfangen sich im Fell eines großen Huftieres und werden somit weiter getragen, bevor auch dieser Same keimen kann. Aber dann, vor vielen tausend Jahren,

Botanischer Steckbrief
Familie: Rosskastaniengewächse
Gattung: Rosskastanien *(Aesculus)*, etwa 13 Arten
Natürliches Vorkommen: Südosteuropa, Nordamerika, Ostasien
Wichtigste Art bei uns: Gemeine Rosskastanie

Öffnung der Knospen: Blätter und Blüten entfalten sich

kam die letzte Eiszeit. Wie die anderen Bäume auch, starben die Kastanien in Europa aus und mussten sich nach Süden zurückziehen. Als es dann wieder wärmer wurde, kamen die Bäume langsam zurück, nordwärts. Aber die Rosskastanie hatte nur in einem steilen Bergtal im fernen Balkan überlebt und kam da nun nicht mehr raus! Birkensamen können fliegen, die Beeren von Ebereschen oder Eiben werden durch Vögel weit verbreitet, aber die schweren Kastanien plumpsten einfach zu Boden und wurden nicht weiter getragen.

Irgendwann jedoch begannen die Soldaten des türkischen Sultans, die Kastanien als **Pferdefutter** zu verwenden – daher kommt auch der Name »Rosskastanie«. Das bekam ein belgischer Botschafter mit, der 1576 ein paar Samen nach Paris und Wien schickte. Von den hiesigen botanischen Gärten verbreitete sich die Rosskastanie dann über ganz Europa. 10.000 Jahre hatte sie in ihrem Exil gesessen, nun konnte sie endlich wieder Kindern in unzähligen Orten der Welt beim Spielen in ihrem Herbstlaub und **Sammeln ihrer Kastanien** zusehen!

Wenn du dich also mal ärgerst, dass du heute dies oder jenes nicht machen kannst, denke an die Rosskastanie. Von ihr können wir alle **Geduld lernen**.

189

Stechpalme (Ilex)

BESCHREIBUNG

Die Stechpalme, deren botanischer Name *Ilex* lautet, ist ein immergrüner Strauch oder Baum mit einer dichten, unverwechselbaren Belaubung: Die Blätter sind **dunkelgrün, glänzend und ledrig**, und haben **ausgeprägte und äußerst spitze Blattranddornen**. Diese bilden sie gegen Fressfeinde aus (z. B. Rehwild), daher werden die Stacheln ab 2-3 Meter Höhe deutlich weniger; **ganz oben** können **sogar ganz glatte Blattränder** erscheinen.

Der Ilex ist **frostempfindlich**. Daher fehlt er in Osteuropa, wo ihm die Winter zu kalt sind. In Deutschland bildet er meist nur Sträucher oder kleine Bäume. Aber im milden Klima entlang der

Botanischer Steckbrief
Familie: Stechpalmengewächse
Gattung: Stechpalmen *(Ilex)*, etwa 400 Arten
Natürliches Vorkommen: weltweit in den gemäßigten, subtropischen und tropischen Zonen
Einzige Art bei uns: Europäische Stechpalme (Ilex, Stechholder)

Meeresküsten, v. a. auf den Britischen Inseln oder im Mittelmeerraum, findet man Bäume mit über 10 m Höhe und über 2,5 m Stammdurchmesser.

Die **kleinen Blüten** sind **weißlich** und **duften zart**. Die Beeren sind **erbsengroß** und **knallrot** und bleiben den Winter über am Baum. Sie sind ein überaus **wichtiges Winterfutter für viele Vögel.**

190

Im oberen Kronenbereich sind die Blätter meist glattrandig.
Die Blattdornen kommen vor allem dort vor, wo Tiere gern knabbern.

In »kontinentalem Klima« mit kalten Wintern (wie bei uns) ist der Ilex oft ein unscheinbarer Strauch,...

GESCHENKE FÜR DIE MENSCHEN

Die Beeren sind für den Menschen **giftig**, stark abführend und lösen Brechreiz aus. In der **Heilkunde** werden die Blätter verwendet, um einen Tee gegen **fiebrige Erkältungen** zumachen.

Mit Palmen hat die »Stechpalme« botanisch rein gar nichts zu tun. Durch sein Äußeres mit seinen dornigen Blättern, den kreuzförmigen Blüten und den blutroten Beeren wurde dieser Baum schon seit langem mit Christus und seiner Leidensgeschichte in Verbindung gebracht. Er wurde zu einer wichtigen Pflanze bei der **Kirchendekoration am Palmsonntag** – dem Tag, an dem man sich daran erinnert, dass Jesus bei seinem Einzug in Jerusalem von der jubelnden Menge mit Palmwedeln begrüßt wurde. Da es in unseren Breiten keine Palmen gibt, trat die »Stechpalme« an ihre Stelle. Es mag kein Zufall sein, dass dafür ausgerechnet eine Pflanze mit einer so (hervor-)stechenden Eigenschaft gewählt wurde.

Ja – Ilex sticht! Das mag unerwünscht und schmerzhaft sein; aber es ist ein Stich, der uns anstacheln kann, aufzuwachen und klarer zu sehen. Was vorher verhüllt und vernebelt war, wird plötzlich deutlich und scharf erkennbar – so wie die scharfrandigen Blätter des Ilex.

Wenn du die Nähe des Ilex suchst, kannst du etwas von dieser **Klarheit, Stärke und Entschlusskraft** erleben.

...aber an milderen Standorten (wie hier auf Sardinien) kann er ein stattlicher Baum werden.

Thuja

BESCHREIBUNG

Der Thuja ist ein **einhäusiger, immergrüner** Baum. In seiner Heimat in Nordamerika erreicht er Höhen von über 60 m und Stammdurchmesser von bis zu 6 m. Die Wuchsform ist **schlank**, aber bei alten Bäumen verbreitert sich die Krone etwas. Die **gefurchte Rinde** ist dunkel-rotbraun, im Alter wird sie gräulich und **löst sich in Platten**. Der Thuja bevorzugt **kühle Standorte** mit **hoher Luftfeuchtigkeit**. Trockene Sommer mag er nicht, da dann seine Triebspitzen absterben können.

Die **schuppenförmigen Blätter** stehen eng an den Zweigen. Sie **durften stark aromatisch** nach Ananas oder Äpfeln. Die **hellgelben männlichen** Zapfen sind sehr klein und stäuben im März. Die **weiblichen** Zapfen sind auch nur 1 cm groß, sind **im Sommer gelb** und werden **im Herbst braun**. Jeder Zapfen enthält dann acht bis vierzehn **geflügelte** Samen.

Auch in Europa wird dieser Baum gepflanzt, wird aber bei weitem nicht so groß wie in seiner Heimat. Die immergrünen **Hecken** in Gärten gehören einer anderen (nahe verwandten) Art an.

> **Botanischer Steckbrief**
> **Familie:** Zypressengewächse
> **Gattung:** Lebensbäume *(Thuja)*, etwa fünf Arten
> **Natürliches Vorkommen:** Westküste von Nordamerika
> **Wichtigste Arten:** Thuja (Riesen-Lebensbaum)

GESCHENKE FÜR DIE MENSCHEN

In Amerika heißt dieser Baum *Western Red Cedar* (»Westliche Rot-Zeder«) und unter diesem Namen wird weltweit sein Holz gehandelt. Er ist aber nicht mit den echten Zedern verwandt (➜ S. 202).

Archäologen fanden Werkzeuge, mit denen kanadische Indianer schon vor 6.000 Jahren das Holz des Thuja bearbeiteten. Sie machten daraus Kanus, Häuser, Truhen und andere Behälter, Masken und Ritualgegenstände. Aus den Wurzeln flochten sie Körbe und aus den Fasern der Rinde machten sie Taue und Kleidungsstücke. So eng war ihr Leben mit diesem Baum verknüpft, dass sich manche Stämme »Volk der Rot-Zeder« nannten. Der Baum wird **von den Indianern** der Nordwestküste **immer noch in höchsten Ehren gehalten.**

Eine ganz besondere Verwendung der Rot-Zeder stellt der **Totempfahl** dar. »Totems« gab es bei allen Naturvölkern der Erde. Ein Totem ist ein Schutzgeist, meist ein »Kraft-Tier«, manchmal auch ein Baum oder eine andere Pflanze, oder sogar ein Berg oder ein Fluss. Der Geist dieses Wesens gilt einer bestimmten Familie oder einem Stamm als verwandt. Und als Familienmitglieder tun sie sich gegenseitig nichts zuleide. Ein Mitglied des »Biber-Clans« z. B. wird niemals einen Biber töten; und umgekehrt wird der Geist des Bibers um Hilfe etwa bei gefährlichen Unternehmungen gebeten.

In Europa haben sich im Mittelalter aus den Totems die **Symboltiere** von Städten und Herrscherhäusern entwickelt, die wir von den **Wappen** kennen. So ist z. B. der Bär das Wappentier von Berlin und Bern. Russland hat ebenfalls den Bären als Symboltier, England den Löwen, Deutschland den Adler.

Wenn du willst, **kannst du dir auch ein »Totem« aussuchen.** Wähle einfach dein Lieblingstier und/oder deinen Lieblingsbaum. Du kannst dich dann, auch später als Erwachsener, immer besonders für das Wohl dieser Art einsetzen.

Ulme

BESCHREIBUNG

Ulmen sind sommergrüne Laubbäume, die **viele hundert Jahre alt** und bis zu 40 m hoch werden können. Man findet die Bergulme in Schlucht- und Hangwäldern, aber auch im Tiefland in Mischwäldern, Hecken und Parks. Ihre **großen Blätter** kann man im Vorbeigehen an einer Hecke leicht für Haselblätter halten, aber wenn man sie anfasst, fühlt sich ihre Oberseite nicht flauschig weich, sondern unerwartet **rau** an.

Die Rinde alter Bäume ist **tief gefurcht**. Die Blüten erscheinen im Frühjahr vor den Blättern. Die **flachen, geflügelten** Samen **reifen schnell** und fallen bereits im Juni ab. Allerdings vermehrt sich die Ulme viel häufiger durch **Wurzelausläufer** als durch Sämlinge.

Botanischer Steckbrief
Familie: Ulmengewächse
Gattung: Ulmen *(Ulmus)*, etwa 18 Arten
Natürliches Vorkommen: nördliche gemäßigte Zone
Wichtigste Art bei uns: Bergulme (Rüster, Elfenholz)

Leider gibt es **nur noch ganz wenige alte** Ulmen. Vielleicht hast du schon mal von dem »**Ulmensterben**« gehört. Das geht auf die sogenannte »Holländische Ulmenkrankheit« zurück. Diese Epidemie ist im letzten Jahrhundert in drei großen Wellen um die ganze Welt gegangen, die letzte davon hält immer noch an! Der **Erreger ist ein Pilz**, der einen Stoff absondert, der auf die Bäume wie ein Gift wirkt. Der Wasserhaushalt wird gestört, die Äste und schließlich die ganzen Bäume welken und sterben – und das innerhalb eines Jahres. Übertragen wird dieser Pilz durch einen **Käfer**, der gern an der Ulmenrinde knabbert. Dazu sucht er aber nur ältere Bäume auf (ab 3 - 5 m Höhe), und so kommt es, dass es nach wie vor viele Millionen *junge* Ulmen auf der Welt gibt, aber keine ausgewachsenen!

Ein geflügelter Bergulmen-Samen hat sich in der Rinde des eigenen Baumes verfangen.

Solche alten Ulmen sind sehr selten geworden.

Die blühenden Zweige der Feldulme tragen noch keine Blätter.

GESCHENKE FÜR DIE MENSCHEN

Ulmenholz war früher sehr begehrt, sei es für Möbel, Wasserräder, Särge oder Tempeltore. Das **nahrhafte Laub** ist ein ausgezeichnetes Winterfutter in der Viehhaltung. Und in Asien, Europa wie in Amerika machten die Menschen **Medizin** aus der Ulme, vor allem zur **Besserung entzündeter Schleimhäute.**

In der römischen Überlieferung stehen Ulmen an den **Wegkreuzungen, die ins Feenreich führen.** Die Griechen pflanzten sie auf Friedhöfen, ebenfalls um den Seelen den **Übergang in die andere Welt** zu erleichtern. In Norddeutschland und Skandinavien war die Ulme einer der »**Schutzbäume**« von Haus und Hof, die über alles wachten (vergleiche Holunder, S. 166).

Als Orpheus, der griechische Schutzgott der Musik, aus dem Totenreich zurückkehrte und trauerte, weil er seine Geliebte nicht hatte retten können, spielte er seine Leier unter einer alten Ulme. Alle Tiere des Waldes versammelten sich um ihn und lauschten verzaubert der Musik, die aus der Tiefe seines Herzens kam.

Werden auch wir Menschen heute wieder lernen, wie man **mit Musik heilen** kann?

Blüten und Blatt der Bergulme. Deutlich erkennt man die unsymmetrische Blattbasis (beim Stiel).

Wacholder

BESCHREIBUNG

Wacholder sind immergrüne Sträucher oder Bäume. Es gibt viele unterschiedliche Arten in Asien und Amerika. Aber selbst der bei uns heimische Wacholder kann schon **völlig verschiedene Formen** annehmen: entweder mit einer breiten, buschig-runden Krone oder als schlanke Säule (ähnlich der Säulenzypresse in Italien), und manchmal auch als ganz niedriges Kriechgewächs. Immer verzweigt sich der Stamm sehr dicht über dem Boden. Die **nadelförmigen** Blätter sind **klein, hart und spitz**. Sie sind **quirlig** um die Zweige angeordnet, wodurch sie in alle Richtungen stehen – und dadurch noch besser stechen!

Die männlichen Zapfen sind **gelblich und kätzchenartig**. Der Gemeine Wacholder ist **meist zweihäusig, selten**

Botanischer Steckbrief
Familie: Zypressengewächse
Gattung: Wacholder *(Juniperus)*, etwa 70 Arten
Natürliches Vorkommen: nördliche gemäßigte Zone
Wichtigste Arten: Gemeiner Wacholder (Heide-Wacholder, Machandelbaum)

einhäusig. Männliche Bäume erkennt man zur Blütezeit von April bis Juni gut an den gelblichen Blüten. Die weiblichen Zapfen bestehen aus **nur drei Samenschuppen**. Diese werden während der Reife **fleischig** und der ganze Zapfen sieht eigentlich mehr aus wie eine Beere. Daher nennen Botaniker sie auch »Beerenzapfen«. Die Reife dauert allerdings **drei Jahre**. Im ersten Jahr sind sie noch blass türkisgrün, im dritten dann schwarz und bläulich bereift.

Der Wacholder **braucht viel Licht**, wie viele **Pionierpflanzen**. Seine große Zeit war das Zeitalter nach der Eiszeit, als die Grassteppen langsam wieder von größeren Pflanzen besiedelt werden konnten. Heute findet man ihn noch häufig in der Lüneburger Heide und auf der Schwäbischen Alb.

Die typische Säulenform

Männliche Blüten

Oft findet man den Wacholder an kargen Standorten (hier mit Kiefern).

GESCHENKE FÜR DIE MENSCHEN

Wacholderbeeren sind ein bekanntes **Gewürz** (z. B. in Sauerkraut) und außerdem die grundlegende Zutat für das Brennen von **Gin**. Die Beeren **stärken das Nervensystem** und **regen Appetit und Verdauung an**. Aber Achtung: Nicht mehr als ein, zwei Beeren pro Tag essen! Da sie **desinfizierend** wirken, hilft Wacholderbeerentee auch bei Blasenentzündung. Zugleich wärmt und beruhigt er den Magen. Das darin enthaltene ätherische Öl ist auch gut zum Einreiben schmerzender Gelenke oder der Brust bei Atembeschwerden.

Eine weit verbreitete Redensart erinnerte die Menschen daran, beim Vorbeigehen an einem Wacholder den Hut zu ziehen. Einen Baum zu grüssen, der einem viel Gutes beschert, schien nur recht und billig. In vielen Geschichten und Sagen begegnen Menschen unter diesem Baum Feen, Elfen, Zwergen oder Riesen. Hier befindet sich quasi ein **Tor zu anderen Welten**, und der einsame Baum ist wie ein **Wächter** an der Pforte – *Wacholder* heißt auch »Wach-Halter«. Viele Völker in Amerika und Asien benutzen Wacholdernadeln **zum Räuchern beim Beten**. In den Tempeln in Tibet bittet man dabei **um das Wohl aller Menschen auf der Welt**.

197

Weibliche Blüten

Reife und unreife Beerenzapfen

Walnuss

BESCHREIBUNG

Die Echte Walnuss ist ein **einhäusiger**, sommergrüner Laubbaum, der bis 30 m hoch werden kann. Die Rinde junger Bäume ist **glatt und silbergrau**, im Alter wird sie **tiefrissig und dunkel**. Die Blätter sind **gefiedert** und haben fünf bis neun Fiederblättchen. Beim Verreiben verströmen sie einen **aromatischen Duft**. Die Walnussbaum ist einer der letzten Bäume, die im Mai grün werden, und einer der ersten, die im Herbst ihr Laub abwerfen.

Die männlichen Blüten bilden **Kätzchen**, die weiblichen Blüten sitzen zu wenigen in **gestielten Blütenständen**. Die Bestäubung erfolgt durch den Wind. Die Früchte zählen zu den Steinfrüchten.

Botanischer Steckbrief
Familie: Walnussgewächse
Gattung: Walnüsse *(Juglans)*, etwa 20 Arten
Natürliches Vorkommen: die wärmeren Regionen der nördlichen gemäßigten Zone
Wichtigste Art bei uns: Echte Walnuss

Eingeschlossen in einer dicken **grünen, ungenießbaren Fruchthülle** befindet sich die eigentliche Walnuss: Man muss nur noch die **harte Schale** knacken, um an die leckere, eigentümlich **gefurchte und gewellte Nuss** zu kommen.

GESCHENKE FÜR DIE MENSCHEN

Das Holz der Walnuss ist begehrt, denn es hat eine **wunderschöne Maserung**. Aber das Wichtigste sind natürlich die Nüsse, die dem Menschen übrigens schon **seit mindestens 9.000 Jahren als Nahrungsmittel** dienen. Sie haben einen überdurchschnittlich hohen Gehalt der besonders für das Herz gesunden Omega-3-Fettsäuren. Außerdem enthalten sie Eiweiß, Zink, Kalium, Phosphor, viele andere Mineralien sowie die Vitamine A, B1, B2, B3, C und E. Sie sind besonders gut für Prostata, Leber und gesunde Haare.

Im alten Griechenland und Kleinasien hieß dieser Baum früher Karya, nach Kar, der **Göttin der Weisheit**. Er galt als **Orakelbaum**, der den Menschen half, schwierige Entscheidungen zu treffen. Auch bei den Römern war sie ein Orakelbaum; sie nannten sie Carmenta, vom lateinischen *carmen* = »Orakelgesang« und *mante* = »Offenbarer«.

In der römischen Legende ist es der Sohn der Carmenta, der den Römern das **Alphabet** und damit die **Kunst des Schreibens** gebracht hatte.

Als allmählich die männlichen Gottheiten mehr an Bedeutung gewannen als die weiblichen, widmete man die Walnuss dem höchsten Gott: dem Zeus bei den Griechen und dem Jupiter bei den Römern. In Griechenland zählte die Walnuss nun zu den »Eicheln des Zeus« (zusammen mit Edelkastanie, Kermes-Eiche und Eibe). In Rom nannte man sie »Eichel Jupiters« = *Iovis glans* – daher kommt der botanische Name *Juglans*. Der deutsche Name stammt von dem Begriff *welsche* (= »fremde, ausländische«) Nuss, weil sie erst durch die Römer im Norden eingeführt wurde.

Walnüsse sehen nicht nur aus wie **kleine Gehirne**, sondern **sind auch gut für deines** – damit du auch weiterhin »Köpfchen« hast und viele harte Nüsse knacken kannst!

Weide

BESCHREIBUNG

Die Weiden (von althochdeutsch *wida* = »die Biegsame«) sind eine große und vielfältige Gattung **schnell wachsender,** sommergrüner Sträucher und Bäume. Es gibt kleine Kriechpflanzen in großen Höhen (z. B. in den Alpen) bis hin zu großen Bäumen mit sehr breiten Kronen. Fast alle Weidenarten bevorzugen **feuchte Böden,** daher finden wir sie so oft direkt an Seen, Flüssen oder sogar Fischteichen.

Die Silberweide hat **schmale, lanzettförmige** Blätter, die **silbrig grün** sind. Die **graubraune Borke** ausgewachsener Weiden ist **tief gefurcht.** Die jungen Zweige sind gelb bis grün oder braun und sehr biegsam. Die Weide ist **einhäusig.** Ihre **männlichen Kätzchen** sind **lang und schlank und gelb-grün.** Die weiblichen sind ebenfalls grün, werden aber **silberweiß** und sind ganz **glatt behaart,** als wollten sie gestreichelt werden.

Weiden sind sehr wichtig, weil sie Hochwasser mildern und die Ufer stabilisieren. Ihre breiten Wurzelsysteme halten den Boden zusammen. Die Silberweide bietet vielen Vögeln und Tieren einen Lebensraum, auch dem Biber, der gern in ihrer Nähe seine Wohnburgen baut und sie als Nahrungsquelle nutzt.

GESCHENKE FÜR DIE MENSCHEN

Weidenrinde wurde seit alters her als **Schmerzmittel** benutzt, das aber leider den Magen reizt. Dann entdeckte man den eigentlichen Wirkstoff, das Salicin, darin und begann, es künstlich herzustellen. Es ist nun Bestandteil vieler Schmerztabletten; am bekanntesten davon ist wohl das Aspirin.

Außerdem waren Weiden schon immer sehr beliebt, weil man aus ihren

Bruchweiden im Frühjahr

Blüten der Salweide

Silberweide an einem Flußufer

Ruten so viele **Dinge herstellen kann**: Körbe, Möbel, Zäune und Flechtwerk für Lehmmauern (➔ S. 96).

Was den Charakter dieses Baumes anbelangt, verband man ihn schon immer mit den Kräften des **Wassers und des Fliessens**, mit dem **Mond** und der **Nacht**. Und mit **Magie**: Im alten Griechenland sagte man, Zauberer könnten mit »Weidenzauber« magische Nebel erzeugen. Aber auch beim **Dichten und Musizieren** half die Weide. Viele Göttin-nen der Antike besaßen einen Weiden-hain, insbesondere Persephone, Hekate und Artemis, allesamt Schutzherrinnen **der Liebe und des Übergangs** an den Pforten von Geburt und Tod. Darum wurden in manchen Gegenden Krippen wie auch Särge aus Weidenruten ge-flochten.

Dabei vibriert die Weide geradezu von **Lebenskraft**! Kaum ein anderer Baum in unserem Teil der Welt ist so vital und regenerationsfähig. Wenn du Weidenzweige in die Erde steckst, schla-gen sie meist schnell aus und wachsen zu neuen Weiden heran. So möchten wir dieses Kapitel beenden mit einem Wunsch für dich, liebe Leserin, lieber Leser. Es ist der alte ukrainische Segen zum Palmsonntag:

Werde groß, wie die Weide,
Und gesund, wie das Wasser,
Und reich, wie die Erde.

Blüten der Salweide in Nahaufnahme

Zeder

BESCHREIBUNG

Zedern sind große, **einhäusige**, immergrüne Nadelbäume, die eine sehr breite Krone bilden. Es gibt nur vier Arten von echten Zedern. Ihre Namen verraten uns auch gleich ihre Herkunft: **Atlas-Zeder** (das Atlasgebirge befindet sich im westlichen Nordafrika), **Zypern-Zeder** (die Insel liegt im östlichen Mittelmeer, südlich der Türkei), **Libanon-Zeder** (ein kleines Gebirge am Ostrand des Mittelmeeres) und **Himalaya-Zeder** (in Zentral-Asien).

Zedern brauchen viel Sonnenlicht, kommen dafür aber mit relativ **wenig Regen** aus. Sie können **über 600 Jahre alt** werden, die Libanon-Zeder **sogar über 1.000**. Die Atlas-Zeder erkennt

Libanon-Zeder, gepflanzt in Europa

Botanischer Steckbrief
Familie: Kieferngewächse
Gattung: Zedern *(Cedrus)*, nur 4 Arten
Natürliches Vorkommen: Mittelmeerraum, Himalaya
Wichtigste Art: Libanon-Zeder

man an ihren blau-grünen Nadeln, daher wird sie auch Blaue Atlas-Zeder genannt. Die bekannteste ist jedoch die Libanon-Zeder. Sie hat 1,5 bis 3,5 cm lange Nadeln, die steif und **in Büscheln** angeordnet sind. Sie bleiben zwischen drei und sechs Jahre am Baum.

Die männlichen Zapfen sind **eiförmig** und 3-5 cm lang, sie erscheinen etwa im Juni. Die weiblichen sind nur ca. 8 mm lang und erscheinen erst im September, denn die **Bestäubung** der Zeder erfolgt nicht im Frühling, sondern **im Herbst**. Danach brauchen die Zapfen mindestens zwölf Monate bis zur Reife. Sie wachsen beträchtlich und werden 7-11 cm hoch. Im Winter zerfallen sie und streuen die **geflügelten** Samen aus.

GESCHENKE FÜR DIE MENSCHEN

In der Antike galt Zedernholz als **das allerbeste Holz** überhaupt. Es modert nicht, wird nicht von Insekten befallen, ist glatt, hart und dauerhaft. Man verwendete es für den **Bau von Tempeln und Palästen**, aber auch für Schiffe und Möbel. Aus dem **Harz** der Zapfen kann man auch ätherisches Öl zu Heilzwecken gewinnen, das übrigens auch Motten und andere lästige Insekten vertreibt.

Libanon-Zedern in ihrer Heimat, dem Libanon-Gebirge

In der Bibel wird beschrieben, dass **König Salomo** ganze Gedichte über diesen Baum schrieb. Für die Errichtung seines **legendären Tempels** ließ er Zedernstämme aus dem Libanon kommen. Auch die Deckenbalken und Wandtäfelungen der Thronsäle ägyptischer Pharaonen waren aus diesem Holz. Wenn sie eine Holz-Delegation in das Libanongebirge schickten, sprachen die Beauftragten **Dankesgebete im Wald** und fragten die Bäume, welche gefällt werden durften.

Die beliebteste Erzählung im alten Orient war die Geschichte vom König

Gilgamesch. Von der Sucht nach Ruhm ergriffen, begab er sich einst in den großen Zedernwald. Er **zerstörte** dort **einen heiligen Hain und »alle sieben Hüllen des Lichts«**, die diesen umgaben. Den größten Baum fällte er und flösste ihn flussabwärts zum Tempel seines Gottes Enlil. Doch dieser war darüber gar nicht erfreut! Er verfluchte Gilgamesch aufs Schlimmste für seinen Frevel. **So verlor dieser gedankenlose König** erst seinen geliebten besten Freund und schließlich **alles, was er besaß**. Verbittert und einsam starb er.

Diese Geschichte ist der *älteste* geschriebene Text, den die Menschheit besitzt! Es ist interessant, dass es schon damals Geschichten gab, die **vor einer sinnlosen Zerstörung von Bäumen warnen**. Andere Texte aus dieser Zeit bezeichnen die Zeder als das »**Haus der Weisheit**«; unter ihrer Krone begann die Zivilisation, die Menschen empfingen Gesetze, Werkzeuge, Musik, Wissenschaft, Kunst und Heilkunst.

Begriffs-Dschungel

■ Was unterscheidet Art und Gattung?

Eine *Gattung* enthält mehrere *Arten*. Arten innerhalb einer Gattung kann man nur selten miteinander kreuzen (z. B. Pferd und Esel: Pferdestute und Eselhengst ergibt ein Maultier, Pferdehengst und Eselstute einen Maulesel). Außerhalb ihrer Gattung können Tiere oder Pflanzen nicht gekreuzt werden.

In der Biologie benutzt man eine ganze Hierarchie solcher Gruppierungen, um alle Lebewesen und ihre Verwandtschaftsgrade systematisch zu erfassen. Mehrere Gattungen bilden eine *Familie*. Die ziemlich große Familie der Rosengewächse z. B. umfasst nicht nur die echten Rosen, sondern auch Pflanzen wie Erdbeeren, Sträucher wie den Weißdorn sowie Birn- und Apfelbäume.

Die vielen Sorten von Birnen (z. B. Williams-Christ, Conference) oder Äpfeln (z. B. Boskop, Elstar, Jonagold) heißen auch in der Botanik so: *Sorten*.

Wenn du mehr über die Systematik der Verwandschaftgrade von Lebewesen wissen willst, kannst du im Internet den Suchbegriff »Taxonomie« eingeben.

■ Was unterscheidet Baum, Strauch und Gehölz?

Ein *Baum* hat einen Hauptstamm oder zumindest mehrere deutlich ausgebildete Stämme. Ein *Strauch* hat keine solche Hauptachse, sondern verzweigt sich schon nah am Boden. Natürlich gibt es Zwischenformen, und man kann nicht immer genau sagen, ob man einen Strauch mit starken Hauptästen vor sich hat oder einen Baum, der sich schon nah am Boden verästelt.

Gehölz ist ein lockerer Begriff für eine mehrjährige, verholzte Pflanze. Meist meint man damit Sträucher. Mit *Gehölz* wird aber auch oft ein ganzes Wäldchen bezeichnet, vornehmlich eines mit viel Unterholz oder nur mit kleinen Bäumen.

■ Was unterscheidet Rinde und Borke?

Beim Baumstamm bezeichnet *Rinde* alle Schichten außerhalb des Kambiums (→ Illustration S. 52). Das sind eigentlich nur zwei: das Röhrenleitungssystem, das den Zuckersaft von den Blättern zu den Wurzeln transportiert (Phloem oder Bastschicht genannt), und ausserhalb davon die *Borke,* das von außen sichtbare (oft zerfurchte) Abschlussgewebe der *Rinde*. Dies sind die bereits abgestorbenen Fasern des Phloem.

Umgangssprachlich sagt man aber auch zur Borke oft einfach Rinde.

Quellenangaben

S. 40, Quellen der Zitate: Hesse: *Bäume – Betrachtungen und Gedichte*, Insel-Verlag, Frankfurt 1984, S. 9 ff; Ruck-Pauquet: Hans-Jürgen Gelberg (Hg.), *Was für ein Glück*, Beltz, Weinheim/Basel 1993; Susanne Tamaro: *Erhöre mein Flehen*, © 2007, C. Bertelsmann, München/Random House GmbH, Übersetzung: Maja Pflug
S. 51, NASA-Zitat aus *NASA: Interior Landscape Plants For Indoor Air Pollution Abatement, Final Report*, Washington, Sept. 1989. Deutsche Übersetzung aus Kerner und Kerner 1992, S. 87.
S. 65 ff, Die Macht der Blätter: Peter Bunyard: »The Real Importance of the Amazon Rain Forest«, *ISIS Report* 15/03/10. Siehe auch die Forschungen von Anastassia Makarieva und Victor Gorshkov vom St Petersburg Nuclear Physics Institute.
S. 67, Waldgürtel gegen Tsunami: »Mangrove Forests Give Tsunami Protection«, *Tree News 9*, 2005, S. 9
S. 70 f, Pflanzenkommunikation: Dazu geforscht haben: Ian Baldwin, Max Planck Institut f. chem. Ökologie, Jena; Dr. David Rhoades u. Dr. G. Orians, University of Washington, Seattle; Prof. Clarence A. Ryan u. Dr. E. Farmer, Inst. of Biological Chemistry, Washington-State University; B. E. Mahall u. R. M. Callaway, Dept. of Biol. Sciences, University of California.
S. 72, Lichtstrahlen: Siehe die Arbeiten zu Biophotonen von Prof. Fritz A. Popp. Eine Einführung dazu in Fred Hageneder: *Der Geist der Bäume*, S. 40-43.
S. 73, Fußnote zu den Mondrhythmen: *Das Kosmos Wald und Forst Lexikon*, S. 583

■ Was unterscheidet Blatt und Nadel?

Umgangssprachlich weiß das natürlich jeder: Blätter sind eher groß und flach, Nadeln sind klein, dünn und spitz, und wenn sie hart sind, stechen sie einen.

In der Botanik gelten *Nadeln* nur als eine spezielle Form von *Blättern*. Es sind aber auch Blätter! Manchmal nennt man sie auch Nadelblätter. Denn sie haben im Grunde denselben Aufbau und dieselbe Funktion: Sie sind in der Regel alle grün, weil sie für die Photosynthese (→ S. 47 und 50) geschaffen sind.

■ Was sind Koniferen?

Koniferen kann man einfach mit *Nadelbäumen* gleichsetzen, und oft werden diese beiden Begriffe synonym (= »austauschbar«) benutzt. Aber aufgepasst! Auch die Zypressengewächse mit ihren urweltlichen Schuppenblättern (→ S. 176 und 192) gehören zu den Koniferen! Daher sollte man sich vielleicht merken, dass das Wort *Konifere* übersetzt etwas ganz anderes bedeutet, nämlich »Zapfen-träger«. Und nun wird es verständlich, denn Zypressen wie auch Fichten und Kiefern tragen alle Zapfen.

■ Was unterscheidet Nacktsamer und Bedecktsamer?

Am Anfang des Buches hast du gelesen, dass die Nadelbäume viel älter sind als die Laubbäume. Das liegt daran, dass sie aus der Frühzeit der Pflanzen kommen, als diese noch einfacher aufgebaut waren: Die Koniferen gehören zu den *Nacktsamern*, bei denen die Samen nicht von Fruchtblättern bedeckt sind. Denke an die Samen, die aus einem Tannen- oder Fichtenzapfen fallen: Gleich unter den Samenschuppen liegen die ansonsten nackten, ungeschützten Samen.

Später in der Geschichte der Erde entwickelte die Natur die *Bedecktsamer*, oft auch *Blütenpflanzen* genannt. Ihre Samenanlagen sind nicht »nackt«, sondern werden von schützenden sogenannten Fruchtblättern bedeckt. Aus diesen gehen meist auch die schützenden Schalen oder das Fruchtfleisch hervor, die bei der ausgereiften Frucht die Samen bedecken.

Zu den Bedecktsamern gehören die Laubbäume.

Antwort zu S. 107 – Briefmarken
Der Baum ist die Eibe. Die Marken stammen aus (obere Reihe) Liechtenstein, Bulgarien, Dänemark, England, Polen und Rumänien sowie (untere Reihe) aus Bosnien, nochmal Bulgarien, Korea, Nepal, Vietnam und Lettland.

S. 74, Lügendetektor-Experimente. Die Ergebnisse der Versuche des amerikanischen Lügendetektor-Experten Cleve Backster wurden wiederholt von dem IBM-Chemiker Marcel Vogel bestätigt und sogar in Fernseh-Shows vorgeführt. Zitat von Dr. Rhoades in Kerner u. Kerner 1992, S. 68 f.

S. 106, Krankenhäuser und Bäume: z. B. die Bekanntmachung der britischen Gesundheitsbehörde im Sommer 2001 (»Sustainable Urban Forestry – Benefiting Public Health«), in *Tree News*, 2, 2001, S. 17

S. 111, Quellen der Zitate: Kästner: Gerda Gollwitzer, *Botschaft der Bäume – gestern, heute, morgen?*, DuMont, Köln 1984; Beethoven: aus dem Englischen rückübersetzt durch F. Hageneder; Whitman, Stevenson, Proust: Michelle Lovric, *The Forests – A Cele-*

bration of Nature in Word and Image, Courage Books an imprint of Running Press, Pennsylvania 1996.

S. 121, Zitat aus Kerner u. Kerner 1992, S. 35. Berechnung der wirtschaftlichen Leistung der Bäume von dem Ökologen und Systemforscher Frederic Vester: F. Vester, »Ein Baum ist mehr als nur ein Baum«, in *Der Baum in Mythologie, Kunstgeschichte und Gegenwartskunst*, Hg. Hans Gercke, Edition Braus, Heidelberg 1985.

S. 121/123, Zitate von Konrad Lorenz aus seinem Vorwort »Gegen die ›Natur-Entfremdung‹ des Menschen« für: *Fauna – Das große Buch über das Leben der Tiere*, Novaria, München 1971

S. 177, Mammutbaum-Zitat von Laurinda Reynolds aus Fred Hageneder: *Die Weisheit der Bäume*, S. 189

Bibliographie

Stinglwagner, Haseder, Erlbeck: *Das Kosmos Wald und Forst Lexikon*, Frankh-Kosmos, Stuttgart 1998/2005

Marcel de Cleene und Marie Claire Lejeune: *Compendium of Symbolic and Ritual Plants in Europe*, Mens & Cultuur, Uitgevers 2003

Dagny und Imre Kerner, *Der Ruf der Rose*, Kiepenheuer & Witsch, Köln 1992

Fred Hageneder: *Der Geist der Bäume – Eine ganzheitliche Sicht ihres unerkannten Wesens*, Neue Erde, Saarbrücken 1999/2008

Fred Hageneder: *Die Weisheit der Bäume – Mythos, Geschichte, Heilkraft*, Frankh-Kosmos, Stuttgart 2006

Fred Hageneder: *Die Eibe in neuem Licht – Eine Monographie der Gattung* Taxus. Neue Erde, Saarbrücken 2007

Buchempfehlungen

Felix & Freunde: *Baum für Baum, Jetzt retten wir Kinder die Welt*, oekom, München 2010

Andrea Frommherz und Edith Biedermann: *Kinderwerkstatt Bäume. Mit Kindern die Zauberwelt der Bäume und Sträucher entdecken*, AT Verlag, Aarau 2003

Antje Neumann und Burkhard Neumann: *Waldfühlungen. Das ganze Jahr den Wald erleben. Naturführungen, Aktivitäten und Geschichtenfibel*, Ökotopia, Münster 1999

Mit Cornell die Natur erleben. Naturerfahrungsspiele für Kinder und Jugendliche. Der Sammelband, Verl. a. d. Ruhr, Mülheim 2006

Für die ganz Kleinen:

Daniela Nase: *Frag doch mal die Maus – Unser Wald*, cbj, München 2006

Bildnachweis

Christian Wolf: 11 l. + r., 34, 39, 50, 53, 55, 58-60 o., 69, 75, 77 u., 78 m.u., 79, 80 r., 81 m.r. + r., 84 o., 86 r., 87 o., 98 o. 3x, 100 o., 101 u.l. + u.r., 102 u.m.l., 113. *Wo nicht anders angegeben* 130-202; 203 u. **Edward Parker**: 4 m., 35 o., 41, 60 u.r., 63 r.3x, 65-67, 97 3x Kork, 98 u.l. + u.m., 100 m., 109 r., 110, 112 l., 115 u.r., 117 o.l., 118-121, 123 u.r., 125 o.3x, 126 u. (2x), 127 o. (2x), 141 o., 144 l., 146 o.+u., 154, 160 o., 173, 181 o., 186, 188, 195 u.l., 201 o., 203 o. **Claudia von Hofe**: *Wo nicht anders angegeben* 10-40. Ausserdem 76 o.+m.

Carlos Alvarez: 17 o.; **Marguerite Baumann**: 99 m. + u.; **Lina Bolte** 13 r.; **Centre for Orangutan Protection**: 122 u. 3x; **Lisann Drews**: 115 u.l. + m., 117 o.m. + r.; **fotolia.com**: jerome berquez 16, EcoView 70 r., Piotr Przeszlo 71, innovari 73, manipulateur 76 m.l., Ronny Hirschmann 76 u.l., vladimirdavydov 76, u.m., James Steidl 76 u.r., ilumus ph. 78 o., Dream-Emotion 78 m.o., M.R. Swadzba 78 u., Ayupov Evgeniy u.r., diaphiris 80 l., Whyona80 m.l., ChriSes 80 m.r., Kai M. Neuhold 80 m., Robert Mertl 80 u., Michael Tieck 81 l., Daniel Hohlfeld 81 m.l., K.-U. Häßler 82/3+5, Martin Pateman 82/4, Nicolas Larento 84 u., Markus Rick 85 l., Frank 86 l., JMP de Nieuwburgh 86 m., vchphoto 87 o.l., benno hansen 88 l.o., Petra Kohlstädt 88 r., Maeusefaenger 89 u., ArtmannWitte 91, Stepanov 93 m., Remi Cassini 93 r., Galyna Andrushko 95 o., Stefan Stelzer 95 m.u., paul prescott 95 u., Thorsten 96 o., fotosergio 96 m.l., ELyrae 96 m.r., Guido Thomasi 96 u.l., Antje Lindert-Rottke 96 u.r., yves perelli 97 o.l., PHB.cz 97 o.r., Food 97 u.r., legrodu95 99 o., Rafa Irusta 100 u., romus 102 o.l., Andre 102 o.r., 179 u.r., Dionisvera 102 m., mashe 102 u.l., LianeM 102 u.m.r., YaaL 103 o., Sebastian Duda 103 u., Monique Pouzet 105 o.l., Tinka 105 m.l., Hallgerd 105 m.r., mon5ter 106 m.o., Jaimie Duplass 108 l., Paul Moore 108 m.l.,

Jose Manuel Gelpi 108 m.r.o., www.danimarin.tk 114 u.l., Renate W. 123 o.l., jerome scalvini 123 u.r., Juergen Hust 147 m.u., Barbara Pheby 147 u., womue 157 u.r., RRF 171 u.r., Karin Witschi 180, Andrea Wilhelm 189 r.u.; **Fred Hageneder**: 4 o.l., 22, 51 o.l., o.r., u.l., 56, 63 l.u., 64, 82 (Eibe), 134, 147 m.o., 148 l., 156, 157 o. + u.l., 178, 179 m. + u.l., 182, 183 o., 191 u., 199 o.; **Birgit Handke**: 122 o.; **Éric Julien/Tchendukua**: 92; **Xavier García Martí**: 179 o.; **Andy McGeeney**: 148 r., 149; **Ursula Meissner**: 109 l., **photos.com**: 63 l.o., 83 l. + m., 90 l. + r.; **Plant-for-the-Planet**: 7, 125 u.; **shutterstock.com**: maxstockphoto 1, Timothy Epp 4/5, mangostock 5 m., 124 m., Zurijeta 5 r., Yuriy Kulyk 8/9, Mikael Damkier 12 l., silver-john 25 l.u., Foto Factory 25 r., Paul S. Wolf 42/43, Rose-Marie Henriksson 57, Andreas Edelmann 60, Poznukhov Yuriy 68, TebNad 70 l., tomatito 76 m.r., Dariusz Majgier 79 o.; Sue Robinson 82/1, catherinka 82/2, S.Cooper Digital 82/6, FotoVeto 83 r., s-eyerkaufer 87 u., Sue Robinson 88 u., loriklaszlo 89 o., urosr 93 l., Peter J. Wilson 94 o., Valery Kraynov 94 u., Arunas Gabalis 95 m.o., Ruggiero.S 102 u.r., Nanka (Kucherenko Olena) 104, nadiya_sergey 106 u., Blend Images 106 m.u., Valeriy Lebedev 108 m.r.u., littleny 108 r., Colette3 112 r., MISHELLA 117 u., Igor Janicek 123 o.r., Lara65 124 l., Vanessa Nel 124 r., Lee Prince 176 o., J. Helgason 183 u.r., Dorn 192, Timothy Epp 193 r.; **Stephen Redner**: 126 o.l.; **Jim Robbins**: 61; **unbekannt**: 85 r.; **susanne de vries**: 51 u.r.; **Ed Wagner**: 72; **Waldkindergarten Walsrode**: 105 u.l.; **WikiCommons**: WalterSiegmund Oven Fresh 98 u.r., 193 r.; **Peter Wolf**: 60 o.r. 2x; **Karen Wonders** 114 u.r.; **Chris Worrall**: 116; **Yéle Vert**: 126 o.r.; **Christiane Zander**: 122 m.

Gemälde S. 73 aus dem Buch *The Nighlife of Trees*, Tara Books, London 2006

Die Autoren

Fred Hageneder (*1962) ist ein führender Autor der »Ethnobotanik« der Bäume, d. h. ihrer kulturellen und geistigen Bedeutung. Bisher wurden seine Bücher in zehn Sprachen übersetzt, darunter Englisch, Spanisch, Italienisch und Japanisch. Er hält Baum-Vorträge in Deutschland und anderen Ländern.

Zu Freds Büchern gehören *Der Geist der Bäume – Eine ganzheitliche Sicht des unerkannten Wesens der Bäume* (Neue Erde), *Die Weisheit der Bäume* (Frankh-Kosmos) und *Die Eibe in neuem Licht* (Neue Erde).

Fred ist außerdem Komponist und spielt die Harfe. Viele seiner Kompositionen sind den Bäumen gewidmet (CD *The Spirit of Trees*).

In Großbritannien ist Fred Gründungsmitglied der Ancient Yew Group, mit der er sich für den Schutz alter Eiben engangiert. Fred lebt in Wales.

www.geist-der-baeume.de

Maria Trendelkamp (*1949) ist Diplom-Pädagogin mit mehr als 30-jähriger Erfahrung in verschiedenen Bereichen der Jugend- und Erwachsenenbildung. Wie ein roter Faden zieht sich die Arbeit mit Kindern durch ihr berufliches Leben: als Lehrerin, als Schulbuch-Autorin und als Kursleiterin im außerschulischen Bereich.

Ein besonderes Anliegen sind ihr gemeinsame Erkundungen mit Kindern im Reich der Steine und in der Welt der Bäume, die sie selbst immer wieder neu anregen und inspirieren. Daraus entstand ihr Buch *Eine Reise in das SteinReich* (Neue Erde).

Für *BaumWelt* hat Maria zwei Jahre lang gemeinsam mit einer Gruppe junger Baum-Freunde in Wald und Flur mit allen Sinnen geforscht und gespielt.

Maria lebt in einer Projektgemeinschaft von Pädagogen, Therapeuten und Künstlern an der Ostsee.

www.maria-trendelkamp.de

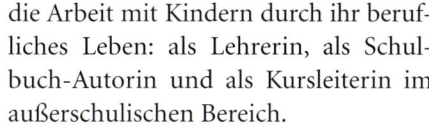

Die Fotografen

Claudia von Hofe (*1968) ist Mutter von drei naturbegeisterten Kindern und leidenschaftliche Amateurfotografin. Mit ihrem Fotoapparat hat sie die Erkundungen von Marias Kindergruppen begleitet.

2008 fotografierte sie in ihrem Heimatort in der Lüneburger Heide mehr als 750 Personen für das »Dorfmarker Fotobuch«.

Christian Wolf (*1949) ist pensionierter Forstbeamter. Seit frühester Kindheit beschäftige er sich mit der Natur. In der beruflichen Arbeit war das Hauptinteresse, standortgerechten Mischwald zu pflanzen, lange bevor dies zur Regel wurde. Außerdem interessieren ihn seltene Pflanzen und Baumarten, darunter Orchideen, Eibe, Elsbeere, Speierling und die Mehlbeeren.

Edward Parker (*1961) ist ein international bekannter und preisgekrönter Naturfotograf. Er hat in den letzten 20 Jahren über vierzig Länder der Welt bereist und über 30 Bücher geschrieben bzw. an ihnen mitgearbeitet, oft in enger Zusammenarbeit mit Umweltschutzorganisationen wie dem WWF (World Wildlife Fund).

www.edwardparker.com

1. Auflage 2012

Fred Hageneder, Maria Trendelkamp
Baum-Welt

© für die deutsche Ausgabe
Neue Erde GmbH 2011
Alle Rechte vorbehalten.

Titelseite:
Gestaltung: Dragon Design, GB
Fotos: Edward Parker, Christian Wolf,
Claudia von Hofe

Satz und Gestaltung: Dragon Design, GB
Gesetzt aus der Minion und Officina Sans

Gesamtherstellung:
L.E.G.O. S.p.A. Lavis (TN)

Printed in Italy

ISBN 978-3-89060-569-2

Neue Erde GmbH
Cecilienstr. 29 · 66111 Saarbrücken
Deutschland · Planet Erde
www.neue-erde.de

www.baumwelt.net

Bücher von NEUE ERDE im Buchhandel
Im deutschen Buchhandel gibt es mancherorts Lieferschwierigkeiten bei den Büchern von NEUE ERDE. Dann wird Ihnen gesagt, dieses oder jenes Buch sei vergriffen. Oft ist das gar nicht der Fall, sondern in der Buchhandlung wird nur im Katalog des Großhändlers nachgeschaut. Der führt aber allenfalls 50% aller lieferbaren Bücher. Deshalb: Lassen Sie immer im VLB (Verzeichnis lieferbarer Bücher) nachsehen, im Internet unter **www.buchhandel.de**
Alle lieferbaren Titel des Verlags sind für den Buchhandel verfügbar.

Sie finden unsere Bücher in Ihrer Buchhandlung oder im Internet unter **www.neue-erde.de**
Bücher suchen unter: **www.buchhandel.de**. (Hier finden Sie alle lieferbaren Bücher und eine Bestellmöglichkeit über eine Buchhandlung Ihrer Wahl.)
Bitte fordern Sie unser Gesamtverzeichnis an unter

NEUE ERDE GmbH
Cecilienstr. 29 · 66111 Saarbrücken
Fax: 0681 390 41 02 · info@neue-erde.de